Tucumanamazonen (*Amazona tucumana*) im Flug. Aufgenommen in der Provinz Salta NW-Argentinien.

Klaus Bosch
Ursula Wedde

Enzyklopädie der Papageien und Sittiche

Amazonen

Freileben ● Haltung ● Zucht ● Arten

HORST MÜLLER-VERLAG
Walsrode
An der Warnau 33
3036 Bomlitz

Co-published in the English
language by
T.F.H. PUBLICATIONS
Neptune City, New Jersey, U.S.A.

Klaus Bosch / Ursula Wedde

Amazonen

Bildnachweis

Abril/ZEFA-Bildagentur	101
Toni Angermayer	157, 161 l. u.
Thomas Brosset	63, 118, 124, 128, 139 r., 165, 174, 184
R. van Dieten	145
Wolfgang de Grahl	62, 114, 164, 171, 178, 185, 200
J. M. Kenning	119, 134 r. o., 170
Dr. Claus König	1, 13, 16, 160
Heinz Leibfarth	20
Günter Mühlhaus	67, 189
Ramon Noegel	100
Marco Schwarz	101
Helen Snyder	17
Noel Snyder	12, 108
Ursula Wedde	34, 35, 54, 59, 77
James Wiley	105

Alle übrigen Fotos (50) VOGELPARK WALSRODE / Müller

Für die Beschaffung von Fotos seltener Arten bedanken wir uns bei:
Dierenpark Wassenaar/Holland
Jersey Wildlife Preservation Trust, Jersey/Channel Islands
Life Fellowship, Seffner/Florida USA
Parrot Wildlife Research Project, Epe/Holland
U.S. Forest Service, Institute of Tropical Foresty, Rio Piedras/Puerto Rico

Außerdem danken wir Herrn Dr. H. E. Wolters für die Durchsicht der Systematiktabelle.

Zeichnung auf Seite 149: Jürgen Ritter
Alle übrigen Zeichnungen und Verbreitungskarten: Ursula Wedde

Käfigmodelle: Werkfotos WAGNER & KELLER, Ludwigsburg

Satz und Druck: ACO DRUCK GMBH, Braunschweig

ISBN 3-923269-01-3

Inhaltsverzeichnis

Einführung

Warum faszinieren uns Amazonen?

Es gibt viele Motive, sich Amazonen ins Haus zu holen. Da ist zum Beispiel ihr Nachahmungstalent, das wohl die meisten Leute fasziniert. Aber ist es allein die Tatsache, daß sie sprechen können, Geräusche und Töne imitieren? Oder mögen wir sie, weil sie so anhänglich sind, uns auf Schritt und Tritt folgen, am liebsten auf unserer Schulter sitzen, sich streicheln und kraulen lassen?

Ist es ihre Fähigkeit, zu klettern und zu turnen, ihre große Geschicklichkeit im Überwinden von Hindernissen im Geäst, ihr Beherrschen des Baumes mit Krallen und Schnabel? Oder ist es ihr drolliges Benehmen, dem man menschliche Züge zu entnehmen glaubt, ihr Gestikulieren mit Schnabel, Flügel und Klauen, ihre Fähigkeit, den Fuß als Greiforgan einzusetzen?

Ist es ihr gutmütiger Charakter, der nicht nachtragend ist, oder ihr freundliches Wesen? Vielleicht fasziniert uns ihr strahlendes Auge, ihr schillerndes Gefieder, ihre Zeichnung am Kopf, ihr „Gesicht", das bei jeder Amazone verschieden ist?

Finden wir nur die Ernährung als Körnerfresser problemlos, ihre kompakten Ausscheidungen praktisch, oder macht es uns Spaß, ihr täglich ein neues Menü aus Sämereien, Nüssen und Früchten zu bereiten? Beobachten wir mit Neugierde, wie in der Amazonengruppe ein „Vorkoster" den anderen neues Futter schmackhaft macht?

Oder ist es die Körpergröße dieses Vogels, die wir als gerade richtig empfinden, nicht zu klein und zerbrechlich, damit man auch „etwas in der Hand" hat, und nicht zu groß, damit auch Freiflug in der Wohnung möglich ist? Ist es die grüne Farbe, das Stück Exotik, das Urwaldkind, das wir in unsere graue Betonwelt geholt haben, das aus uns den Seefahrer macht, den Kenner ferner Zonen?

Oder reizt uns die Aufgabe, ein Amazonenpaar zum Brüten zu bringen, Anteil zu nehmen an ihrer Partnerschaft, ihrem Familienleben? Suchen wir den Blick in jene zwei Augen, aus denen uns das Amazonenpaar neugierig anblickt, beide Schnäbel auf die gleiche Seite gerichtet? Beobachten wir gerne, wie sie zur gleichen Zeit gähnen, fast alles wie synchron unternehmen?

Ist es die Ausstrahlung, die dieser Papagei besitzt, diese unverwechselbare Persönlichkeit, dieser stolze, neugierige, eigenwillige, liebebedürftige, schlaue, berechnende, schmeichelnde, bequeme, wählerische, schlecht- oder gutgelaunte, verlegen die Flügel hochziehende, mürrische, vorlaute Geselle?

Aus vielerlei Gründen sind Amazonen beliebt und man kann in der Tat ein Leben lang Freude an ihnen haben. Eine gewisse Begabung im Umgang mit Tieren gehört freilich dazu, ein hohes Maß an Geduld auf jeden Fall, und — Tierliebe. Denn, gerade bei Papageien, erwirbt man keinen Automaten, der auf Befehl spricht, sondern ein Lebewesen.

Auf die Frage, welches der im Zoogeschäft angebotenen Tiere denn nun der absolut beste Sprecher sei, kann man eigentlich nur antworten: Kaufen Sie sich ein Tonbandgerät! Denn das Nachahmen menschlicher Sprache ist bei Papageien nur eine Verhaltensweise unter vielen, nur ein Nebenprodukt der intakten Beziehung zwischen Mensch und Tier.

In freier Natur tritt das Sprechen bei Papageien nicht auf. Die Tatsache, daß Amazonen in Gefangenschaft sprechen lernen, hat allerdings ihr Schicksal stark beeinflußt. Könnten sie es nicht, würden sie zwar von den Indianern gejagt und verspeist, doch die Umsiedlung in aller Herren Länder bliebe ihnen erspart.

Auf der anderen Seite hilft ihnen aber ihre Sprechbegabung auch, ihr Schicksal zu meistern, denn sie setzen diese, wie wir noch sehen werden, meist sehr erfolgreich zur Befriedigung ihrer Bedürfnisse ein. Den Einsatz ihrer Stimme zur Erlangung sozialer Kontakte könnte man hier nennen. So hat das Sprechen doch noch ein Gutes für die Amazonen.

Klaus Bosch / Ursula Wedde
Tannenhölzle 9
7050 Waiblingen

Für wen dieses Buch geschrieben wurde

Es ist oft so: Am Anfang steht der Wunsch nach einem sprechenden Krummschnabel, am Ende wird daraus ein freizeitfüllendes Hobby, nämlich die Haltung oder Zucht von Großpapageien und Sittichen.

Das vorliegende Buch ist für alle jene geschrieben, die sich für Amazonen interessieren. Es soll einmal jenen Wissensdurst löschen, der vor dem Kauf steht, dann aber auch jenen, der mit Sicherheit aufkommt, wenn man die ersten Wochen mit „seiner" Amazone hinter sich gebracht hat. Der Leitgedanke ist stets: Den Amazonen in Menschenhand möge es so gut wie nur möglich ergehen.

Freilich werden durch das Buch auch manche Leser erst auf den Gedanken gebracht, sich Amazonen zu kaufen. Das ist für die in Freiheit befindlichen Tiere wenig angenehm. Sie sollten uns in ihrer natürlichen Umgebung schließlich erhalten bleiben. Deswegen ist das Buch auch für alle angehenden Amazonenzüchter geschrieben, mit deren Hilfe es in nicht allzu ferner Zukunft gelingen müßte, den Bedarf an Amazonen zu decken. Dann nämlich, wenn die Importe aus den Heimatländern der Amazonen, wie überhaupt aller Wildtiere auf der Erde, eingestellt werden.

Schließlich ist das Buch für alle diejenigen, die sich mit Amazonen auskennen, die aber bisher vergeblich in der Literatur nach einem einzig den Amazonen gewidmeten Band gesucht haben. Züchter, Händler und zoologisch Interessierte finden hier alle Amazonenarten und -unterarten.

Hinweise zum Gebrauch des Buches

Was die in diesem Buch verwendeten Namen betrifft, so ist dazu folgendes zu bemerken: Die Bezeichnung der Arten im Deutschen ist oft unklar. Diese Namen, wie auch die englischen, französischen usw. sind im Laufe der Zeit entstandene „Trivialnamen". Maßgebend für die genaue Bezeichnung ist allein der wissenschaftliche (lateinische) Name.

Im Deutschen kommt es zum Beispiel vor, daß *eine* Art (*Amazona albifrons*) mit *zwei* Namen benannt wird: Weißstirnamazone bzw. Brillenamazone. Oder aber es wird *ein* Name für mehrere Arten verwendet: Blaustirnamazone (*Amazona aestiva* bzw. *Amazona versicolor*). Unverwechselbar ist nur der wissenschaftliche Name.

Wenn Unterarten (ein anderes Wort hierfür ist: Rassen) unterschieden werden, wird dies durch Hinzufügen eines weiteren Namens gemacht. Ein Beispiel: *Amazona albifrons saltuensis*. Bei der zuerst benannten Art, der sog. Nominatform, wird der Artname wiederholt: *Amazona albifrons albifrons*.

Die englischen Namen werden deswegen aufgeführt, weil sie den Liebhabern weitere Informationen über hervorstechende Merkmale geben. So stellt sich etwa heraus, daß die beiden auf Jamaika lebenden Amazonenarten Jamaika-Amazonen (*Amazona collaria*) und Rotspiegelamazone (*Amazona agilis*) im Englischen/Amerikanischen als Yellow-billed Amazon bzw. Black-billed Amazon bezeichnet werden, d. h. nach der Schnabelfarbe gelb und schwarz benannt sind.

Historisches aus der Literatur

Vor hundert Jahren, also 1881, erschien in Magdeburg in der Creutz'schen Verlagsbuchhandlung das Buch „Die Papageien" von Dr. Karl Ruß. 1896 veröffentlichte Ruß „Die Amazonenpapageien" und 1898 „Die sprechenden Papageien". Bereits in diesen Büchern befaßte Ruß sich systematisch mit den Amazonen, die damals durch ihn den Namen „Amazonenpapageien" erhielten.

Dr. Finsch hatte sie Kurzflügelpapageien, Brehm Grünpapageien genannt, im Händler- und Seemannsjargon sagte man „Kriken" zu ihnen, abgeleitet von dem französischen Wort criquer = schrill schreien.

Damals wurden die Amazonen schon als Sprechvögel gehandelt, doch ein weitaus größerer Teil von den Indianern wegen des schmackhaften Fleisches und der bunten Federn erlegt. Man verspeiste sie wie Hühner und Tauben in Brühe mit Reis.

Der weißköpfige Amazonenpapagei mit rothem Bauchfleck
[Psittacus leucocéphalus].

Der Flug geht geradeaus schnell vorwärts, aber mit vielen Flügelschlägen. Wenn man einen oder einige heruntergeschossen hat oder wenn gar einer verwundet ist und schreit, so kommen (wie bei den europäischen Krähen u. a.) viele herbei, und der Jäger hat die beste Gelegenheit, noch eine reiche Beute zu machen. Sie setzen oder hängen sich gern an die jungen, noch stangenförmig emporstehenden Palmblätter, auch an freie, dürre oder doch blattlose Aeste und klettern an denselben. Im April suchen sie Baumlöcher und todte Palmen, welche hohl sind oder seitliche Löcher haben, z. B. frühere Nester von Spechten auf, um in dieselben ihre drei bis vier Eier zu legen. Die Niftzeit währt bis zum Juli." Obwol er fast nur in der erwähnten Weise gezähmt in den Handel gelangt, so sind bisher doch erst wenige Erfahrungen inbetreff seiner veröffentlicht worden. Herr A. Creutz in Stettin gibt eine kurze, doch wol etwas überschwängliche Schilderung: „Er gehört zu den klügsten Vögeln der Erde, denn er zeichnet sich durch Verstand, leichte Fassungsgabe und vorzügliches Gedächtniß zugleich aus; darum lernt er

Auch damals war schon bekannt, daß aus den Bruthöhlen genommene Jungamazonen gutes Nachahmungstalent haben. Man verkaufte diese Tiere an die Seeleute in den Hafenstädten. Die große Gelbkopfamazone (*Amazona ochrocephala oratrix*) galt als der beste Sprecher, gefolgt von der Rotbugamazone (*Amazona aestiva*), der Surinamamazone (*Amazona ochrocephala ochrocephala*) und der Gelbnackenamazone (*Amazona ochrocephala auropalliata*). Bei allen Amazonenarten fand man auch völlig unbegabte Tiere, die man als „Uhlis" bezeichnet.

Papagei!!

Blaustirn. Amazone, 1½ Jahre alt, wunderzahm, kommt sofort auf den Finger, geht aus dem Käfig aus und ein (beißt nie!), gibt Kuß und Fuß, spricht schon mehrere Worte, sehr klug und gelehrig, für Damen und Kinder ein recht amüsantes und geselliges Thier, recht munter und gesund, ist für 35 Mk. und mit dem dazu gehörigen, noch ganz neuen und eleganten Käfig für 45 Mk. zu verkaufen. Versandt unter Nachnahme und Gewähr guter Ankunft. Anfragen unter F. R. 10 an die Exped. der „Gefiederten Welt" erbeten. [211]

Grau-Papagei (Jako)

mit ganz neuem ff. Salonkäfig ist für 30 Mk. zu verkaufen. Derselbe ist ½ Jahr hier, an alles Futter und Wasser gewöhnt, flötet sehr schön und fängt an zu sprechen. Versandt gegen Nachnahme und Gewähr bester Ankunft. [214]

F. Rejsek, Hamburg, Alter Steinweg 56.

Anzeigen.

Aus meiner Vogelstube gebe ab, 1888er Zucht:

8 Männchen Zebrafinken, à 3 M., 3 dsgl. Weibchen, à 3,50 M., 1 Par Mövchen, gelbbunt, 7 M., 3 Par dsgl. braunbunt, à 6 M., 1 Par Gürtelgrasfinken, 14 M., 2 Par Zeresfinken, à 10 M., 1 dsgl. Männchen, 4,50 M., 2 Stck. Reisvögel, 1 hellbraun, 1 silbergrau, von schneeweißen Stammeltern, à 5 M., 1 Männchen Nymfensittich, à 6 M., 3 Par Wellensittiche, à 9 M. **Ferner:** 1 Par Silberfasänchen, 2,50 M., 1 Tigerfink=Weibchen, 1,50 M., 1 Par Weißkopf=Nonnen, 2 M., 2 Männchen lauchgrüne Papageiamandinen, à 6 M. [430]

Neubrandenburg.   Paul Zander.

Amazonenpapagei für 25 Mk., und ein ganz neuer, ff. Salonkäfig für 10 Mk. Gefl. Angebote unter F. 100 an die Expedition der „Gefiederten Welt" erbeten. [309]

Georg Raabe, Hamburg,

Zoologische Abtheilung.   Süderstraße 9.

Empfehle: Graupapageien von 15 M. an, blaustirnige Amazonen von 22 M. an, sprechende von 30—180 M.; für Sprachverzeichniß übernehme Gewähr. Grauköpfige Madagaskar=Inseparables, Par 5 M., kleine Gelbhaubenkakadus, Stück 18—20 M., graue Reisvögel, Par 2,50 M., graue Kardinäle, St. 6 M., amerikanische Spottdrosseln, St. 15 M., Alexandersittiche, sprechen lernende Vögel, St. 6 M., Par 11 M., Königsloris, Männchen vollständig ausgefärbt, St. 40 M., Gürtelgrasfinken, Par 14 M., Zebrafinken, Par 8 M., Madagaskarweber in voller Pracht, St. 6,50 M., Nymfensittiche, importirte Zuchtpare, Par 16 M., Tigerfinken, Par 3 M., schwarzköpfige Nonnen, Par 2,50 M., Atlasfinken, ½ in Pracht, Par 3,50 M., Paradiswitwen in Pracht, Par 5 M., Edelsänger, Par 5 M., garant. Männchen, St. 4 M., Blutschnabelweber in Pracht, Par 2,50 M., Napoleonsweber, Par 4,50 M., kleine Textorweber, Par 5 M., Astrilde, Par 2,50 M. 1 vollständig zahmen Maki, 15 M., 1 kleinen zahmen Javaner=Affen, 20 M. Außerdem empfehle: Dompfaffen, St. 2 M. 50 ₰, Weibchen 1 M. 50 ₰, Alpenstiglitze, St. 2 M., Gartenstiglitze, 1 M. 50 ₰, Rothhänflinge und rothbrüstige Zeisige, St. 1 M. 50 ₰, Kernbeißer, Grünhänflinge, 1,20 M., Erlenzeisige, Girlitze, Buchfinken, Bergfinken, Kreuzschnäbel, St. 1 M. Versandt unter Nachnahme, lebende Ankunft garantirt. Händlern besondere Angebote. [1469]

Ein Uhli war eine Amazone, die nach Überzeugung der Verkäufer bzw. Händler auch bei bester Pflege und Behandlung nicht sprechen lernen würde. Solche Tiere kosteten etwa 8–10 Mark.

Die Preise für durchschnittliche Vögel betrugen 15–30 Mark, für seltene Arten 60–75 Mark, für handzahme sprechende Tiere 90–150 Mark, in Einzelfällen wurden sogar 300 Mark gezahlt.

Häufig importiert wurde die Gelbschulteramazone (*Amazona barbadensis*), auch Kleiner Gelbkopf oder Sonnenpapagei geheißen. Diese Amazone galt als liebenswürdiger, leicht und billig zu beschaffender Hausgenosse. Heute steht sie auf der Artenschutzliste.

Die Ernährung der gefangenen Amazonen war damals wesentlich anders als heute. Als Hauptfutter gab man Hanf. Sonnenblumenkerne galten in großen Mengen als gefährlich und wurden höchstens als Leckerbissen gefüttert. Die Seeleute und Händler gaben damals mangels Körnerfutter in Kaffee oder Tee eingeweichte Semmeln. Ruß hielt diese Fütterungsmethode jedoch für schädlich und schrieb u. a. ihr die Schuld am Sterben der Tiere auf dem Transportweg zu. Die Überfahrt dauerte mit dem Dampfschiff Wochen, mit dem Segelschiff Monate.

In den europäischen Hafenstädten wurden die Amazonen von sogenannten Abrichtern übernommen, die ihnen das Sprechen beibrachten. Dies waren meist Wirte in Matrosenkneipen, ausgediente Seeleute oder Barbiere. Ruß bedauerte, daß die Amazonen bei diesen Lehrern „Schimpfworte, gemeine Redensarten oder auch andere widerwärtige Laute wie das täuschende Husten eines Brustkranken, Schnarchen, Röcheln, Ausspucken u. drgl." aufschnappten, was man ihnen später nicht mehr abgewöhnen konnte. (Zitat aus: „Die sprechenden Papageien")

Ruß stellte fest, daß Amazonen mit blau-gelben Abzeichen am Kopf verwechselt wurden und wies auf die Unterscheidungsmöglichkeit am Flügelbug hin. Er bedauerte, daß Linné seinerzeit dem Vogel mit grünem Flügelbug den Namen „Amazonenpapagei" (*Amazona amazonica*) gegeben hatte, weil inzwischen die rotbugige Art weit häufiger beobachtet wurde und jener Name eigentlich ihr, wenn nicht sogar der ganzen Gattung, zustünde.

Ruß versuchte dadurch Klarheit zu schaffen, daß er den Namen Venezuela-Amazone für *Amazona amazonica* einführte, weil damals diese Vögel überwiegend aus Venezuela zu uns kamen. Die andere Art nannte er „Amazonenpapagei mit rotem Flügelbug oder die gemeine Amazone" (*Amazona aestiva*). So entstanden unsere heutigen Namen Venezuela-Amazone (*Amazona amazonica*) und Rotbugamazone (*Amazona aestiva*), doch wird letztere auch Blaustirnamazone genannt.

Freileben

Verbreitung

Wenn man das Verhalten der Amazonen in Gefangenschaft verstehen will, muß man immer einen Blick auf ihre wildlebenden Artgenossen in Mittel- und Südamerika werfen. Nach Forshaw sind die Amazonen dort in den verschiedensten Landschaften zu Hause: im dichten Regenwald, in offenen Waldlandschaften, in Steppen- und Savannengebieten, an Flußniederungen und sumpfigen Küsten, in den Mündungsgebieten der Flüsse ebenso wie im Hochland und an gebirgigen Hängen. Sie wurden in Flügen, d.h. Gruppen von fünf bis dreißig, ja Hunderten von Tieren beobachtet.

Auch gemischte Flüge wurden gesichtet: Auf Jamaika sah man Jamaika-Amazonen (*Amazona collaria*) und Rotspiegelamazonen (*Amazona agilis*) gemeinsam fliegen. In Mexiko sah man Weißstirnamazonen (*Amazona albifrons*) zusammen mit Goldzügelamazonen (*Amazona xantholora*). In der Regel sind die einzelnen Trupps jedoch homogen.

Die Art *Amazona ochrocephala*, also die Gelbscheitelamazone mit all ihren Unterarten, hat ein sehr großes Verbreitungsgebiet von Mexiko bis Brasilien, während die Blaubartamazone (*Amazona festiva*) nur auf einem engbegrenzten Gebiet vorkommt. Die Soldatenamazonen (*Amazona mercenaria*) ist der Gebirgsvogel unter den Amazonen. Die Granada- oder Blauwangenamazone (*Amazona dufresniana rhodocorytha*) hat sich als Kulturflüchter in das brasilianische Hochland zurückgezogen. Ein typischer Savannenbewohner ist die Gelbbauchamazone (*Amazona xanthops*).

Nahrungserwerb

Treten die Amazonen in kultiviertem Land auf, dann ist der Schaden in den Obstplantagen und Getreidefeldern erheblich. Sie werden von den Pflanzern erlegt, mit Netzen gefangen oder zumindest verjagt.

Amazonen sind gute Flieger. Wenn sie einmal, mit lautem Geschrei und Gekrächze, gestartet sind, fliegen sie sehr hoch und über lange Strecken. Im Flug lassen sie ihre typischen schrillen Rufe ertönen. Haben sie eine neue Nahrungsquelle entdeckt, etwa einen Baum mit jungen Knospen, lassen sie sich mit lautem Gekecker nieder. Die Äste biegen sich unter dem Gewicht der Vögel. Dann machen sich die Krummschnäbel ans Werk.

Es wird nur ein kleiner Teil dessen verschluckt, was abgebissen wird. Junge Triebe und Rindenstücke werden mit dem Schnabel zerrieben, Spuren von Pflanzensäften dabei aufgenommen. Tragen die Bäume Früchte oder Nüsse, dann werden die schmackhaftesten bevorzugt. Der Amazonenfuß dient als Hand und hält die Frucht. Man hat festgestellt, daß der linke Fuß häufiger als Greiforgan eingesetzt wird als der rechte. Der Schnabel sucht als erstes nach einem Kern oder Stein im Inneren der Frucht. Dieser wird aus dem Fruchtfleisch herausgelöst und geknackt. Dann kommt die Frucht an die Reihe. Fruchtfleisch und Saft werden aufgenommen.

Ist ein Ast abgeerntet, dann versucht die Amazone, wenn irgend möglich, durch Klettern ihr nächstes Ziel zu erreichen. Innerhalb des Baumes fliegt sie nicht.

Während der Mahlzeit ist die Amazonengruppe ruhig. Nur einzelne Tiere, die schon gesättigt sind, lassen ein leises Gemurmel hören. Am Ende der Mahlzeit schärfen alle den Unterschnabel: ein eigentümliches Geräusch („schraft–schraft"), das durch das Reiben des Unterschnabels an den Hornrillen des Oberschnabels entsteht. Dabei wird die Unterschnabelkante wieder geschärft, weil sie beim Bearbeiten von harter Nahrung abgestumpft ist. Früher glaubte man, die Amazonen würden wiederkäuen. Tatsächlich sind ja auch etwa hervorgewürgte Körner unzerkleinert. Doch besorgt diese Arbeit nicht der Schnabel, sondern der Muskelmagen.

Forshaw schreibt, daß die Amazonen bei alledem sehr wachsam sind. Die in der Nähe menschlicher Siedlungen lebenden Amazonen sind noch vorsichtiger als ihre in unberührten Waldgebieten lebenden Verwandten. Nähert sich ein Mensch einer Gruppe von Amazonen, so ahnt er zunächst garnichts von deren Anwesenheit. Ihr Grün stellt

Weibchen der Puerto-Rico-Amazone (*Amazona vittata vittata*) am Nest.

eine perfekte Tarnung im Laub dar. Die Amazonen aber haben den Feind schon lange bemerkt und beäugen ihn neugierig. Plötzlich fliegen sie mit großem Geschrei los, sehr zum Schrecken des ahnungslosen Waldbesuchers.

In einem Falle wird berichtet, daß Amazonen so lange warteten, bis der „Feind" an ihnen vorbeigegangen war – ohne sie zu bemerken – ehe sie sich in die Lüfte erhoben.

Bei der Puerto-Rico-Amazone (*Amazona vittata*) beobachtete Dr. Kepler, der Leiter des Luquillo-Nationalparks in Puerto Rico, verschiedene Signalschreie: Kommando zum Abfliegen, Ruf während des Flugs und Kontaktschreie. Letztere erfolgen bei Paaren entweder abwechslungsweise oder gleichzeitig im Duett. So verständigen sich die Amazonen, wenn Mitglieder des Trupps verloren gehen, über weite Distanzen.

Rio Napo im Amazonasbecken in Ost-Ecuador, Lebensraum verschiedener Amazonen-Arten.

Die Amazonen fliegen immer dieselben Wege zu ihren Freßplätzen, bis die Futterquelle erschöpft ist. Dann ziehen sie weiter, nicht ohne die alten Weidegründe ab und zu zu inspizieren und nachgewachsene Vegetation erneut abzuernten. Führt ihr Weg in Luftlinie über einen Berg, an dem Steigungsregen niedergeht oder der in Nebel gehüllt ist, dann machen sie Umwege durch die Täler, um trocken an ihr Ziel zu gelangen (Forshaw).

Fortpflanzung

Amazonen sind Höhlenbrüter. Geeignete Hohlräume, bevorzugt in sechs bis fünfzehn Meter Höhe, finden sie in großen Bäumen an der Abbruchstelle von Ästen, in Spechthöhlungen, in verrotteten Palmstümpfen und Felslöchern.

Öffnungen nach Süden werden wegen der Windgeschütztheit bevorzugt. Das Innere wird zuerst ausgeputzt, Nistmaterial wird nicht eingetragen. Die Öffnung ist zwischen 10 cm und 23 cm im Durchmesser, die Tiefe zwischen 43 cm und 64 cm.

Haben sich zwei Partner zusammengeschlossen, gilt diese Ehe auf Lebenszeit. Stirbt ein Teil, verheiratet sich der andere wieder. Beide suchen sich eine geeignete Bruthöhle, bearbeiten diese notfalls noch etwas mit dem Schnabel und schreiten dann, meist zwischen Februar und Juni, zur Brut. Die einmal gewählte Bruthöhle wird von einem Paar jedes Jahr erneut benutzt.

Das Gelege enthält 2 bis 4 reinweiße Eier, die vom Weibchen etwa 4 Wochen lang bebrütet werden. (Low: 28 Tage, Forshaw: 25 bis 30 Tage). Die geschlüpften Jungen bleiben 60 bis 75 Tage in der Bruthöhle, ehe sie diese das erste Mal verlassen.

Das Männchen hält sich außerhalb auf und füttert das Weibchen. Laut Nottebohm/Nottebohm in Forshaw wurde ein Männchen der Venezuela-Amazone (*Amazona amazonica*) beobachtet, das abends die Bruthöhle allein ließ und zum allgemeinen Schlafplatz flog. Ob dies verallgemeinert werden kann, ist fraglich.

Die Brut ist nur zu 50% erfolgreich, weil Feinde die Eier zerstören und viele Eier unbefruchtet sind. Bei 2 bis 4 Eiern pro Gelege kommen so nur 1 bis 2 Junge zum Schlüpfen. Diese sind weiterhin durch Nesträuber gefährdet, durch Umstürzen morscher Baumriesen oder durch in die Nesthöhle einfallendes Regenwasser. (Tod durch Ertrinken).

Während Ratten, wildernde Katzen und anderes Raubzeug Eier und Brut gefährden, zählen Greifvögel wie der Habicht, z.B. (*Buteo jamaicensis*) zu den Feinden der erwachsenen Amazonen. Auf vulkanischen Inseln sind sie durch Ausbrüche bedroht. Wirbelstürme zerstören Futter- und Brutplätze und die herumirrenden Amazonen fallen dann den jagdlustigen Eingeborenen zum Opfer.

Schlafplätze

Die Flüge suchen zur Abendzeit bestimmte Schlafbäume auf. Alle Amazonen aus einem bestimmten begrenzten Gebiet benutzen denselben Baum bzw. dieselbe Baumgruppe.

In den Tropen ist, besonders in der Nähe des Äquators, das ganze Jahr über 12 Stunden Tag und 12 Stunden Nacht. Auf diesen Rhythmus sind die Amazonen eingestellt.

Das Flugbild der Amazonen gleicht dem der Enten.

Treffen die einzelnen Flüge ein, geht mit jeder ankommenden Schar das Gerangel um die besten Sitzplätze los, begleitet von lautem Gekreische. Doch schließlich wird es immer ruhiger in der Amazonengruppe, das Kreischen weicht einem halblauten Gurren. Dieses geben die Tiere auch noch von sich, nachdem sie ihren Kopf auf den Rücken gelegt und den Schnabel im Gefieder versteckt sowie ein Bein angezogen haben.

Wird die schlafende Schar durch etwas erschreckt, dann geht ein flatterndes Geräusch durchs Geäst: Jede Amazone plustert abrupt ihre Federn auf und schüttelt so Tautropfen und Staub ab – der Flugapparat wird für alle Fälle startklar gemacht. Das Plustern eines einzigen Vogels genügt als Reiz, um bei allen anderen diese Reaktion auszulösen.

Mit dem Morgengrauen wird es wieder laut im Amazonenbaum. Die aufgehende Sonne wird mit Geschrei begrüßt. Alle Tiere schreien um die Wette. Es ist Aufbruchstimmung. Nach und nach erheben sich kleine Trupps aus den Baumwipfeln und fliegen in alle Himmelsrichtungen, um nach Nahrung zu suchen.

Vom Aussterben bedrohte Arten

Die Inselarten sind vom Aussterben stärker bedroht als andere. Sie müssen der Zivilisation immer mehr weichen und ziehen sich an für den Menschen unzugängliche Stellen zurück. Dies sind Sumpfgebiete an der Küste oder das zerklüftete Innere der Insel.

Diesen verkleinerten Lebensraum müssen sie dann noch mit anderen Arten teilen. Die Folge ist ein Rückgang der Population.

In letzter Minute legen die betroffenen Länder Naturschutzgebiete an, erlassen die Regierungen Ausfuhrverbote, verbietet das Washingtoner Artenschutzabkommen den Handel mit gefährdeten Arten. Diese Papageien sollen der Welt noch in einigen wenigen Individuen im Originalbiotop erhalten bleiben.

Auch die Bundesrepublik Deutschland unterzeichnete das Washingtoner Artenschutzabkommen 1976. Nach dem neuesten Stand (1981) sind folgende Amazonen geschützt:

1. Königsamazone   *Amazona guildingii*
2. Kaiseramazone   *Amazona imperialis*
3. Gelbschulteramazone *Amazona barbadensis*
4. Blaukopfamazone   *Amazona arausiaca*
5. Kuba-Amazone   *Amazona leucocephala*
6. Taubenhalsamazone *Amazona vinacea*
7. Granada-Amazone   *Amazona dufresniana rhodocorytha*
8. Prachtamazone   *Amazona pretrei*
9. Puerto-Rico-Amazone *Amazona vittata*
10. Blaumaskenamazone *Amazona versicolor*

Regen-Urwald im oberen Amazonasbecken in Ost-Ecuador (Rio-Napo-Gebiet).

Noel Snyder beim Anbringen
einer Nisthöhle für die Puerto-
Rico-Amazone.

Der Weg zu uns

Fang von Jungtieren

Wie schon erwähnt, bleiben die geschlüpften Amazonenküken 60 bis 75 Tage in der Bruthöhle. In dieser Zeit werden sie von den Indianern herausgenommen. Ein weicher Nahrungsbrei, zubereitet aus gekochten Kartoffeln oder Mais, wird den Jungtieren in den Schnabel gestopft. Diese Arbeit erledigen vorwiegend Frauen, während die Männer die Tiere aus den Nestern holen. Vielleicht haben Amazonen deswegen zu Frauen mehr Vertrauen als zu Männern. Männer sind es ja immer wieder, die sie greifen müssen, sei es beim Fang, sei es beim Umsetzen von einem Transportbehälter in den anderen.

Einzelne Jungtiere haben in diesen Tagen des Aufpäppelns noch einen ganz weichen Schnabel, der beim Füttern leicht deformiert werden kann. So stellt man bei Amazonenbabys, wenn sie zu uns kommen, ab und zu einen eingedrückten Schnabel fest, ein Schönheitsfehler, der in der Regel nicht hinderlich für das Tier ist.

Schön sind die Amazonen in diesem Alter ohnehin nicht. Ihr erstes Federkleid ist von Natur aus sparsam angelegt, sowohl in Bezug auf die Festigkeit als auch in punkto Farbe. Die Tarnfarbe grün überwiegt, zum Schutze der noch unerfahrenen Nachkömmlinge, während die blauen, gelben, weißen und roten Abzeichen, die ja erst bei Geschlechtsreife ihre Bedeutung erlangen, noch wenig ausgeprägt sind.

Die Gelbnackenamazone (*Amazona ochrocephala auropalliata*) hat beispielsweise noch keinen gelben Nacken als Jungtier; die Große Gelbkopfamazone (*Amazona ochrocephala belizensis*) hat nur Gelb an Stirn und Scheitel.

Daß die Federn auch nicht so robust wie die der Altvögel sind, könnte von der einseitigen Fütterung herrühren, ist jedoch wohl auch anlagebedingt.

Das Federkleid der Jungtiere sieht jedenfalls immer etwas zerzaust, abgestoßen und lückenhaft aus, wenn sie bei uns in die Heimtiergeschäfte kommen. Es hängt auch von der Kraft und dem Durchsetzungsvermögen der Amazone ab, wie gut sie ihr Gefieder durch Transport und Quarantäne bringt.

Verhalten von Jungtieren

Schon in der Nisthöhle entscheidet es sich, welche Amazone sich später gut durchsetzen wird. Die Jungen schlüpfen im Abstand von einigen Tagen, und das Erstgeborene hat entwicklungsmäßig immer einen Vorsprung. Es wird mutiger, frecher, selbstbewußter und kräftemäßig stärker.

Später, beim Füttern durch Menschenhand, ist es auch immer obenauf und verdrängt die Schwächeren. Selbstbewußte, kräftige Amazonen sind am ehesten in der Lage, trotz allen Strapazen der weiten Reise ihre Federn in Ordnung zu halten.

Oft sind die Schwanzfedern abgestoßen, manchmal fehlen sie ganz. Nun werden diese ja keineswegs von den Menschen gestutzt. Es kommt daher, daß manche Amazonen ständig auf dem Boden eines Behälters sitzen müssen, weil ihre Anwesenheit auf den Sitzstangen von den dort Sitzenden nicht geduldet wird.

Von Natur aus sind die Amazonen allerdings durchaus dazu veranlagt, ihr Schwanzgefieder zu schonen. Beim Wenden an engen Stellen drehen sie den Schwanz geschickt nach oben, ohne ihn anzustoßen, und wenn sie im Gras o.ä. „schreiten", dann überkreuzen sie die Flügel auf dem Rücken, damit sie den Schwanz möglichst hoch halten können.

Nur in ungewöhnlichen Situationen geben sie es auf, ihr Gefieder zu schonen bzw. zu pflegen, weil ihre Aufmerksamkeit anderen Dingen gilt.

Unter den jungen Amazonen sind auch sehr aufgeweckte, ständig aktive Tiere, die ein starkes Kontaktbedürfnis haben. Diese intelligenten, sprechbegabten Tiere untersuchen jeden Quadratzentimeter ihres Käfigs, klettern an den Gittern auf und ab und sind ständig aktiv. Dabei werden, bedingt durch die senkrechten Gitterwände, vor allem die Schwanzfedern beschädigt.

Zerzauste Amazonen sind also keineswegs schlechte Tiere. Es sind einerseits nachgiebigere, nicht so herrische Vögel, die schneller zahm werden. Andererseits finden wir darunter intelligente Tiere, die ein ausgeprägtes Kontaktbedürfnis besitzen.

Wildfänge

Amazonen, die schon lange Jahre ihres Lebens in ihrer natürlichen Umgebung zugebracht haben, werden auch gefangen. Mit Netzen, oder, wie P. Deimer schreibt, teilweise mit betäubenden Schwefeldämpfen, die man unter den Bäumen entfacht, bis die Vögel betäubt herunterfallen, wird man ihrer habhaft. Das klingt roh und ist wie jeder Tierfang eine Sache, die schnell die Gemüter erhitzt, doch kann man davon ausgehen, daß den Betreffenden nur daran gelegen ist, möglichst viele Tiere wohlbehalten zu erbeuten. Horst Stern sagte einmal in einer Fernsehsendung, wer auf Tierfänger empört mit dem Finger zeige, solle bedenken, daß gleichzeitig 4 Finger seiner Hand auf ihn zurückzeigten, auf ihn als Käufer.

Man sollte auch eines nicht außer Acht lassen: Diejenigen Amazonen, die in ihrer Heimat als Ernteschädlinge verfolgt, d.h. getötet werden, würden besser gefangen und in Volieren gesetzt.

Bei Wildfängen muß man damit rechnen, daß sie schon fest verpaart waren, vielleicht schon Junge großgezogen haben und die innerartliche Verständigung der Amazonen beherrschen. Vielleicht waren sie Anführer eines Fluges, oder gaben Signal, wenn sich Feinde dem Schlafbaum näherten.

Solche Amazonen sind beim Transport und in der Quarantäne schwieriger zu handhaben. Man stutzt sie an einem Flügel, damit sie nicht entweichen können. Manchmal läßt man sie auch ungestutzt, läuft dann aber Gefahr, daß sie mit ihren Flügeln hängenbleiben. Eine Amazone, die ihre Flügel ganz auseinanderspreizt, hat immerhin eine Flügelspannweite von sechzig Zentimetern. Auch das zweiseitige Stutzen wird vorgenommen, jedoch noch nicht so häufig.

Verhalten von Wildfängen

Gefangene Alttiere reagieren verschieden auf ihre neue Lage. Die einen finden sich schneller damit ab, andere brauchen länger für die Umstellung.

Von ihrer lauten Stimme machen sie auf jeden Fall Gebrauch. Sie rufen nach ihren Partnern oder stoßen einfach Warnrufe aus. In Angst oder Panikstimmung, vor allem angesichts einer direkten Bedrohung, können sie auch zum „Eckensitzen" neigen, d.h. sie gehen im Käfig auf den Boden und drücken sich mit dem Schwanz in die Ecke. Sie hängen sich teilweise auch mit beiden Beinen in der Ecke des Käfigs ein und pressen ihren Rücken gegen das Gitter. Bauch und Schnabel strecken sie dem (vermeintlichen) Angreifer entgegen. Ganz ängstliche Tiere legen sich gleich auf den Rücken. Sie vergessen ganz, ihren Schnabel als Verteidigung einzusetzen: Vor lauter Angst beißen sie nicht einmal. In solchen Augenblicken ist ihnen ihr Gefiederzustand völlig gleichgültig.

Dies sind aber Ausnahmefälle. Amazonen lernen sehr viel voneinander. Wenn der Mutige eine Situation nicht mehr als bedrohlich empfindet, wenn er unbekümmert an den Futternapf geht und frißt, dann wirkt das auf den Ängstlichen als Beruhigung und gutes Beispiel. Er übernimmt dann dieses Verhalten und legt die erste Scheu bald ab.

Am Fluß Martha Brae, im Landesinnern von Jamaika, sah Heinz Leibfahrth beide Amazonenarten, wobei *A. agilis* paarweise und *A. collaria* in kleinen Gruppen zu beobachten war.

Importe und Quarantäne

Die Amazonen werden nun zu zentralen Fangstationen gebracht und dort auf ihren Gesundheitszustand untersucht. Eine Einfuhrgenehmigung wird nur erteilt, wenn der beamtete Tierarzt des Ausfuhrlandes die Gesundheit der Vögel bescheinigt. Außerdem dürfen die Amazonen nicht zu einer geschützten Art gehören und im Ausfuhrland darf keine akute Seuchengefahr bestehen.

Nun erfolgt der Versand per Flugzeug, der heute wesentlich schneller vonstatten geht als vor hundert Jahren, als die Amazonen mit dem Schiff zu uns kamen. Allerdings trifft sie die Klimaveränderung um so härter.

Auf unseren Flughäfen werden die Amazonen sofort in die Quarantäneräume abgesondert. Von dort gelangen sie in die speziellen Quarantänestationen der jeweiligen Importeure. Sie werden nun mindestens 8 Wochen quarantäniert.

Die vom Gesetzgeber vorgeschriebene prophylaktische Behandlung gegen Psittakose dauert 45 Tage. In dieser Zeit wird den Amazonen ein Breitbandantibiotikum mit dem Futter verabreicht. Dadurch wird die Psittakose mit an Sicherheit grenzender Wahrscheinlichkeit ausgeschaltet. Durch Entnahme von Kot- oder Blutproben wird festgestellt, ob die Behandlung erfolgreich war. Die gesunden Tiere bekommen einen amtlichen Fußring mit fortlaufender Nummer. Der Importeur kann sie jetzt an die Zoofachgeschäfte weitergeben.

Durch die hohen Antibiotikagaben wird trotzdem nicht jede Krankheit ausgeschlossen, wie eine neuere Untersuchung von Dr. M. Heidenreich ergab. 31 Amazonen, 28 Graupapageien und 11 Gelbhaubenkakadus, also 70 Papageien, wurden im Anschluß an die 45-tägige Antibiotikabehandlung ein halbes Jahr lang beobachtet.

In diesem Zeitraum verendeten 18 Tiere an folgenden Krankheiten: 12 an Aspergillose, 2 an Pasteurelleninfektionen, 1 an einer bakteriellen Mischinfektion, 1 an Gicht, 1 an Trichomonaden und 1 an massivem Bandwurmbefall. Die Ursache liegt in der verminderten Widerstandskraft der stark gestreßten Quarantänevögel. Ein im Parallelversuch getestetes Spezialfutter in leicht feuchter Granulatform, das zusätzlich zum Körnerfutter gereicht wurde, half die Verlustrate um über die Hälfte herunterzudrücken. (Die Voliere, 81/2)

Diese Zahlen sollen den potentiellen Käufer nicht vom Kauf einer Amazone im Heimtiergeschäft abhalten. Wenn er sie dort zu sehen bekommt, ist es eine Amazone, die den Streß gut überstanden hat. Sonst wäre sie ja nicht hier. Je länger eine Amazone im Ladengeschäft zu sehen ist, um so unwahrscheinlicher ist eine Erkrankung. Im übrigen werden erkrankte Vögel, im Gegensatz zu obigem Versuch, sofort ärztlich behandelt, schon im Interesse des Fachhandels.

In dieser langen Zeit „hinter den Kulissen" werden die anfangs halbwilden Amazonen etwas zahm, während die anfangs völlig zahmen Jungtiere vorübergehend einen Teil ihrer Zahmheit verlieren.

Gähnende Panama-Amazone (*Amazona ochrocephala panamensis*) – eine seltene Aufnahme. Ein Tier, das aufgeplustert auf beiden Beinen ruht und viel gähnt, ist meist krank. Es scheint zahm zu sein, ist aber in Wirklichkeit nur zu schwach, um auf das Geschehen in seiner Umgebung zu reagieren.

Gesetzliche Vorschriften

Beringung

Wie schon erwähnt, müssen alle Amazonen mit einem Fußring versehen sein. Die Beringung ist, ebenso wie die Registrierung und die Quarantänehaltung, vom Gesetzgeber genau vorgeschrieben. (Viehseuchengesetz, Neufassung vom 23.2.77, BGBl. I S. 313; Psittakoseverordnung, Neufassung vom 18.6.75, BGBl. I S. 1429) Für den privaten Amazonenbesitzer haben diese Vorschriften auch gewisse Bedeutung. Beim Kauf muß er seinen Namen und Anschrift angeben, die der Verkäufer in ein Nachweisbuch einträgt.

Wenn die Amazone nicht zu Zucht- oder Verkaufszwekken erworben wurde, und wenn man auch keinen Auslandsurlaub mit ihr plant, dann hat man als Besitzer keine weiteren Vorschriften zu beachten, außer, daß der Ausbruch der Psittakose meldepflichtig wäre. Man kann also seinem Liebling den lästigen Ring vom Bein entfernen, sollte ihn aber nicht wegwerfen, sondern zu den Akten legen. Der Ring ist sozusagen der Ausweis des Vogels, daß er eine amtliche Quarantäne durchgemacht hat.

Zuchtgenehmigung

Will der Amazonenliebhaber diese Papageien züchten, dann muß er dieses Vorhaben bei der zuständigen Behörde, in der Regel die Kreis- oder Stadtverwaltung, anmelden.

Die Amazonen haben Fußringe zu tragen, ein Nachweisbuch ist zu führen. Dies gilt bereits für die kleinste Hobbyzucht von Papageien und Sittichen jeglicher Art.

In diesem Fall überprüft der zuständige Veterinär die Zuchtanlagen und die Sachkundigkeit des Antragstellers. Die Behörde verlangt ein polizeiliches Führungszeugnis, es müssen Ringe und Nachweisbücher erworben werden, und ein spezieller Quarantäneraum ist einzurichten. Die Zulassung zum Züchter kann, alles in allem, so teuer kommen wie ein halber Führerschein.

Auslandsurlaub

Ein Punkt ist noch für alle Amazonenbesitzer wichtig, die ihr Tier auf Reisen mit ins Ausland nehmen wollen: Die „Verordnung über die Einfuhr und Durchfuhr von Papageien und Sittichen", kurz, die „Papageien-Einfuhrverordnung vom 3. März 1975. (BGBl. I S. 653)

In ihr ist u. a. die Ausnahmebestimmung enthalten, daß ein Privatmann bis zu 3 Papageien aus der Bundesrepublik Deutschland mit in das Ausland und wieder zurück bringen darf, ohne daß die Tiere bei der Rückkehr in Quarantäne müssen bzw. ihre Einfuhr genehmigt werden muß. Der Besitzer darf allerdings nicht Händler oder Züchter sein.

Im Prinzip genügt eine amtliche Bescheinigung über die Personalien des Tierhalters und Art, Farbe, Zeichnung und Ringnummer der Tiere. Man muß bei der Rückkehr der Zolldienststelle die Identität der Tiere nachweisen. Die Ein- und Ausreise hat innerhalb von 12 Monaten zu erfolgen.

Da man aber meist für die Einreise in andere Staaten auch diesen eine amtstierärztliche Gesundheitsbescheinigung vorlegen muß, (Auskünfte erteilen die Konsulate), kann man diese Bescheinigung auch für die deutschen Behörden verwenden, vorausgesetzt, sie enthalten die oben genannten Angaben in deutscher Sprache.

Wissenswertes beim Kauf

Gewissensfragen vorher

Die Anschaffung einer Amazone gehört gut überlegt. Man sollte nicht mit dem Gedanken spielen, das Tier könne man später ja wieder verkaufen, wenn es die Erwartungen nicht erfüllt. Auch die Idee, man könne die Amazone in Ermanglung eines Käufers an einen Zoo verschenken, ist fehl am Platze. R. Low schreibt, es würden den englischen Zoos jährlich Hunderte von Papageien angeboten, zumeist von Besitzern, die sich überfordert fühlten. Ob die Zoos diese Papageien überhaupt annehmen, ist sehr fraglich.

Zum Glück wirken schon die Preise von DM 700 an aufwärts bremsend auf unüberlegte Impulskäufe. Man sollte auch niemals eine Amazone als Geschenk für jemanden kaufen. Der spätere Halter muß sich schon selbst darum bemühen.

Ist der Plan einmal gefaßt, dann sollte man nicht länger zögern. Es beginnt mit dem Besuch vieler Zoofachgeschäfte. Man sollte auch einmal in den nächstgelegenen Tiergarten gehen und sich die Amazonen dort ansehen. Nicht gleich das erste beste Tier sollte erworben werden, sondern dasjenige, das auch einem Vergleich mit anderen standhält.

Man sollte sich nicht dazu verleiten lassen, den bequemen Weg zu gehen und sich eine Amazone per Express schicken zu lassen. Nicht, daß man den Papageien-Versandhandlungen grundsätzlich mißtrauen sollte! Diese Versender tun durchaus ihr bestes. Man sollte aber im Umgang mit dem Papagei jegliche Bequemlichkeit bzw. Achtlosigkeit tunlichst vermeiden. Wenn man schon beim Kauf, also zu einer Zeit der erhöhten Aufmerksamkeit gegenüber dem Tier, zu träge ist, es persönlich abzuholen bzw. auszusuchen, wie wird man sich dann nach einem Jahr um es kümmern?

Das gleiche gilt für den Fall, daß man seine Amazone im Heimtierfachgeschäft erwirbt, aber sogleich mit dem Verkäufer ausmacht, daß er das Tier noch die nächsten 14 Tage (z. B. über Weihnachten) im Laden behält. Nicht selten sieht man Schildchen mit der Aufschrift „Verkauft!" an Amazonenkäfigen. Man fragt sich dann, ob es dem Käufer überhaupt ernst war mit seinem Kauf. Ist dann die Amazone nicht gleich beim nächsten Skiwochenende, beim nächsten Badeurlaub im Weg?

Falls man, aus welchen Gründen auch immer, doch bei einem Versender bestellt, dann sollte dies zu einer Zeit mäßiger Witterung, also Frühling oder Herbst, sein. Die Amazone wird in die Versandkiste auf eine dicke Streu aus Vogelfutter gebettet, dazu kommen Apfelstücke gegen den Durst. Die Beamten der Bundesbahn kümmern sich manchmal freiwillig um die reisenden Schreihälse, indem sie ihnen einen Schluck Wasser reichen. „Letztmals getränkt am ... um ... Uhr" schreiben sie dann auf die Versandbox. Schließlich kann es vorkommen, daß die Amazone volle 2 Tage unterwegs ist, gerade bei den weiten Entfernungen, die man selbst nicht mit dem Auto fahren wollte.

Besonderheiten bei Amazonen

Amazonen brauchen Kontakt zu einer Gruppe oder zu einem Partner. Der Pfleger sollte also möglichst den ganzen Tag zu Hause sein. Es genügt nicht, wenn er Angehörige hat, die das Tier tagsüber füttern und tränken, aber nichts mit ihm anzufangen wissen.

Wenn Sie der Typ sind, der lieber im eigenen Garten sitzt als ausgeht, dann ist eine Amazone das richtige Heimtier für Sie! Für Kinder ist sie nicht zu empfehlen, da ihre Aufmerksamkeit für die Amazone bald nachläßt. Später, als Jugendliche und Heranwachsende, haben sie naturgemäß andere Interessen als einen Stuben- oder Volierenvogel. Ein Wellensittich ist für Kinder geeigneter, weil er nicht so alt wird.

Amazonen sind nicht so extrem konservativ wie der Graupapagei, aber auch sie brauchen eine gewisse Zeit, um Veränderungen zu verarbeiten. Dies erfordert vom Pfleger Geduld.

Eine Amazone spricht auch nur in völlig entspanntem Zustand, also keineswegs stets auf Kommando und vor allem nicht immer genau das, was man hören will. Man erwarte also hier nicht, daß sie wie ein Tonbandgerät jedes Wort wiederholt. Manche Amazonen lernen recht viel, aber eine

Garantie dafür gibt es nicht. Auch ohne das Sprechen können sie sehr unterhaltend sein.

Amazonen brauchen viel Bewegung. Sie wollen klettern, fliegen und laufen. Man sollte also eine entsprechend rustikale Wohnungseinrichtung haben – kein Museum. Papageien nagen viel und brauchen ständig neue Kletterbäume, Zweige und Astgabeln, die man erst einmal besorgen muß. Das ist in einer Großstadt nicht so einfach. Auch in der freien Natur darf man nicht ohne Erlaubnis Teile von Büschen und Bäumen mitnehmen.

Papageien werden nie ganz stubenrein. Man muß also mit einigen Kothäufchen auf dem Teppich rechnen oder Papier an gefährdete Stellen legen. Sie zerstreuen Nahrungsreste auf den Boden, plustern Federstaub und Flaumfederchen ab und wirbeln bei ihren Flugmanövern auch noch den Staub auf dem Käfigboden auf.

Bei Volierenvögeln fallen diese Reinlichkeitsaspekte nicht ins Gewicht. Im Freien gibt es aber andere Probleme. Vor allem in der Zeit der Balz können Amazonen recht laut werden. Vornehmlich in den Morgen- und Abendstunden erheben sie ihre Stimme. Man braucht also ein alleinstehendes Haus oder freundliche Nachbarn.

Wenn Sie alles zur Kenntnis nehmen – und trotzdem bei dem Wunsch bleiben, Amazonen halten zu wollen, dann gehören Sie zu jenen Tausenden von Papageienfreunden in aller Welt, die in die Amazonen vernarrt sind.

Auswahl des Vogels

Stehen Sie nun vor einem Käfig mit mehreren Amazonen, dann fällt die Wahl manchmal sehr schwer. Der Verkäufer setzt Ihnen nacheinander mehrere Tiere auf Hände, Arme und Schultern, und die munteren Gesellen klettern auf Ihnen herum, nagen an Ihrer Armbanduhr, versuchen Knöpfe zu erreichen, prüfen einen vor den Schnabel gehaltenen Finger mit viel Gefühl. Versucht man, sie zu streicheln, dann quietschen sie mürrisch, oder sie halten den gesträubten Nacken bereitwillig hin. Eine ganz mutige Amazone versucht Sie in die Nase zu kneifen, eine andere fliegt unvermittelt los und landet auf dem Boden.

Es handelt sich im geschilderten Fall um sehr junge Amazonen. Sie können dies auch anhand folgender Fragen nachprüfen:
– Ist das Gefieder matt, mit verwaschenen Farben, noch nicht ganz ausgefärbt?
– Sind die Schuppen der Beine und Klauen klein, weich und flach?
– Ist die Iris sehr dunkel oder blaß?
– Ist der Schnabel glatt, ohne verschiedene Hornschichten?

Wenn Sie alle Fragen mit ja beantworten können, ist es eine junge Amazone. Das wird Ihnen auch der Verkäufer bestätigen.

Wenn die Amazone zahm werden soll, ist es günstig, ein Jungtier zu erwerben. Doch auch ältere Tiere werden zahm. Lediglich in punkto Sprechen sind ältere Tiere den Jungamazonen eindeutig unterlegen. Die jungen sind deswegen auch teurer.

Nun prüfen Sie den Gesundheitszustand:

– Hat das Tier noch alle Krallen bzw. Zehen?
– Ist der Schnabel normal geformt und nicht ausgebrochen?
– Sind die Nasenlöcher nicht verstopft?
– Sind beide Augen geöffnet, die Lider nicht verklebt?
– Sieht es auf beiden Augen etwas?
– Kann es die Flügel richtig schließen, hat es keine Hängeflügel?
– Ist das Tier nicht irgendwo kahlgerupft?
– Ist die Brust fleischig?
– Ist die Kloake sauber und trocken, nicht verklebt?
– Ist der Kot im Käfig fest geformt?

Für kahle Stellen gibt es nicht die Erklärung, das Tier sei in der Mauser. Papageien mausern sich kontinuierlich; es wachsen stets neue Federn nach, andere fallen aus, ohne daß Kahlheit aufkommt.

Ob die Brust kräftig ist, kann man durch Abtasten prüfen bzw. durch Zurückblasen der Federchen. Das Brustbein darf nicht wie ein Messer hervortreten, dies wäre ein Zeichen für Unterernährung.

Der Kot kann, nach Genuß von Obst, auch feucht bis flüssig ausfallen. In der Aufregung ausgeschiedene Kothäufchen sind es bisweilen auch.

Ein Zoofachgeschäft wird sicher wissentlich kein krankes Tier verkaufen. Es kann aber möglicherweise einmal eine Amazone mit einer fehlenden Kralle anbieten, verbunden mit einem Preisnachlaß. Wenn einem das Tier sonst zusagt, sollte man es nehmen, denn die fehlende Kralle behindert es nicht sonderlich. Als zukünftiger Zuchthahn allerdings könnte es Schwierigkeiten beim Tretakt haben.

Der Ernährungszustand kann nach Pinter auch durch Wiegen des Tieres festgestellt werden. Erst wiegt man nur den leeren Käfig, dann mit Tier. Pinter nennt folgende Normalgewichte von Amazonen:

– Kleine Amazonen wie *Amazona albifrons*   200–250 g
– *Amazona amazonica* und ähnliche   320–370 g
– *Amazona ochrocephala ochrocephala* u. ä.   340–420 g
– *Amazona aestiva* je nach Größe   400–550 g
Große Amazonen wie *Amazona farinosa*   650–850 g

Es kommt hier auf die *Größe* und das *Alter* des Tieres an. Die genannten *Arten* sind nur schwache Anhaltspunkte.

Zustand des Gefieders

Wie schon erwähnt, werden viele Amazonen, vor allem die wilden unter ihnen, bereits im Herkunftsland gestutzt. Die radikalste Methode ist die, daß man dem Vogel bei geschlossenen Flügeldecken über den Rücken schneidet und somit alle Federn, auch die grünen Deckfedern, auf die Hälfte verkürzt. Das Tier sitzt dann mit unbedecktem Hinterteil da. Solche Amazonen sehen erbärmlich aus und fühlen sich nicht wohl mit ihrem kahlen Rücken. Zum Glück wird diese Methode selten praktiziert.

Häufiger kommen die Amazonen mit einseitig gestutztem Flügel bei uns an. Wenn sie einen Flugversuch unternehmen, verlieren sie das Gleichgewicht und torkeln zu Boden. Dabei können sie sich Verletzungen zuziehen. Die am anderen Flügel verbliebenen Schwingen nützen nichts, da bei jedem Flügelschlag links und rechts ungleiche Kräfte ansetzen, die den Vogel aus dem Gleichgewicht bringen. Er kann nicht einmal zielsicher auf den Boden flattern. Dies sollte aber einem gestutzten Tier möglich sein.

Man erkundige sich also beim Verkäufer, ob und wie der Vogel gestutzt ist, damit man nachher keine böse Überraschung erlebt.

Will·man den flugfähigen Vogel stutzen lassen, so kann man dies gleich im Heimtiergeschäft. Man weise darauf hin, daß die Flügel beidseitig geschnitten werden sollen.

Falls man selbst zur Schere greifen möchte, kann man in einem späteren Kapitel alles Notwendige nachlesen.

Der umgekehrte Fall wird öfter auftreten, nämlich, daß ein Käufer zwar einen gestutzten Vogel erwirbt, aber hofft, daß die Federn nachwachsen.

Dies ist aber keineswegs immer so unproblematisch, wie sich der Laie das vorstellt. Ist der Flügel sehr stark gestutzt, dann wachsen zwar in längeren Abständen einzelne Federn nach, aber diese gehen bald wieder verloren. Der Grund: Sie werden bei verfrühten Flugversuchen bzw. Notlandungen abgeknickt. Die Amazone stößt diese einzelnen Federn auch beim Klettern oft an. Die überbeanspruchte Feder wird dann eines Tages abgestoßen. Ihr fehlten die Nachbarfedern, die sie normalerweise beim Herauswachsen stützen und halten.

Auf diese Art kann es Jahre dauern, bis die Schwungfedern alle wieder nachgewachsen sind.

Die abgeschnittenen Federn fallen lange nicht aus, weil sie wenig beansprucht werden. Das Ausfallen einer Feder ist aber die Voraussetzung für das Nachwachsen einer neuen. Manche Vogelhalter greifen in solchen Fällen zur Flachzange. Sie ziehen die alten Federstümpfe mit einem kurzen Ruck heraus. Nun wächst eine neue Feder an dieser Stelle nach.

Dieses Verfahren ist für den Vogel sehr schmerzhaft. Man kann die Qual etwas verteilen, indem man pro Woche nur einen Federstumpf zieht. Man braucht auch nicht alle Stümpfe links und rechts zu ziehen. Ruß schreibt, die entsprechende Gegenfeder falle nach kurzer Zeit ebenfalls aus, brauche also nicht extra gezogen zu werden.

Die Verfasser lehnen dieses Vorgehen grundsätzlich ab. Das Tierschutzgesetz verbietet es, einem Tier ohne vernünftigen Grund Schmerzen, Leiden oder Schäden zuzu-

fügen. Selbst wenn man das Beschleunigen des Federwachstums als vernünftigen Grund betrachtet, ist es gerade in der Eingewöhnungszeit problematisch, einen Vogel zur Mauser zu zwingen, also zur Produktion von körpereigenen Hornsubstanzen. Bei einem zu zähmenden Papagei ist es noch weniger ratsam als bei Volierenvögeln.

Es kann in seltenen Fällen vorkommen, daß das Wuchsbett der Federn beschädigt ist. Dies passiert, wenn der Vogel viel flattert und seine gestutzten Handschwingen ständig gegen das Käfiggitter stößt. Dann wachsen die vordersten Handschwingen nicht mehr nach und das Tier bleibt zeitlebens flugunfähig.

Die abgenutzten Schwanzfedern kommen am schnellsten nach. Man sollte sich jedoch vergewissern, daß sie nicht vom Tier abgebissen, sondern tatsächlich durch äußere Belastung abgeknickt oder abgebrochen sind. Einen Federfresser oder -rupfer sollte man als Anfänger lieber nicht erwerben.

Zuletzt sollte man den Verkäufer noch danach fragen, wie lange er die Amazone schon in seinem Geschäft hat, ob sie mit anderen Amazonen im Käfig Kontakte pflegt oder pflegte, falls die andere schon verkauft wurde.

Ist man sich handelseinig geworden, dann sollte man auch noch eine Tüte des bisher gereichten Futters kaufen, um der Amazone nicht zu viel Umstellungen auf einmal zuzumuten.

Der Transport nach Hause erfolgt im gleichzeitig gekauften Käfig oder in einem stabilen Pappkarton mit Deckel. Ein neuer Abschnitt im Leben der Amazone – und in Ihrem – beginnt.

Vom selben Tier dreimal die 4. Schwanzfeder von außen: im Alter von 1 Jahr, 2 Jahren, 3 Jahren. Man kann gut erkennen, wie der Färbungsgrad zunimmt. Die einjährige und die dreijährige Feder ist auch auf dem großen Foto zu sehen.

◄ Schwanzfedern der Surinamamazone (*Amazona ochrocephala ochrocephala*). Oben: Federzustand beim Kauf (etwa 1 Jahr alt). Unten: 2 Jahre später getragene Federn. Die dazwischen liegende Stufe haben wir nicht vollständig. – Das Rot ist am Anfang schwach und wird später leuchtend, während das grüne Mittelband abnimmt.

Haltung

Grundsätzliches zur Haltung von Amazonen

Amazonen sind sozial lebende Tiere. Sie haben ein angeborenes Kontaktbedürfnis. Hält man zwei oder mehrere Amazonen zusammen, dann interessieren sie sich weniger für den Pfleger als für ihre Artgenossen. Sie lernen dann auch kaum die menschliche Sprache.

Wer allerdings darauf keinen Wert legt, der kann an ihnen statt dessen viele andere interessante Verhaltensweisen beobachten und seine Freude haben.

In Gruppen gehaltene Amazonen benötigen eine große Voliere mit Schutzhaus oder einen eigenen Raum in der Wohnung. Man braucht, kurz gesagt, viel Platz und wenig Zeit.

Daß sie morgens und abends etwas laut werden, muß man von vornherein einkalkulieren. Nur, wenn Eier oder Junge im Nistkasten sind, schreien sie nicht. Es gibt freilich laute und weniger laute Amazonen bei allen Arten. In der Amazonengruppe genügt ein temperamentvolles, lautstarkes Tier, um die anderen ebenfalls zum Kreischen zu stimulieren.

Zur Brutzeit werden Amazonen überdies sehr angriffslustig, so daß es von Vorteil sein kann, wenn man die Futternäpfe von außen bedienen kann.

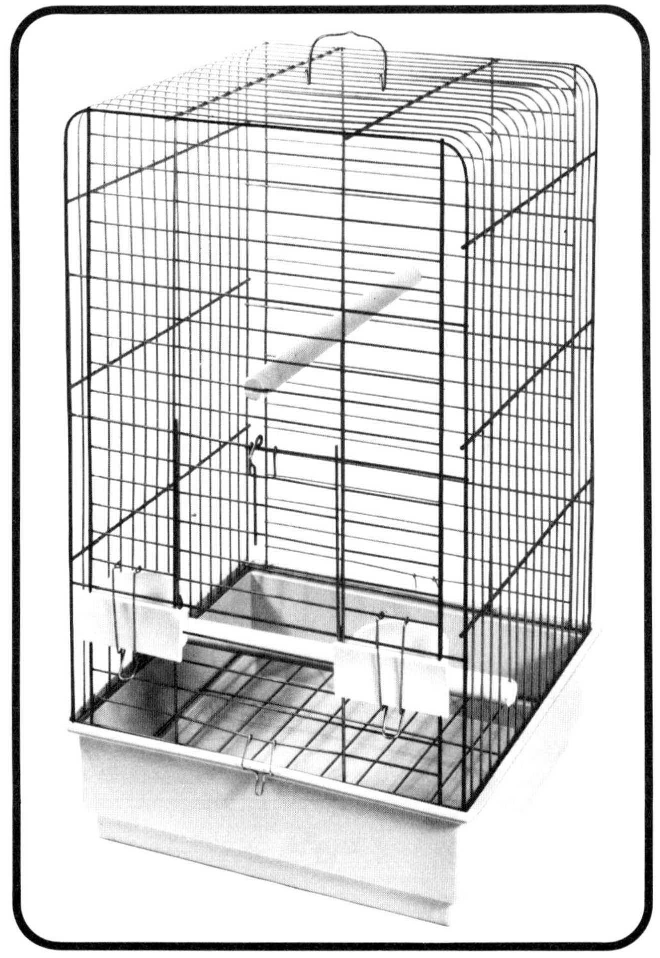

Bei der Haltung als zahmer Einzelvogel ist für eine Amazone das schönste Vogelzimmer und die größte Voliere relativ uninteressant. Sie wird stets Sehnsucht nach ihrem Pfleger oder anderen Familienmitgliedern haben. Man braucht also, analog zu oben, viel Zeit und wenig Platz. (Was unter „wenig" zu verstehen ist, folgt im nächsten Abschnitt!) Mindestens einen halben Tag lang sollte jemand der Amazone Gesellschaft leisten. Nur abends ein, zwei Stündchen mit ihr zu spielen, ist zu wenig.

In dieser Zeit muß die Amazone aus dem Käfig heraus dürfen. Sie braucht Stammplätze in der Wohnung, die sie anfliegen kann oder auf die man sie setzt. Sie möchte auch ins Freie mitgenommen werden. Nicht flugfähige Amazonen sind in dieser Beziehung unproblematisch; sie lassen sich auf der Schulter überall hintragen. Man darf sie nur nicht in das Geäst all zu hoher Bäume setzen, weil sie immer weiter nach oben klettern und nicht mehr freiwillig nach unten kommen.

Zahme Amazonen, die fliegen können, werden im Käfig mit nach außen genommen. Besser ist es, man legt sie vorübergehend an eine Papageienkette, wie sie im Fachhandel erhältlich ist. (siehe auch: Abschnitt „Flügelstutzen")

Käfig

1. Form und Ausmaße

Der Käfig sollte viereckig sein, damit der Vogel nicht die sogenannte Drehkrankheit bekommt, ein nervöses Hin- und Herdrehen des Kopfes auf Grund der Orientierungslosigkeit im Gitterrund. Es gibt sehr hübsch aussehende Käfige, deren vier Wände nach oben gebogen zusammenlaufen.

Die Ausmaße sollten 40 cm x 40 cm x 60 cm nicht unterschreiten. Wenn man die Amazone viel herausläßt, braucht sie keinen sehr viel größeren Käfig. Da eine zahme und sprechende Amazone auch mitgenommen werden soll, wenn man mit dem Auto Bekannte besucht oder verreist, sollte der Käfig in den Wagen passen. Optimal ist ein größerer Stubenkäfig und ein kleiner Reisekäfig.

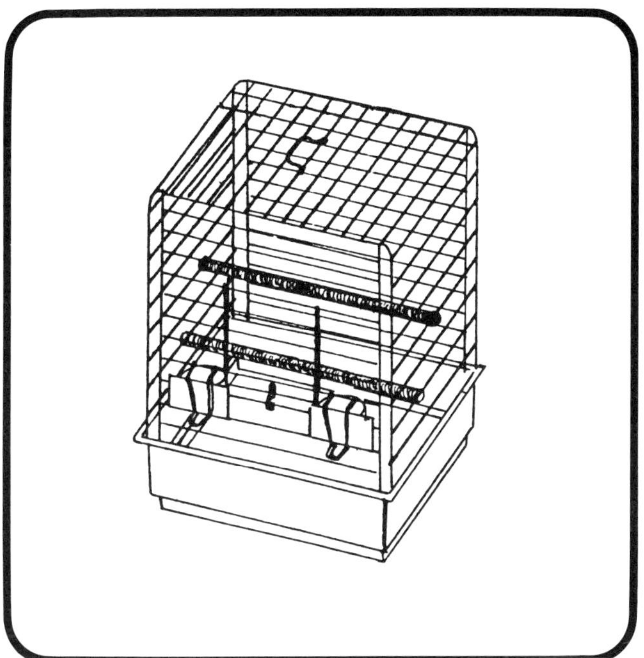

Die Käfigwände sollen waagerecht vergittert sein, damit die Amazone auf und ab klettern kann.

Foto S. 28: Papageienkäfig, vermessingt oder verchromt erhältlich, 45 × 45 × 75 cm, nur Vorder- und Rückseite quer gedrahtet.

Abb. oben: Die Vorteile des Quergitters sind, daß die Sitzstangenhöhe variabel ist und der Vogel seitlich am Gitter auf und ab klettern kann. Im Gegensatz zum Käfig auf S. 28 sind hier die Sitzstangen richtig angeordnet: parallel.

Foto links: Der Kasten aus abwaschbarem Resopal schützt die Amazone vor Zugluft und den Fußboden vor Schmutz, isoliert aber das Tier unnötig von seiner Umgebung. Maße 74 × 46 × 75 cm, Gitter verchromt, mit Schublade und Napfleiste mit 3 Näpfen (einhängbar).

2. Sitzstangen

Die mitgelieferten Sitzstangen sind zu glatt und bieten dem Papageienfuß keine verschiedenen Greifdurchmesser. Sie sollten mit einer Feile oder Holzraspel aufgerauht und an einigen Stellen dünner gemacht werden. Die zwei oder drei Stangen müssen parallel zu einander eingesetzt werden, nicht über Kreuz. Der Kot darf nicht auf die unteren Stangen fallen.

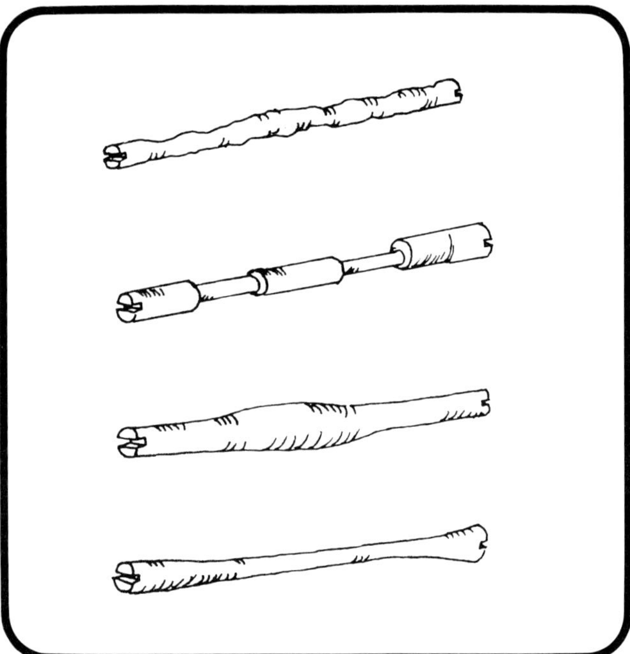

Die oberste Sitzstange soll so hoch angebracht werden, daß der Vogel in aufrechter Haltung noch gut 1 cm Freiraum über seinem Kopf hat. Er soll ferner hinten nicht mit den Schwanzfedern an das Gitter stoßen, wenn er sich vornüber beugt.

Vögel sitzen beim Schlafen bevorzugt auf der oberen Sitzstange, weil ihnen diese Position das größte Sicherheitsgefühl vermittelt. Ist der Abstand zum Käfigdach zu klein, dann sitzt die Amazone trotzdem oben, wenn auch in verkrümmter Haltung. Ist der Abstand zu groß, dann wird der Käfiginnenraum nicht optimal ausgenutzt.

Die untere Sitzstange dient zum Erreichen der Futtergefäße, die ja meist tiefer angebracht sind als das Türchen.

Oben auf das Käfigdach gehört eine Sitzstange, die möglichst auf einer Seite etwas übersteht. Der Papagei muß nach unten Platz für seine Schwanzfedern haben. Sitzt er am äußersten Ende, dann fällt sein Kot nicht auf das Käfiggitter oder in die Näpfe.

3. Näpfe und Tür

Die Futternäpfe müssen bei Papageien sehr stabil befestigt sein. Es muß ausgeschlossen sein, daß der Vogel die Näpfe von innen hinausdrückt und dann womöglich selbst durch die Öffnung steigt.

Beim Herausnehmen muß die entstehende Lücke durch den Befestigungsbügel verschlossen werden können. Die Napföffnungen sollen nicht unterhalb der Türöffnung sein. Wenn man einen Futtercontainer (-automat) befestigen will, muß oberhalb des Napfes der Vorratsbehälter mit einer Klammer an das Gitter gemacht werden. Man lasse sich also gleich beim Kauf vorführen, wie Vorratscontainer am Käfig angebracht werden können.

R. Low schreibt, diese Automaten seien nichts für echte Vogelliebhaber. Wer ein Tier halte, müsse auch die Zeit aufbringen, es täglich zu füttern. Außerdem könne der Nachlauf der Körner blockiert werden und der Vogel sitze dann vor dem Napf, ohne an das Futter heranzukommen. Auf dem Boden des Containernapfes bilde sich eine unappetitliche Staubschicht.

Der Futterautomat sollte also nur in Ausnahmefällen kurzfristig Verwendung finden. Die handelsüblichen Container werden von Amazonen ohnehin leicht weggedrückt, wenn sie von außen an das Käfiggitter hängen, und dann liegt der ganze Vorrat auf dem Boden.

Das Türchen soll papageiensicher verschließbar sein. Dies ist dann der Fall, wenn man als Mensch eine gewisse Kraft aufbringen muß, um es zu öffnen. Ein Riegel darf nicht von innen zu erreichen sein.

Ist das Türchen nach unten klappbar, dann besteht am wenigsten Gefahr für den Vogel, sich daran zu verletzen. Es kann aber von Kot getroffen werden. Man verhindert dies dadurch, daß man den Vogel bei der Wahl seines Stamm-

platzes beeinflußt: Ein Naturast wird oben an der gewünschten Seite befestigt. Das wirkt meistens.

Ist das Türchen schwenkbar, so sollte man auf vorstehende Drahtenden achten. Sie sind gefährlich, können aber mit einer Zange umgebogen werden.

Nach oben ziehbare oder klappbare Türchen müssen in offenem Zustand arretiert werden, damit sich der Vogel nicht selbst aussperren kann.

Eine hervorragende Lösung ist die folgende: die ganze Käfigfront ist als Tür schwenkbar. Sie hat zusätzlich in sich noch ein kleines Türchen. Der Papagei kann so direkt auf seine Sitzstange fliegen. Widerspenstige Tiere kann man leichter in den Käfig zurücksetzen, da die Öffnung so groß ist. Auch während der Zähmung ist die zu öffnende Käfigfront von Vorteil.

Man kann in der Türöffnung eine Einflugstange befestigen, die dem Papagei das Ein- und Aussteigen, zumindest am Anfang, erleichtert.

4. Käfigunterteil

Die meisten Käfige haben eine Plastikwanne mit Drahtein-satz. Dieser ist dazu da, daß die Amazone nicht auf dem Boden in ihrem Kot herumläuft. Es bleiben aber immer auch Teile des Kots an diesem Gitter hängen. Deswegen kann man es gleich entfernen.

Eine gute Verwendungsmöglichkeit für das Einsatzgitter ist, es als Trennwand zu verwenden, wenn zwei unverträg-liche Amazonen, die sonst eigene Käfige haben, für kurze Zeit in 1 Käfig transportiert werden müssen. Auf die Dau-er ist dies natürlich keine Lösung.

Die Plastikwanne wird durch eingestreuten Sand allmäh-lich abgenutzt. Das Material wird mit der Zeit brüchig. Man sollte schon beim Kauf des Käfigs fragen, ob das Ge-schäft eine Ersatzwanne liefern kann, wenn die erste zerbricht oder unansehnlich geworden ist.

Käfigmodelle mit einer Schublade sind praktischer. Man kann den Boden leichter reinigen, ohne den ganzen Käfig wegstellen zu müssen. Allerdings entfällt die Möglichkeit, das Oberteil über einen Vogel zu stülpen, der nicht freiwil-lig in den Käfig zurück will.

▲

Ein Papageienkäfig, bei dem sich die Konstrukteure wirk-lich etwas gedacht haben! Er ist rundherum quer gedrah-tet, die Vorderwand ist aufklappbar und um 270° schwenkbar. Im geöffneten Zustand kann sie hinten arretiert werden. Das Gitter ist vermessingt oder ver-chromt. Die Maße sind 45 × 45 × 75 cm. Zur Grund-ausstattung gehören 2 Sitzstangen, die man allerdings parallel einsetzen sollte.

Voliere für Papageien, verzinkt oder vermessingt lieferbar, ▶ mit Metallschublade (beige gesintert) und 4 Näpfen in der Vorderfront des Gitters: für Wasser, Körnerfutter, Obst/ Keimfutter und Zusatzfutter. Maße 68 × 70 × 100 cm. Auf Wunsch mit Tisch lieferbar. Diese Voliere bietet Platz für zwei Amazonen; man sollte jedoch zusätzliche Sitz- und Kletterstangen anbringen.

5. Standort

Das mit dem Käfig angebotene Unterstelltischchen ist meist etwa 50 bis 60 Zentimeter hoch. Das ist zu niedrig, denn der Papagei soll in Augenhöhe mit dem Betrachter sitzen.

Wenn man von oben in den Käfig blickt, ist dies für die Amazone unangenehm. Man sollte in Erwägung ziehen, ob man das Vogelbauer nicht an die Wand hängt. Dies gibt dem Tier von einer Seite Rückendeckung. Der Platz sollte nicht der prallen Sonne ausgesetzt sein. Zugluft ist zu vermeiden, ebenso die unmittelbare Nähe eines Heizkörpers.

Das Zimmer selbst sollte einmal am Tag Sonne bekommen.

Da Amazonen ständig dabei sein wollen, ist es empfehlenswert, an mehreren Stellen in der Wohnung einen Käfigplatz zu reservieren. Dies ist mit der angedeuteten Wandbefestigung leicht zu machen. In den entsprechenden Räumen befestigt man je zwei Haken an der Wand, in die der Käfig bei Bedarf eingehängt werden kann. Auf diese Art kann die Amazone mitgenommen werden, ohne daß ihr Schnabel all zu viel anstellen kann.

In der Küche und im Schlafzimmer hat eine Amazone nichts zu suchen; dies sei erwähnt, damit der Leser keine falschen Schlüsse zieht. Bei einem neugekauften Tier übt man ohnehin eine gewisse Zurückhaltung in diesen Dingen. Aber mit den Jahren wird man mit einer Amazone doch vertrauter. Die Hygiene sollte darunter nicht leiden.

▲

Diese Gelbscheitelamazone (*Amazona ochrocephala ochrocephala*) mag ja ein putziges Bild abgeben, wie sie den Löffel mit Haferflockenmüsli ableckt, doch sollte man aus hygienischen Gründen andere Fütterungsmethoden wählen. Der Großteil von Früchten und sonstigem weichen Futter, aber auch Schalen von Nüssen und Sonnenblumenkernen liegen nach kurzer Zeit am Boden. Großzügiges Freßverhalten entspricht den natürlichen Gewohnheiten der Amazonen.

Abhilfe schaffen kann ein Papageienständer wie dieser. Essensreste fallen in die Kotauffangschale (68 x 48 cm). Die Gesamthöhe beträgt 147 cm.

Ständer und Kletterbaum

Eine Amazone den ganzen Tag auf einen Papageienständer zu setzen, den Fuß angekettet, ist schlicht Tierquälerei. Wenn hier von einem Papageienständer die Rede ist, dann nur in dem Sinne, daß er zusätzlich zum Käfig eingesetzt wird.

Die Auffangwanne sammelt Kot und sonstige von der Amazone produzierte Abfälle.

Eine einzelne Sitzstange bietet natürlich wenig Klettermöglichkeiten, weshalb man zusätzlich einen Kletterbaum anbieten sollte.

▶

Anketten sollte man einen Papapei wie diese *Amazona ochrocephala ochrocephala* nur bei Ausflügen ins Freie, wie hier bei einem Spaziergang zum Maisfeld. Das Tier ist nicht gestutzt und macht im Hause viel Gebrauch von seinen Flügeln.

Dieser Freisitz besteht aus einem stabilen Teller aus Blech (Durchmesser 71 cm) und einem schweren Fuß.
Teller ohne Demontage abnehmbar. Gesamthöhe 120 cm, Querstangen 50 cm.

Diesen stellt man leicht selbst her, indem man Äste entsprechender Größe zurechtschneidet und zusammenschraubt bzw. -nagelt. Das Ganze wird in einen Christbaumständer oder in einen Sonnenschirmständer gesteckt.

Man muß die Äste vorher naß abbürsten, damit weder Schmutz noch etwaige Schädlingsvertilgungsmittel an ihnen haften. Außerdem sollten die Blätter auf „kleine Tierchen" untersucht werden, die man nicht in der Wohnung haben möchte.

Die Äste sollten so angeordnet sein, daß die Amazone ihren Kot nicht auf tieferliegende Zweige absetzt. Dies ist unter Umständen schwierig zu bewerkstelligen, denn irgendeinen Ast „trifft" sie immer.

Eine andere Möglichkeit ist ein künstlicher Kletterbaum, bei dessen Gestaltung man den Kotabwurf gleich mit einkalkulieren kann. Bei den Verfassern hat sich ein flaches, sprossenwandähnliches Klettergerüst bewährt. Es steht in einem rechteckigen Sonnenschirmständer.

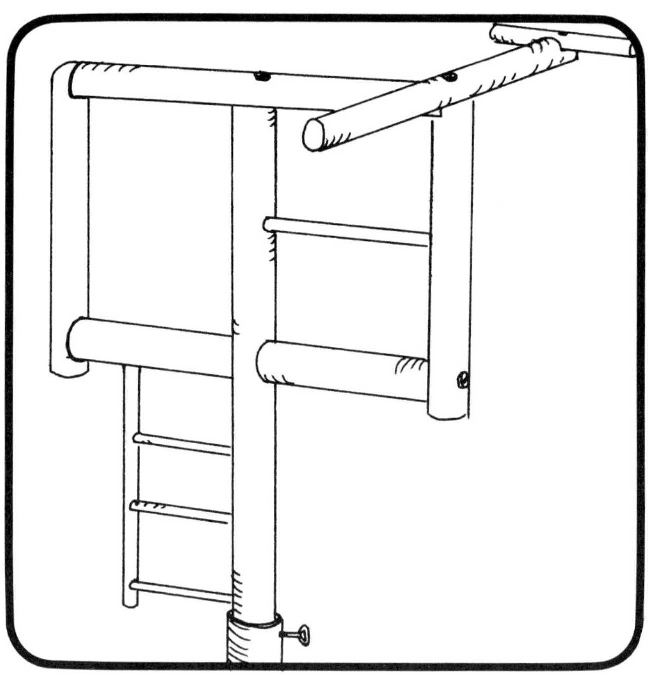

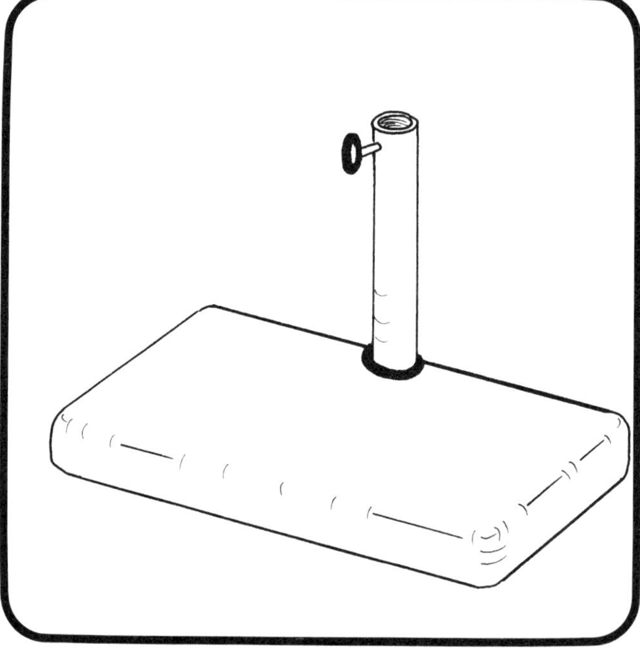

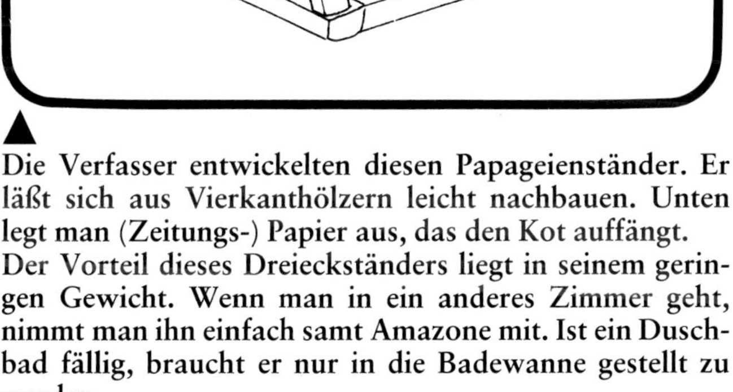

▲
Die Verfasser entwickelten diesen Papageienständer. Er läßt sich aus Vierkanthölzern leicht nachbauen. Unten legt man (Zeitungs-) Papier aus, das den Kot auffängt.
Der Vorteil dieses Dreieckständers liegt in seinem geringen Gewicht. Wenn man in ein anderes Zimmer geht, nimmt man ihn einfach samt Amazone mit. Ist ein Duschbad fällig, braucht er nur in die Badewanne gestellt zu werden.

▲
Zur Begegnungsstätte für 2 Papageien wird der Ständer, wenn man ihn hochkant stellt. So hat jedes Tier seine „eigene" Sitzstange. Ein Ausweichen ist auch gestutzten Tieren möglich.

Vogelstube

Die Vogelstube muß heizbar sein und sollte einmal am Tag Sonne bekommen. Im Winter muß die Helligkeit künstlich auf 12 Stunden verlängert werden, wozu am besten „true-lite"-Röhren verwendet werden. Sie ähneln in ihrer Lichtqualität dem natürlichen Tageslicht. Mit einer Schaltuhr kann man sie um 4.00 Uhr früh einschalten, dann fällt das Ende des 12-Stunden-Tages mit dem normalen Sonnenuntergang zusammen.

Auch nachts sollte es nicht stockdunkel sein. Falls kein Licht von außen einfällt, läßt man eine 8-Watt-Lampe brennen. H. Schnabl beschreibt in „Die Voliere", 1981/2, eine komplette Beleuchtungsanlage.

Ein vergitterter, scheibenloser Fensterflügel stellt den unmittelbaren Kontakt zur Außenluft her. Ein Gitterrahmen, der in die Fensteröffnung bei Bedarf eingesetzt wird, erlaubt das Lüften, ohne den Vögeln eine Gelegenheit zum Entweichen zu geben.

Die Inneneinrichtung muß so beschaffen sein, daß weder Teile von ihr noch die Papageien zu Schaden kommen können. Falls die Heizquelle so heiß wird, daß sich die Vögel die Füße daran verbrennen können, wird sie durch ein Gitter geschützt.

Die untapezierten Wände werden mit einem Kalkanstrich (Aschenborn), mit Dachdeckerblech oder Resopal (Pinter) oder mit einer abwaschbaren Wandfarbe, wie sie für Badezimmer verwendet wird, versehen.

Der Fußboden muß so beschaffen sein, daß er sauber gehalten werden kann. Er wird nach unten abgedichtet und mit Sand bestreut.

A. Gemein hat ein massives Ziegelsteinhaus für Papageien umgebaut und die Innenräume mit einer 30 Zentimeter hohen Schicht unverschmutzter Walderde aufgeschüttet. Darauf stapelte er Baumwurzeln, verfaulte Baumteile und große zimmerhohe Baumstämme. Solche Vogelstuben sind optimal, doch kann nicht jeder den Urwald so perfekt nachbilden, wie es A. Gemein in seinem Buch beschreibt.

Wer eine Mietwohnung hat, muß sich hier einschränken.

Sand als Bodenbelag ist nicht möglich; man muß Kompromisse eingehen. Vogelstuben können von Fall zu Fall sehr verschieden aussehen. Die Ausführungen in diesem Buch sind nur als Anregung gedacht. Das gilt auch für den nächsten Abschnitt, die Volieren.

Volieren

1. Zimmervolieren

Wenn man Amazonen hält, möchte man sie auch beobachten. Dies ist in der zuvor genannten Vogelstube nicht so leicht möglich, weil man dazu normalerweise den Raum betreten, also in das Territorium der Vögel eindringen muß. (Wenn man das Treiben der Amazonen durch eine Glastüre oder eine Glaswand beobachten kann, ist es natürlich einfacher; A. Gemein setzt eine Video-Überwachungsanlage ein; andere Papageienliebhaber stellen einfach einen alten Sessel in die Vogelstube und gewöhnen die Tiere an den Beobachter.)

Mit einer Zimmervoliere hat man diese Probleme nicht. Die Amazonen sind einen intensiveren Kontakt zu den Menschen gewöhnt. Sie lassen sich ungeniert beobachten und sind doch unter ihresgleichen.

Man kann sich Zimmervolieren – in Einzelteilen verpackt – vom Fachhandel schicken lassen. Zoofachgeschäfte liefern maßgeschneiderte Zimmervolieren. Diese sind dann rundum vergittert. Es handelt sich quasi um große Käfige.

Möchte man selbst eine Zimmervoliere herstellen, dann kann man sie in eine Zimmerecke einbauen und dadurch 2 Gitterseiten einsparen. Als Material nimmt man punktverschweißtes, verzinktes Eisengitter, das auf einen Rahmen aus Vierkantrohr geschweißt wird (Pinter). Für Amazonen verwendet man Drahtstärken von 2 mm und eine Maschenweite von 25 mm. Die Tür soll höchstens 1 m hoch sein, damit die Vögel nicht so leicht heraus können, wenn man die Voliere betritt. Der Boden besteht aus einem an den Seiten 20 cm hochgezogenen Blech, das mit Sand bestreut wird. Die Zimmerwände sollte man nach Pinter mit einer beschichteten Spanplatte verkleiden.

2. Balkonvolieren

Balkonvolieren werden genauso gebaut, nur daß man
noch ein Gitterdach aufsetzt und einen Durchschlupf ins
Innere des Hauses vorsieht, durch den die Papageien bei
schlechter Witterung in die Zimmervoliere können. Wenn
man die Balkonvoliere zum Reinigen oder Füttern durch
die höchstens 1 m hohe Tür betritt, ist erhöhte Vorsicht
geboten, daß die Pfleglinge nicht ausreißen. Sicherheit bietet nur eine Schleuse.

3. Gartenvolieren

Es genügt nicht, eine Gitterkonstruktion auf den puren
Gartenboden zu stellen. Dies ist aus hygienischen Gründen nicht empfehlenswert, denn die Kotausscheidungen
verseuchen das Erdreich. Unerwünschte Besucher wie
Mäuse, Ratten, Katzen, Wiesel, Iltisse und anderes Raubzeug könnten zu leicht eindringen. Ein Fundament aus Be-
ton oder Ziegelstein verhindert dies. Damit die Mäuse
nicht unten durch graben, muß das Fundament 50 cm,
nach Pinter sogar 1 m tief in die Erde reichen.

Am sichersten geht man mit einem Betonboden, aber auch
ein horizontal gespanntes Gitter, das in 50 cm Tiefe in das
Erdreich eingegraben wird (Enehjelm), hält die Nager ab.
Wilker empfiehlt in AZN 9/78, eine horizontale Trenn-
schicht aus Lochklinkern einzugraben. Er beschreibt ein
Fundament aus Bordsteinen (99 cm x 8 cm x 30 cm), das
den Vorteil hat, Regenwasser durch offengelassene Stoß-
fugen abzuleiten. Man sieht: der Phantasie des Volieren-
bauers sind keine Grenzen gesetzt.

Natürlich muß man den Zutritt der Mäuse zu den Futter-
gefäßen und den verstreuten Futterresten auch über der
Erde verhindern. Ein enges Geflecht wird in einem 20 cm
breiten Streifen rund um die Voliere gelegt. Katzen und
Eulen hält nur eine doppelte Drahtschicht ab, doch ihre
Chancen stehen bei Amazonen nicht sehr gut – diese wissen sich zu verteidigen.

Die Voliere erhält ein Schutzhaus und eine Drahtglas-
schutzwand (Pinter). Diese errichtet man auf der Wetter-
seite, also nach Nord bzw. Ost. Das Schutzhaus wird gut
isoliert und elektrisch beheizt. Ein Infrarotstrahler oder
zwei Kohlenfadenlampen, durch Gitter gesichert und mit
einem Thermostat gekoppelt, sorgen auch im Winter für
eine Mindesttemperatur von ca. 15 Grad.

Im Schutzhaus ist ein kleiner Vorraum, der als Schleuse
dient. Dort werden auch Geräte und Futter gelagert.
Durch das Schutzhaus gelangt man durch eine weitere Tür
in die eigentliche Voliere. Sie ist teilweise mit Drahtglas
überdacht, um die im Freien sitzenden Tiere bei einem
Regenguß nicht gleich zum Rückzug in das Innere zu veranlassen. Das Gitter ist 2 mm starkes, punktverschweißtes, verzinktes Eisengitter mit einer Maschenweite von
25 mm, oder, was Gemein empfiehlt, sogenanntes Wellen-
gitter mit einer Maschenweite von 40 mm, das auch dem
Schnabel von Aras und Kakadus standhält.

Als Schutzanstrich für das Gitter empfiehlt de Grahl einen
Bitumenlack, der nicht so leicht abspringt wie Eisenlack
und nur alle 2 Jahre erneuert werden muß.

Das Innere wird mit Kletterbäumen und Sitzstangen ein-
gerichtet. Auf schrägen Stangen können die Amazonen
auf den Boden klettern bzw. wieder nach oben gelangen,
ohne zu fliegen. Ein Nistkasten wird am besten sowohl innen als auch außen angeboten. (Sind mehrere Amazonen
in einer Gruppe, so sollte man keine Zuchtversuche anstellen, ehe das Zuchtpaar von den anderen getrennt ist).

Eine Innenbepflanzung wird von den Amazonen bald zerstört; wichtig ist dagegen, die Voliere außen zu begrünen.
Gerade für brütende Amazonen ist es wichtig, daß sie sich
ungestört und sicher fühlen.

Ernährung

Allgemeines

Die Amazonen sind in Gefangenschaft ganz auf das angewiesen, was wir ihnen zum Fressen anbieten. Es versteht sich von selbst, daß wir ihnen eine möglichst große Auswahl an Nahrung zur Verfügung stellen. Körner und Wasser allein genügen nicht. Wenn eine Amazone mit diesem kargen Mahl dennoch lange Zeit am Leben bleibt, zeigt dies nur, daß sie in der Not auch mit einer einseitigen Ernährung auskommt. Brutlustig wird ein solcher Vogel kaum werden. Es ist zu befürchten, daß er wenig Widerstandskraft gegen Infektionen hat.

Eine vielseitige Ernährung dagegen bietet neben Gesundheit und Wohlbefinden auch die Gewähr für ein tadelloses Gefieder.

Schließlich begnügen sich die Amazonen auch in Freiheit an einem Tag nicht nur mit der Plünderung eines Weizenfeldes, obwohl sie dort auch satt würden. Sie legen vielmehr große Strecken im Flug zurück, um abwechslungsreiche Nahrung zu erlangen. Sie bringen viele Stunden mit der Nahrungssuche zu. So einfach wie in Käfigen oder Volieren haben sie es dabei natürlich nicht. Sie finden in der Natur nicht immer alles in großen Mengen, und immer sind gleichzeitig andere hungrige Schnäbel an Ort und Stelle. Die Nahrungsaufnahme ist ein Stück Lebenskampf.

Der Schnabel ist dabei ständig in Aktion. Dem müssen wir Rechnung tragen, wenn Amazonen in unserem Käfig bzw. unserer Voliere sitzen. Der Nagetrieb bleibt, obwohl das notwendige Futter in kurzer Zeit aufgenommen werden könnte.

Man sollte unbedingt eine Auswahl verschiedener Futtersorten anbieten, möglichst auch Nüsse in Schalen, damit dem Vogel wenigstens noch etwas zu tun bleibt. Das Fressen soll immer auch eine lustvolle Beschäftigung darstellen.

Über die Eignung einiger Nahrungsmittel als Papageienfutter sind sich die verschiedenen Autoren nicht einig. Das Folgende soll dem Leser einen Überblick über die Möglichkeiten geben, ohne ihm die Entscheidung abnehmen oder ihn belehren zu wollen.

Wie sich die Fütterungsmethoden in 100 Jahren wandeln, haben wir ja in einem früheren Kapitel gesehen.

Körnerfutter

Amazonen fressen am liebsten weiße, gestreifte oder schwarze Sonnenblumenkerne. Welche Farbe oder Größe sie hier bevorzugen, ist unterschiedlich. Man muß damit rechnen, daß eine an weiße Sonnenblumenkerne gewöhnte Amazone die gestreiften verschmäht.

Die Größe der Kerne ist unterschiedlich. Füllt man den Napf mit großen weißen Körnern, dann hat die Amazone weniger Futtersubstanz als bei kleinen. Das meiste sind Luft und Schalen. Man muß also öfters nachfüllen.

Auch kontrolliere man selbst einmal, wieviel denn nun so ein Sonnenblumenkern enthält. Es wird ja nur das Innere gefressen. Man kann dann gleich eine Geschmacksprobe durchführen. Schmeckt der Kern schlecht, dann ist er auch nichts für die Amazone.

Als Alleinfutter sind diese sog. Ölfrüchte (man denke an die Margarine, die man aus ihnen herstellt) nicht geeignet. Sie sollten höchstens 60% des Gesamtfutters ausmachen.

Die Ernährung wäre sonst zu einseitig, da Sonnenblumenkerne viel Fett enthalten. (Nach Pinter enthalten geschälte Sonnenblumenkerne: 54,3% Rohfett, 20,4% Rohprotein, 6% Kohlenhydrate, 4,1% Rohfaser, 2,7% Asche = Mineralstoffe, 12,5% Wasser.)

Man füttere daher auch geschälten Hafer, Mais, Weizen und Kolbenhirse. Amazonen haben an sich die ganz kleinen Körnchen nicht gern, doch wenn man erreicht, daß sie auch Kanariensaat (Spitzsaat, Glanz) aufnehmen, ist dies um so besser.

Diese Sämereien haben einen höheren Anteil an Kohlenhydraten (60–70%). Sie enthalten nur etwa 5% Rohfett und sind auch nicht sehr eiweißreich (10%–15%).

Eiweiße (Proteine) sind aber wichtig für den Aufbau der körpereigenen Substanz. Sie bilden Muskelfleisch, Gewebe der Innereien, Horn und Federn.

Im Körnersortiment sind es die Erbsen, die über 30% Rohprotein enthalten. (Rohprotein: Der Körper kann nicht alles verwerten, nur etwa die Hälfte.)

Um die Speisekarte der Amazone abwechslungsreich zu gestalten, kann man außerdem Kürbiskerne, Hanf und Erdnüsse reichen, aber in kleinen Mengen, denn auch diese Sämereien sind fetthaltig.

Erdnüsse sind besonders in der Schale attraktiv, da es hier etwas zu knacken gibt. Man unterscheidet zwischen Futtererdnüssen (im Zoogeschäft erhältlich) und Speiseerdnüssen (im Lebensmittelgeschäft erhältlich). Die ersteren schmecken für unsere Zunge ekelhaft, denn sie sind nicht geröstet. Amazonen fressen sie anstandslos. R. Low schreibt allerdings, man solle nur die für den menschlichen Verzehr gedachten Erdnüsse (in der Schale) verfüttern, da mit den anderen schon ein Pilz (*Aspergillus flavus*) verschleppt worden sei. Inwieweit diese aus England stammende Beobachtung auf unsere Verhältnisse übertragen werden kann, ist nicht bekannt. Nur eines sollte man nicht tun: gesalzene Erdnüsse füttern.

Nüsse wie Haselnüsse, Zirbelnüsse, Walnüsse, Paranüsse, Eßkastanien, Roßkastanien, Eicheln und Bucheckern, die wir den Amazonen zum Teil „vorknacken" müssen, ergänzen das Körnerangebot.

Man kann im Heimtiergeschäft für Amazonen abgepackte Futtermischungen („Papageienfutter") kaufen. Sie sind im 1-kg-Paket, im 5-kg-Säckchen oder in Plastiktüten abgepackt, erhältlich. Letzteres ist meist etwas preiswerter, da es das Geschäft selbst zusammenmischt. In manchen Paketen sind wiederum zusätzlich Nagehölzer enthalten, die den Gebrauchswert erhöhen.

Wichtig bei abgepacktem Futter ist das Herstellungsdatum, das in den Karton eingestanzt ist. Man sollte das Futter sofort in ein Glasgefäß umschütten und dabei prüfen, ob es noch frisch ist. Ranziges Futter riecht entsprechend. Manchmal hängen im Inneren des Kartons kleine Maden, Raupen oder verpuppte Käferlarven. Dies ist ein Rekla-

mationsfall. Außerdem sollten die Körner nicht staubig sein. Notfalls wäscht und trocknet man sie einmal.

Gegen Ende des Jahres kommt immer die neue Ernte. Doch vorher muß natürlich der alte Bestand verkauft sein. Manchmal geht es wie mit Mutters Marmelade: die frische kommt erst auf den Tisch, wenn die alte aufgebraucht ist – nur, dann ist sie nicht mehr frisch. Von der Ernte der Sonnenblume bis zur Abgabe an den Verbraucher können Monate, wenn nicht Jahre vergehen (Heidenreich).

Die in der Papageienmischung enthaltenen Körner werden nicht alle gefressen. Man sollte die Amazone nicht so lange auf Nachschub warten lassen, bis das letzte Weizenkörnchen gefressen wurde. Das verschmähte Futter entfernt man ebenso wie die Hülsen der anderen Körner. Man kann durch getrenntes Anbieten verschiedener Körnersorten herausfinden, welches Futter am besten verwertet wird und danach eine eigene Mischung zusammenstellen.

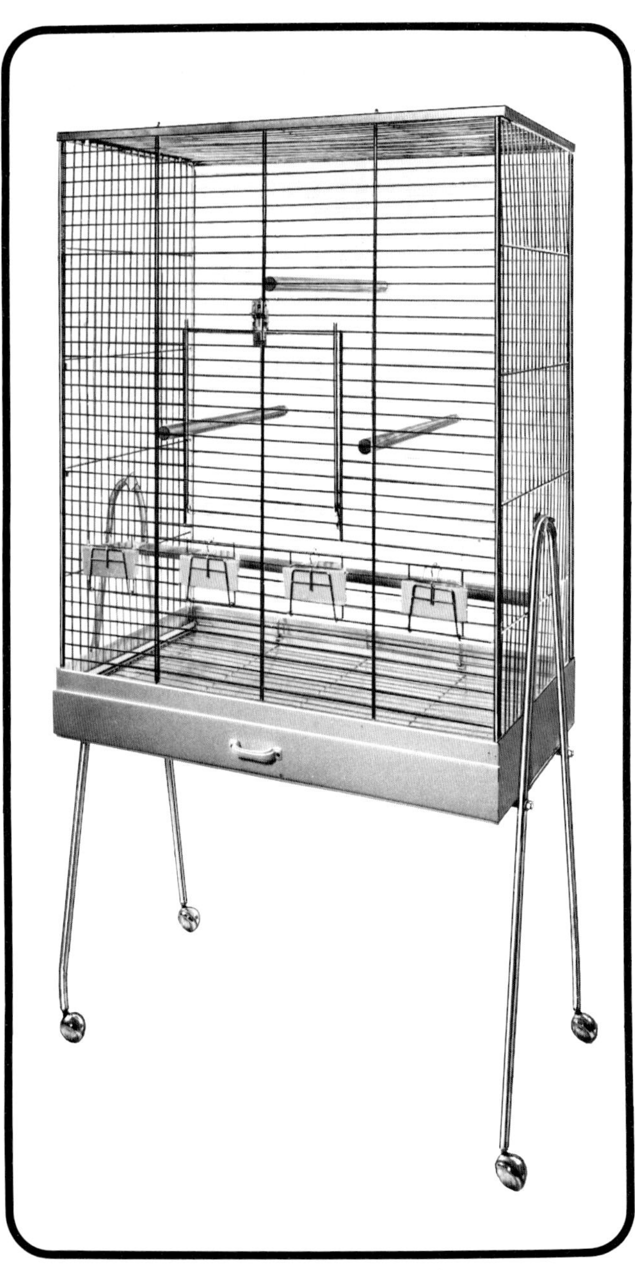

Dieser Großkäfig für eine oder zwei Amazonen hat 4 Näpfe, was eine vielseitige Fütterung erleichtert. Anstelle der beiden äußeren Näpfe lassen sich auch Futtercontainer anbringen. Maße: 80 × 50 × 106 cm.

R. Low empfiehlt für jede Körnersorte einen Extranapf. Dies ist bei den meisten Käfigen nicht vorgesehen. Man kann aber links und rechts mit Draht weitere Näpfe anbringen, in die z. B. sehr kleine Körnersorten gegeben werden. Sie dürfen nicht unter die Sonnenblumenkerne gemischt werden, da sie dort buchstäblich untergehen.

Keimfutter

Angekeimte Körner sind eine wertvolle Zusatznahrung, besonders im Winter, wenn aus dem Garten kein frisches Grünzeug zu bekommen ist. Beim Keimen werden im Korn Nährstoffe aufgeschlossen, Vitamine entwickelt (z.B. Vitamin E) und alle Bestandteile leichter verdaulich gemacht.

Im Prinzip ist das Ankeimen ganz einfach: Die gewünschte Menge, (bei einer Amazone reicht 1 Eßlöffel voll Körner), wird erst sauber gewaschen, dann 24 Stunden in Wasser eingeweicht. Danach werden die Körner in einem Sieb durchgespült und kommen nun in ein flaches Schälchen mit wenig Wasser, das mit einem Glas zugedeckt und an einen warmen Ort (20 Grad) mit viel Licht gestellt wird.

Nach weiteren 24 Stunden kann man die gequollenen Körner bereits verfüttern, oder man wartet noch einen Tag, bis die Triebe ausgebrochen sind. Vor dem Füttern spült man das Ganze nochmals durch.

Das Keimfutter verdirbt rasch. Es kann mit Schimmel überzogen sein oder durch fauligen Geruch auffallen und muß dann weggeschüttet werden.

Selbstverständlich reicht man das gekeimte Futter in einem besonderen Napf. Nicht gefressene Reste werden bald entfernt. Wenn man den Napf umgekehrt einsetzt, also mit dem Boden nach oben, kann man eine flache Schicht Keimfutter auflegen, das so zwar mit der Zeit trocknet, jedoch weniger faulen oder säuern kann, als wenn es gehäuft im Napfinneren liegt.

Wenn man das Keimen intensiv betreibt, wird man allmählich eine eigene Methode herausfinden. Manche Vogelhalter keimen die verschiedenen Körnersorten getrennt, weil jede ihre bestimmte Keimdauer hat.

Wenn die ersten Keimversuche mißlingen, sollte man nicht gleich aufgeben. Manchmal liegt es an den Körnern selbst, die schon so lange gelagert sind, daß sie ihre Keimfähigkeit verloren haben.

Es gibt in Reformhäusern und im Versandhandel Keimvorrichtungen, mit denen für den menschlichen Verzehr bestimmte Keime (z. B. Weizenkeime) hergestellt werden können. Daneben kann man in Reformhäusern Sprießkörner erhalten, mit denen es dann hundertprozentig klappt. Wenn die Amazone dann trotzdem keinen Appetit auf Keimlinge hat, kann man sie getrost selbst verspeisen.

Halbreife Samen

Weizen und Hafer werden von Amazonen gern in halbreifem, noch milchigem Zustand gefressen. Hier reicht man die ganze Ähre, die der Vogel dann in den Fuß nimmt und zerlegt.

Noch beliebter ist ein halbreifer Maiskolben, den man aus der Blattumhüllung herauslöst (Vorsicht, Läuse!), und, zerteilt in etwa 3 cm lange Portionen, in einen Napf legt.

Man kann auch den ganzen Kolben am Käfig befestigen. Wenn mehrere Amazonen gehalten werden, gibt es dann aber leicht Streit, deswegen ist das Zerteilen vorteilhafter.

Diese Maiskolben können gefüttert werden, solange es welche mit einigermaßen weichen Körnern gibt. Vollreife Kolben mit harten Körnern werden mehr zerpflückt denn gefressen.

Man kann sich auch einen Vorrat einfrieren.

Obst und Grünfutter

Als Vitaminspender ist Obst unersetzlich in der Papageienhaltung. Zerkleinerte Äpfel, Birnen, Pflaumen, Pfirsiche, Bananen, Orangen, Mandarinen, Clementinen, Satsumas, Kirschen, Weintrauben, ungeschwefelte Sultaninen, Rosinen, Feigen, alle Beeren des Gartens können angeboten werden. Ob die Amazone alles frißt, ist eine andere Frage. Süßes Obst liegt ihr eher als säuerliches, trockene Oberflächen mag sie mehr als nasse. Ist sie einmal auf den Geschmack gekommen, dann frißt sie die betreffende Frucht immer wieder.

Am besten, man macht es ihr vor. Man gibt ihr also davon, während man selbst ißt. Dies ist bei zahmen Einzelvögeln die einfachste Methode, eine neue Frucht einzuführen.

In der Amazonengruppe gibt es immer einen Vorkoster, d.h. eine Amazone, die als erste etwas Neues in den Schnabel nimmt und zerdrückt. Andere lernen von ihr, nehmen ihr sogar manchmal die Obstteile aus dem Schnabel und gehen dann auch an die bisher ungewohnte Speise.

Apfelkerne und das Innere von Pfirsich-, Pflaumen- und Kirschsteinen enthalten Blausäure, also ein Gift. In großen Mengen verzehrt ist es schädlich. Eine einzelne Frucht bzw. ihr Kern ist aber noch verträglich. Delpy schreibt in AZN 1978 von Blausäurevergiftungserscheinungen bei Papageien, wenngleich selten mit Todesfolge. Er warnt weiterhin vor Dosenfrüchten und Tiefkühlobst. Dosenfrüchte enthalten keine Vitamine, auch wurden sie unreif geerntet. Hinzu kommen eventuelle Schadstoffe der Konservendose.

Auch Gemüsesorten können gefüttert werden: Karotten, (Möhren, Gelbe Rüben), enthalten das wertvolle Karotin, eine Vorstufe des Vitamin A. Tomaten, Gurken, Schwarzwurzeln, Melonen, Sellerie, Zuckerrüben, Spinat und Salatblätter (ungespritzt!) werden verzehrt. Selbstverständlich muß alles einwandfreie Ware sein, die vorher gewaschen (und abgetrocknet) wurde. Man sollte hier nur füttern, was man selbst zu essen bereit wäre; keine Küchenabfälle.

Die Meinung über Gefahren bei Gemüse gehen auseinander: Aschenborn warnt vor Kohlsorten. Pinter empfiehlt Rosenkohl und Grünkohl, P. Deimer Kohlrabi. Fischer ist gegen Kohl und Hülsenfrüchte.

Die chemische Behandlung von Obst und Gemüse ist die größte Gefahr für die Amazone. Stark gespritzte Äpfel sollte man nicht nur waschen, sondern schälen. Orangenschalen, die gewachst sind, darf man natürlich auch nicht geben.

Man vergleiche nur einmal das Körpergewicht einer Amazone mit dem eines Menschen: 500 g bzw. 50 kg. Der Mensch ist also mindestens 100 mal schwerer. Er verträgt gesundheitsschädliche Substanzen eher als ein Vogel. Um auf das Beispiel mit den blausäurehaltigen Apfelkernen zurückzukommen: Wenn wir einen Apfel mitsamt Kernhaus verzehren, macht uns das nichts aus. Wenn aber eine Amazone sämtliche Kerne eines Apfels herauspickt, könnte dies gefährlich sein. Versuchen wir es lieber nicht!

An Wildbeeren seien erwähnt: Hagebutte, Vogelbeere (= Früchte der Eberesche), Weißdorn und Holunderbeeren.

Grünzeug wie Löwenzahnblätter, Vogelmiere, Wegerich oder Petersilie wäre auch gesund, doch schütteln viele Amazonen einfach den Kopf, wenn man ihnen solche Kräuter vor den Schnabel hält. Oder sie zupfen einmal daran und lassen es fallen.

Mehr Zuspruch erfährt bei den nagefreudigen Krummschnäbeln alles, was an einem Baumzweig hängt: Knospen, Blüten, Blättchen und Rinde. Als Bäume seien genannt: Obstbäume, Weiden, Ahorn, Linde, Eiche, Erle, Pappel, Birke, Buche, Eberesche. Unter den Sträuchern sind Haselnuß, Flieder und Holunder empfehlenswert.

Bei im Freien gesammeltem Futter bzw. Nagematerial muß man auf drei Dinge achten: Ist es nicht mit chemischen Spritzmitteln behandelt? Ist es nicht von Autoabgasen und Straßenstaub verunreinigt? Ist es zulässig, diese Pflanzenteile zu entnehmen? (So ist die blühende Salweide als erste Bienennahrung geschützt.)

Tierische Nahrung

Wie schon beschrieben sind Eiweiß für den Aufbau des körpereigenen Eiweißes höchst wichtig. Bei regelmäßiger Eiweißzusatznahrung bekommt die Amazone ein tadelloses Gefieder. Gerade die Produktion von Federn bedingt eine ständige Zuführung von Proteinen. Dr. M. Heidenreich schreibt in „Die Voliere", 1981/2, Körnerfresser seien keine reinen Vegetarier. Würmer und alle Stadien der Insekten würden in nicht geringem Maße aufgenommen.

Er entwickelte ein Zusatzfutter, das tierisches Fett und Eiweiß enthält, außerdem Kohlenhydrate, Mineralstoffe, Spurenelemente und Vitamine. Es sind leicht feuchte, bräunlich-rote Krümel, deren Konsistenz an feine Blumenerde erinnert. Dieses „Vital-Konzentrat" wird von Papageien lieber aufgenommen als rohes Fleisch.

Als Zusatzkost sehr geschätzt wird auch das „Honigalleinfutter" Type III (braun) der Firma Claus, Limburgerhof. Diese Spezialmischung ist primär für insektenfressende Vögel gemacht, jedoch auch für Papageien geeignet.

Ein anderes Ergänzungsfutter sind die von Claus hergestellten „Pellets", die alle lebenswichtigen Komponenten in ausgewogener Form enthalten. Man könnte Amazonen ausschließlich mit diesem „Papageienalleinfutter" ernähren, sollte jedoch zugunsten eines breiteren Futterangebots davon absehen.

Gehacktes, hartgekochtes Hühnerei oder ein Stück Frühstücksei mitsamt der Schale dienen ebenfalls der Proteinversorgung, wenngleich der Nährwert von gekochtem, d.h. geronnenem Eiweiß geringer ist als von rohem.

Rohes, abgelagertes Rindfleisch in Tatar-Form kann auch gefüttert werden. Man reicht kleine Kügelchen von 1 cm Durchmesser, die man in der Hand anwärmt. Eventuell vermischt man diese mit geweichtem Zwieback. Nach der Mahlzeit werden alle Reste entfernt. Hat sich die Amazone erst einmal an das Tatar gewöhnt, frißt sie es sehr gern.

Eine ganz argwöhnische Amazone, die wochenlang das Tatar „verschleudert" hatte, konnte schließlich doch an diese Zusatznahrung gewöhnt werden, wenn auch mit einer ungewöhnlichen Methode: Man kaute das Tatar-

Zwieback-Gemisch im Munde vor und gab es dann mit der Hand an den Vogel weiter.

Voraussetzung ist, daß der Pfleger keine Erkältungskrankheiten o.ä. hat, die mit dem Speichel übertragen werden könnten. Die normalen Bakterien der Mundflora sind dagegen nicht schädlich. Auf keinen Fall sollte man von Mund zu Schnabel füttern, da sich in diesem Fall der Mensch anstecken könnte. Auch diene die genannte Methode nur dem Sonderfall des Angewöhnens an Tatar, nicht aber als ständige Einrichtung.

De Grahl und Pinter halten rohes Fleisch für ungesund. Dies sei der Vollständigkeit halber erwähnt. Es wird im folgenden Abschnitt noch einmal aufgegriffen.

Menschliche Nahrungsmittel

Mit dem oben genannten Frühstücksei berührten wir schon diese umstrittene Kategorie: die menschlichen Nahrungsmittel. In der Literatur von früher waren sie verpönt, neueren Berichten zufolge sind sie als Beifutter durchaus akzeptabel.

Aschenborn hält sie für unbedenklich, falls sie nicht stark gesalzen oder gewürzt sind. Delpy warnt dagegen vor Butterbrot, Fett allgemein, Kochsalz, Kaffee und Alkohol. Er findet aber in Milch eingeweichte alte Weißbrötchen mit Quark und Honig empfehlenswert. Pinter vertritt die Ansicht, daß der größte Teil der menschlichen Kost in kleinen Mengen auch von Papageien vertragen wird. Gekochte Kartoffeln, Makkaroni, Butterbrot und Kuchen in geringem Umfang seien erlaubt. Käse könne zu Kropfverstopfungen führen, wenn er in zu großen Mengen gefressen werde. Fleisch solle man vermeiden.

Doch andere Autoren halten Fleisch für harmlos oder sogar für einen höchst wichtigen Proteinspender. So meint R. Low, es gäbe für eine Amazone nichts besseres als einen Hähnchenknochen, an dem noch etwas Fleisch hängt. Ein gebratenes Hähnchen ist gemeint. Menschliche Nahrungsmittel seien, wenn man sie nicht im Übermaß reiche, keineswegs schädlich, sondern erweiterten die Vielseitigkeit des Ernährungsplans. Im 2. Weltkrieg, als (in England) kein Körnerfutter erhältlich gewesen sei, hätten viele

Papageien nahezu ausschließlich mit menschlichen Nahrungsmitteln durchgebracht werden müssen.

Auch P. Deimer erwähnt gegartes oder rohes gewürztes Fleisch als Zusatzfutter, in kleinen Mengen natürlich, und verweist auf die Tatsache, daß Amazonen bei einem Züchter schon den Volierenboden nach Würmern abgesucht haben.

Man sollte nach unserer Meinung in erster Linie ein ausgewogenes Vogelfutter zusammenstellen, das aus Körnern, Obst, Gemüse und Grünzeug besteht. Zusätzlich kann man dann noch menschliche Nahrungsmittel geben. Zwieback, altbackene Semmeln oder Weißbrot, Knäckebrot, das Ganze auch mit etwas Honig bestrichen, gekochte Kartoffeln, Teigwaren, Reis, hartgekochtes Ei, Tatar, ausgelöste Suppenfleisch-, Kotelett- oder Hähnchenknochen und alle Arten von Obstsäften ohne Kohlensäure. Die letzten nicht anstelle von Trinkwasser, sondern zusätzlich.

Alkohol ist verboten. Es heißt, Papageien werden nach Alkoholgenuß bösartig. Abgesehen davon ist es ein Unfug. Auf Partys achte man darauf, daß niemand die Gelegenheit ergreift, die Amazone unsachgemäß zu füttern oder zu tränken.

Kaffee ist ebenfalls unnötig. Schwarzer Tee kann, wie auch andere Teesorten, nach Anweisung des Tierarztes gegeben werden, z.B. bei Durchfall.

Auch ein Maisgrießbrei kann zur Abwechslung gefüttert werden. (Maisgrieß in Wasser 10 Minuten unter Umrühren kochen, dann abkühlen lassen.) Schließlich sind „Milch-Fertig-Breie" eine mögliche Zusatznahrung, vor allem für junge Amazonen. Diese Babynahrung gibt es in verschiedenen Geschmacksrichtungen.

Vitamine, Mineralien und Spurenelemente

In der bisher genannten Kost ist alles enthalten, was die Amazone an Vitaminen, Mineralstoffen und Spurenelementen benötigt.

Will man ganz sichergehen, daß es der Amazone an nichts mangelt, dann erwirbt man im Zoofachhandel ein Vitaminpräparat. Dieses in Tropfen- oder Pulverform erhältliche Mittel wird am besten mit dem Trinkwasser verabreicht. Falls die Amazone aus Geschmacksgründen das präparierte Wasser ablehnt, mischt man die Vitamine unter weiches oder breiiges Futter.

Man kann auch in der Apotheke nach einem Multivitaminpräparat für kleine Kinder (in Flaschen- oder Tubenform) fragen und dieses in kleinsten Mengen verabreichen.

Aber Vorsicht: Die Vitamine A, D, E und K sind fettlöslich und Überdosierungen können schaden (Hypervitaminose). Die anderen Vitamine, z. B. der Vitamin-B-Komplex und Vitamin C, sind wasserlöslich und werden im Falle einer Überdosis vom Körper unverbraucht wieder ausgeschieden. Vorsicht also bei der Dosierung!

Mineralstoffe (Natrium, Phosphor, Kalk) und Spurenelemente (Eisen, Kupfer, Zink, Kalium) entnimmt die Amazone einerseits dem Futter, andererseits dem Vogelsand, speziellen Pick- oder Gritsteinen, Sepiaschalen, zerstoßenen Eierschalen oder kleinen Muscheln.

Man wird fragen: Woher bekommt die Amazone diese Stoffe in der Natur? Sie geht in die Colpa, wie J. Reichholf in Sielmanns Tierwelt 3/81 beschreibt: „Die Colpa ist so etwas wie eine Apotheke oder ein Lebensborn, wo Tiere Spurenelemente und Mineralien finden. So wird die Colpa, wie hier eine abgebrochene Lehmwand, zum Treffpunkt der Tiere, wo sie sich mit dem Überlebensstoff versorgen. Dieser Stoff ist deshalb Mangelware, weil ihn weit und breit die zahlreichen Pflanzen aus dem Wasser filtern."

Bei den Nagesteinen gibt es harte und weniger harte. Der Amazonenschnabel braucht sehr widerstandsfähiges Material, sonst wird er viel zu schnell damit fertig. Wichtig ist auch ein sehr stabiler Drahtbügel, der tief in den Stein eingelassen ist, denn hier fängt die Amazone zuerst mit Nagen an. Dies tut sie vor allem dann, wenn sie außen am Käfig hängt. Eine geübte Amazone braucht keine 10 Minuten, bis ein neuer, weicher Kalkstein auf den Käfigboden fällt.

Der halbrunde Pickstein ist von fester Substanz, doch die weichen Befestigungsdrähte brechen nach kurzer Zeit ab. Beim rechteckigen Stein ist der Bügel dagegen widerstandsfähig genug, aber der bröselige Kalk wird von den Amazonen zu schnell zerstört.

Trinkwasser

Das Wasser muß nicht abgekocht werden, außer bei kranken Tieren. Es sollte immer frisch und sauber sein. Käufliches Trinkwasser ist oft nicht so frisch wie Leitungswasser.

Immer wieder verunreinigt die Amazone ihr Wasser. Einmal wirft sie Futter hinein, dann wieder kleingenagte Holzstückchen oder Papierfetzen. Auch Muscheln, Steinchen und sonstiges Nagematerial wird von manchen Amazonen gern in den Napf geworfen. Man muß das Wasser also mehrmals täglich erneuern.

Kot sollte auf keinen Fall in den Napf gelangen können. Wenn man dies feststellt, muß man auf dem Käfigdach eine Plexiglasabdeckung anbringen.

Enehjelm empfiehlt abgestandenes Leitungswasser, P. Deimer bei Neuimporten nur abgekochtes, handwarmes Wasser.

Die Trinknäpfe müssen täglich mit einer eigens hierfür reservierten Bürste gründlich gereinigt werden. Je nach Härtegrad des Wassers setzt sich dennoch ein kalkiger Belag in die Ecken und Kanten. Man findet ihn auch in Höhe der Wasseroberfläche. Diesen kann man zwar mit Putzmittel oder Entkalker wieder entfernen, doch greift eine solche Behandlung die Kunststoffoberfläche an. Nach etwa einjährigem Gebrauch ist ein Kunststoffwassernapf nicht mehr appetitlich sauber zu bekommen, er muß ausgetauscht werden. Man kann ihn mit dem Körnernapf tauschen.

Bei braunen Gefäßen sieht man die Verschmutzung nicht so deutlich wie bei weißen, doch auch bei ihnen ist nach mehrmaligem Scheuern eine Verkratzung der Kunststoffoberfläche vorhanden, in die sich Schmutzpartikel einlagern. Ein Napf sollte aber so sauber sein, daß der Vogelhalter selbst daraus essen oder trinken könnte.

Napfkombination mit 2 gesicherten Näpfen mit Rohrschelle. Es gibt auch eine Ausführung zur Befestigung an Papageienkäfigen – empfehlenswert bei nur 2 vorgesehenen Näpfen.

Pflege

Sauberkeit des Tieres

Welche Pflege braucht eine Amazone? Zunächst einmal muß man für Sauberkeit von Vogel und Käfig sorgen. Der Vogel selbst muß mindestens einmal in der Woche geduscht werden. Pinter empfiehlt sogar ein Abbrausen jeden Tag.

Man kann es mit einem Zerstäuber (Blumenspritze) vornehmen, oder die Handbrause im Badezimmer einsetzen. Je nach Zahmheit des Vogels sprüht man ihn im Käfig oder freisitzend auf der Hand.

Das Wasser soll warm, aber nicht heiß sein. Vorsicht ist bei Durchlauferhitzern geboten, die die Temperatur nicht konstant halten.

Der feine Zerstäuber schlägt nicht so hart auf das Gefieder wie die Badezimmerbrause. Man kann aber den Brausestrahl schräg nach oben richten und die Amazone indirekt durch die herabfallenden Tropfen beregnen lassen.

Immer gehe man mit viel Gefühl ans Werk und höre bei einer abwehrenden Reaktion des Vogels sofort wieder auf. Geduscht zu werden, soll für die Amazone ein Genuß sein, keine Strafe.

Bleibt der Badegast mit zitternden Flügeln und in den Nacken geworfenem Kopf sitzen, macht ihm die Prozedur keinen Spaß. Breitet er jedoch die Flügel aus, macht Wischbewegungen am Kopf, spreizt die Schwanzfedern und stößt Freudenschreie aus, dann genießt er es offensichtlich.

Der Vogel braucht nicht jedes Mal klatschnaß zu sein, ehe man aufhört. Es genügt auch eine kurze Dusche, bei der das Wasser von den Federn abperlt. Eine spezielle Trocknung ist dann unnötig. Zahme Amazonen lassen dies gerne mit sich machen.

In der freien Natur vermeiden allerdings manche Amazonenarten Nebelgebiete und Steigungsregen und wählen auf ihren Flügen trockene Routen (Forshaw). Doch für die Pflege in Gefangenschaft gilt: Legt man den Zeitpunkt des Abbrausens auf den Vormittag, dann haben die Amazonen den restlichen Tag Zeit, das Gefieder zu trocknen und zu pflegen; am Abend sollten sie dann auf jeden Fall trocken schlafengehen.

Vor Zugluft sind sie natürlich besonders zu schützen, und es ist gut, wenn sie in der Trocknungszeit selbst zwischen einem Platz in der Sonne oder im Schatten wählen können.

Man kann Amazonen auch einmal mit dem Käfig in einen warmen Sommerregen stellen. In einer Voliere wird ohnehin von dieser Möglichkeit Gebrauch gemacht. Regnet es lange nicht, dann besprüht man Volierenamazonen mit dem Gartenschlauch.

Sind die Füße der Amazone verschmutzt, nimmt man den Vogel an das Waschbecken und hält die Füße unter einen lauwarmen Wasserstrahl. Wenn man mit jeder Hand einen Fuß festhält, wird man auch von widerspenstigen Amazonen nicht gebissen, da die Hände durch den Wasserstrahl geschützt sind. Meist bekommt dann der Wasserhahn einige Schnabelhiebe ab. Es ist sehr wichtig, daß die Füße sauber bleiben, da sonst Krankheitskeime übertragen werden können.

Käfigreinigung

Wo schmutzige Zehen waren, sind auch meist schmutzige Sitzstangen. Auch diese gilt es sofort zu reinigen. Außer durch Kot entsteht eine Verschmutzung vor allem durch Essensreste, die vom Schnabel an die Stange abgerieben werden. Eine regelmäßige Säuberung ist zu empfehlen, d.h. einmal pro Woche Abbürsten mit heißer Seifenlauge.

Der Käfigboden wird jeden Morgen vom Kot der Nacht gereinigt. Entweder man nimmt eine Schicht des eingelegten Papiers heraus oder man überstreut den Kothaufen mit Vogelsand und entfernt ihn so mit einer kleinen Schaufel.

Wenn man den Käfig täglich reinigen will – und das sollte man seinem Tier zuliebe tun – dann empfiehlt es sich, auf den Boden mehrere Lagen (Zeitungs-) Papier zu legen.

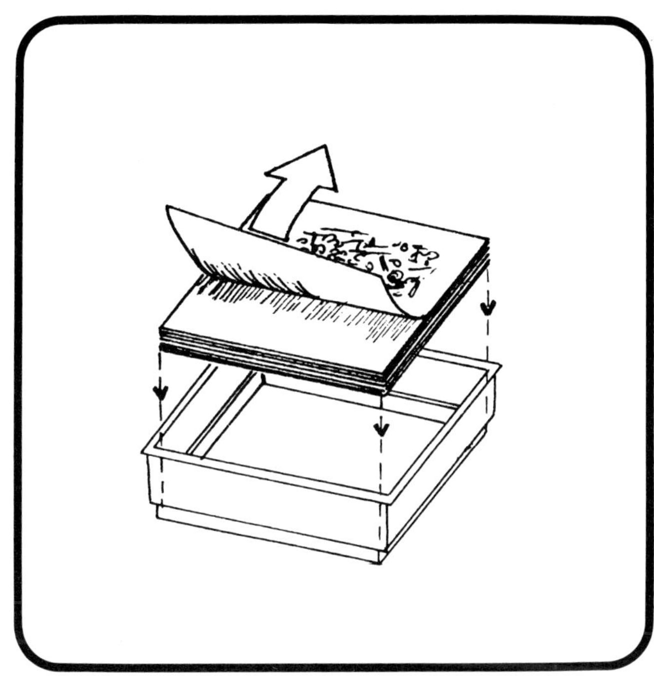

Diese können jeden Morgen mit dem Nachtkot abgehoben werden, bis nach und nach alle Lagen verbraucht sind.

Verzichtet man dabei auf das Streuen von Vogelsand, muß man ihn unbedingt anderweitig reichen, z. B. auf das Futter streuen. Körnerfresser benötigen Sand für den Muskelmagen zum Zerreiben der Sämereien.

Der Herzog von Bedford schrieb, wenn man Sand auf den Käfigboden streue, solle man nicht so sparsam sein, als wären es Körnchen aus Gold. Vogelsand ist ja nicht teuer. Man kann bei Papageien auch Katzenstreu verwenden.

Kaeding schreibt in den AZN: „Bleiben wir doch beim althergebrachten, täglich frischen Sand!" (AZN 8/80). Die Verwendung von Zeitungspapier sei wegen der darin enthaltenen Druckfarben abzulehnen, der Papagei zerkleinere ja die Zeitungen. Druckfarben aus Firnis, Bleiweiß und Lithopone (einem Gemisch aus Zinksulfid und Bariumsulfat) können theoretisch den Papagei gesundheitlich beeinträchtigen. Er schluckt aber das zerrissene Papier nicht, berührt es allenfalls mit der Zunge. Was aber berührt die Zunge sonst alles beim Aufnehmen von Körnerfutter?

Doch immerhin: Wer statt Zeitungspapier unbedruckte Bogen verwendet und diese mit Vogelsand bestreut, tut sicherlich sein Bestes.

Wir halten es so wie R. Low, die ebenfalls Zeitungspapier auf den Käfigboden legt und täglich wechselt. Sie schreibt, das Zerreißen des Zeitungspapiers sei nicht schädlich, es diene der Beschäftigung des Papageis.

Diese Beschäftigung ist freilich nicht ganz optimal, wenn auch aus einem anderen Grund: Das Papier ist kotbeschmutzt, und damit soll sich die Amazone nun in der Tat nicht beschäftigen. Wenn sie also einmal auf die Idee gekommen sein sollte, das gesamte Einlagepapier hochzuziehen, dann muß man ihr das ganz schnell wieder abgewöhnen, indem man das Bodengitter einlegt. Dies ist übrigens einer der wenigen Fälle, in denen das Gitter gute Dienste leistet.

Einmal im Monat wird der ganze Käfig gründlich gereinigt. Die Bodenwanne wird mit heißem Wasser ausgespritzt, die Gitterstäbe werden abgebürstet und trockengerieben.

Eine sorgfältige Säuberung mit herkömmlichen Putzmitteln und anschließendem Abspülen mit (kochend-) heißem Wasser genügt im Normalfall.

Mit Desinfektionsmitteln arbeitet man vor allem bei Krankheitsverdacht, festgestellten Krankheiten und im Quarantänebereich. Auch bei neugekauften Vögeln desinfiziert man häufiger. Ansonsten wird von Hausfrauen heutzutage viel zu viel desinfiziert, wo es gar nicht nötig ist. Mit Formaldehydlösungen sollte man sparsam umgehen, da diesem Mittel krebserregende Wirkung nachgesagt wird. (Für den Menschen, der damit beim Putzen in Berührung kommt.) Die Verdünnungsvorschriften sind genau zu beachten!

Kletterbaum oder -gerüst müssen ebenfalls regelmäßig geputzt werden, besser noch: ausgetauscht. Nach 4 Wochen hat die Amazone die Rinde abgenagt und der Baum ist nicht mehr von Interesse. Beim Klettergerüst ist es ähnlich: die Amazone hat das Holz an verschiedenen Stellen benagt, aber das Ganze macht nicht mehr so viel Spaß wie am Anfang. Man muß das Gerüst umbauen oder mit neuen Zweigen bestücken, was dem Amazonenschnabel sofort wieder eine Menge Angriffspunkte bietet.

In Volieren wird der Sand oder das Gras wöchentlich durchgeharkt (Bielfeld). In größeren Abständen sollte man den Bodenbelag ganz austauschen. Ist darunter kein Betonboden, sondern natürliches Erdreich, so muß man dieses 2 mal im Jahr spatentief ausheben und erneuern.

Der Raum, in dem die Amazone untergebracht ist, sollte gut belüftet sein. Papageien brauchen, wie de Grahl erwähnt, sauerstoffreiche Luft. Vor allem sollte man die Amazone nicht zum Passivrauchen verurteilen!

Während des Lüftens darf den Vogel keine Zugluft treffen, denn dies führt auch bei eingewöhnten Amazonen zu Erkältungen. Dagegen ist eine Temperaturschwankung, etwa, wenn man den Vogel in einen kühleren oder wärmeren Ort bringt, nicht schädlich. Beim Transport im Auto ist sicherzustellen, daß Gebläse oder Lüftung keinen Zug erzeugen.

Käfig: zudecken oder nicht?

Ob der Käfig nachts zugedeckt wird, kann generell nicht gesagt werden. Man kann geteilter Meinung sein.

Für das Zudecken spricht: Amazonen sind Höhlenbrüter; sie fühlen sich in einer allseitig geschlossenen Höhlung wohl. Amazonen sind im zugedeckten Käfig vor Zugluft geschützt. Wenn man sie also an das Zudecken gewöhnt, haben sie keine Angst davor.

Gegen das Zudecken spricht: Amazonen werden vom abendlichen Familienleben isoliert; sie schlafen auch ohne Decke ein, wenn sie müde sind. Amazonen brauchen viel Sauerstoff.

Wenn man sie erst spät zudeckt, wenn man selbst zu Bett geht, dann ist es sowieso dunkel. Wozu dann noch die Decke?

Man sollte durch Beobachtung herausfinden, wie es die Amazone lieber möchte. Als Zeichen des Unbehagens werte man, wenn sie unentwegt auf ihrer Sitzstange hin und her läuft, diagonal durch den Käfig klettert und nicht zur Ruhe kommt.

Als Zeichen des Wohlbehagens gilt: Wenn die Amazone auf 1 Bein ruht und den Kopf in das Rückengefieder vergräbt, leise gluckernde Töne von sich gebend. Eventuell reibt sie noch ihren Unterschnabel an den Hornrillen des Oberschnabels. Bei länger in Gefangenschaft lebenden Amazonen ist beobachtet worden, daß sie mit dem Kopf nach vorne schlafen.

Festhalten wilder Amazonen

Bevor in den nächsten Abschnitten über das Krallen-, Schnabel- und Flügelschneiden berichtet wird, soll hier das Anfassen wilder Amazonen erklärt werden. (Es betrifft natürlich auch all jene zahmen Amazonen, die sich zwar kraulen, jedoch nicht mit Gewalt festhalten lassen wollen.)

Man braucht ein dickes Tuch, ein Beißholz (z. B. Sitzstange), einen Helfer und eine ruhige Hand. Das Tuch wirft man über den Vogel, wenn er auf einer ebenen Fläche, etwa einem Sessel oder einem Tisch, sitzt. Man packt ihn herzhaft und wickelt ihn ein. Wichtig ist, daß beide Flügel am Körper richtig anliegen. Dann kommt die Amazone auf den Tisch, wo man zuerst den Kopf befreit. In dieser Streßsituation hat sie einen erhöhten Sauerstoffbedarf und muß ungehindert atmen können.

Den Schnabel läßt man auf das Rundholz beißen. Man drückt damit den Kopf (das Tier befindet sich in Rückenlage) leicht nach unten gegen die Tischplatte. Der Schnabel kann auch mit anderen Gegenständen abgelenkt werden.

Man muß damit rechnen, daß sich die Amazone aus der Umhüllung befreit und bei einem Fluchtversuch (wenn flugfähig), Schäden im Raum anrichten oder sich selbst verletzten kann. Meist enden solche Ausflüge in einer Ecke, wo man das Tuch dann erneut über den Vogel wirft.

Mit dicken Handschuhen kann man die Amazone natürlich auch greifen. Man faßt sie blitzschnell von hinten am Nacken und hält die Flügel fest auf den Rücken, damit sie nicht flattern kann. Die Hand umschließt den Hals so eng, daß der Unterschnabel die Finger nicht erreicht. Dabei muß die Amazone aber immer noch atmen können. Ihr Hals ist aber längst nicht so dick, wie es die Federn vortäuschen.

Mit mehr Geschick kann man die Amazone auch ohne Handschuhe anfassen. Man greift sie mit der linken Hand um den Hals, drückt mit dem Zeigefinger auf den Oberschnabel und arretiert den Unterschnabel mit dem Daumen. So kann sie den Schnabel nicht öffnen und auch nicht beißen. Es ist jedoch darauf zu achten, daß die Nasenlöcher frei bleiben, damit die Atmung ermöglicht ist. Da der Griff mit der linken Hand ausgeführt wird, hat man die Rechte frei für die eigentliche „Operation". (Schnabelschneiden)

Wenn die Amazone handzahm werden soll (und es noch nicht ist), dann sollte man die Tuch-Methode wählen. Sie bekommt sonst Angst vor der Hand. Manche Amazonen haben noch aus der Quarantänezeit Handschuhe in unangenehmer Erinnerung.

Benutzt man ein Tuch, dann hat die Amazone in Zukunft höchstens Angst vor diesem Tuch, nicht aber vor der menschlichen Hand.

Es wird manchmal empfohlen, unangenehme Handgriffe durch eine fremde Person ausführen zu lassen, damit die Amazone nicht das Vertrauen in den Pfleger verliert. Wir haben aber die Erfahrung gemacht, daß eine Amazone, hat sie erst einmal Vertrauen gefaßt, ihrem Pfleger keinen Handgriff übelnimmt, auch wenn er einmal wehtut.

Im übrigen sind Kleintierpraxen und Zoogeschäfte gerne bereit, bei den notwendigen Eingriffen zu helfen.

Mit etwas Geduld und Einfühlungsvermögen kann man die folgenden Handgriffe aber auch selbst erlernen.

Krallenschneiden

Normalerweise ist das Krallenschneiden überflüssig, denn die Krallen nützen sich von selbst ab. Schneidet man diese, dann wachsen sie um so schneller wieder nach. Es heißt dann: *Einmal* geschnitten – *immer* geschnitten!

Man sollte also grundsätzlich davon absehen, das Krallenwachstum mit der Zange regulieren zu wollen.

Wenn in diesem Abschnitt von Krallenschneiden die Rede

ist, dann nur deshalb, weil bei gekäfigten Vögeln teilweise abnormes Krallenwachstum vorkommt. Das ist freilich individuell verschieden.

Beobachtet man, daß die Amazone wegen überlanger Krallen nicht richtig greifen, schlecht laufen und sich nicht ungehindert am Käfiggitter bewegen kann, weil sie sich ständig daran verhakt, dann sollte man sich zu einem Krallenschnitt entschließen.

Eine zahme Amazone läßt sich die Krallen schneiden, während sie auf der linken Hand sitzt und mit dem Pfleger ein inniges Zwiegespräch führt. Sie merkt es kaum, wenn man ab und zu mit der Nagelzange eine Krallenspitze kürzt.

Mit einer Nagelzange für die Fußpflege des Menschen arbeitet es sich am besten. Scheren sind nicht geeignet, da sich die Kralle beim Schneiden dann dreht. Eine Klauenzange für Hunde oder eine Beißzange mit scharfen Kanten sind ebenfalls geeignete Hilfsmittel.

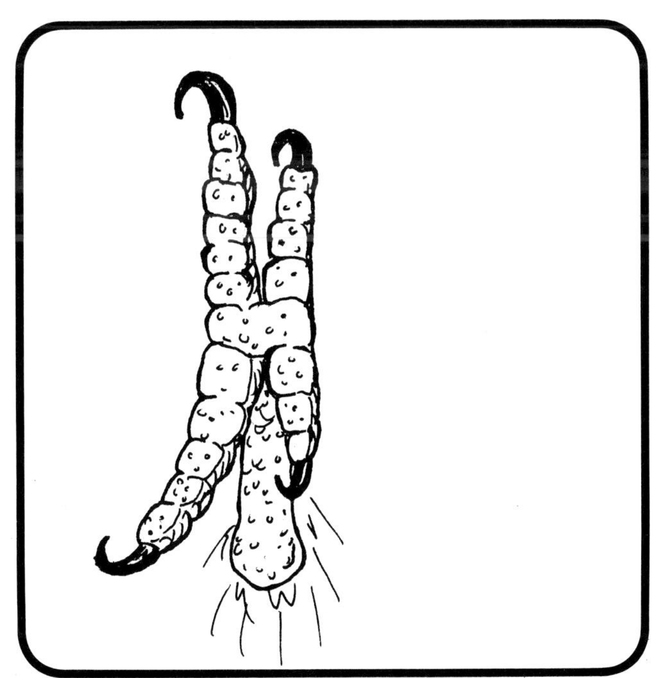

Rechter Fuß einer Amazone. Die längeren Außenzehen haben kräftigere Krallen.

Bei nicht zahmen Amazonen braucht man einen Helfer, der das Tier festhält. (Siehe Abschnitt „Festhalten".) Mit der linken Hand greift man sich dann einen Fuß heraus und hält mit Daumen und Zeigefinger die zu behandelnde Zehe.

Man darf natürlich nicht in die Blutgefäße schneiden, die die Kralle durchziehen. Bei hellem Horn sieht man sie durchschimmern.

Bei dunklem Horn kann man sie eventuell erkennen, wenn man die Kralle gegen eine Lichtquelle hält.

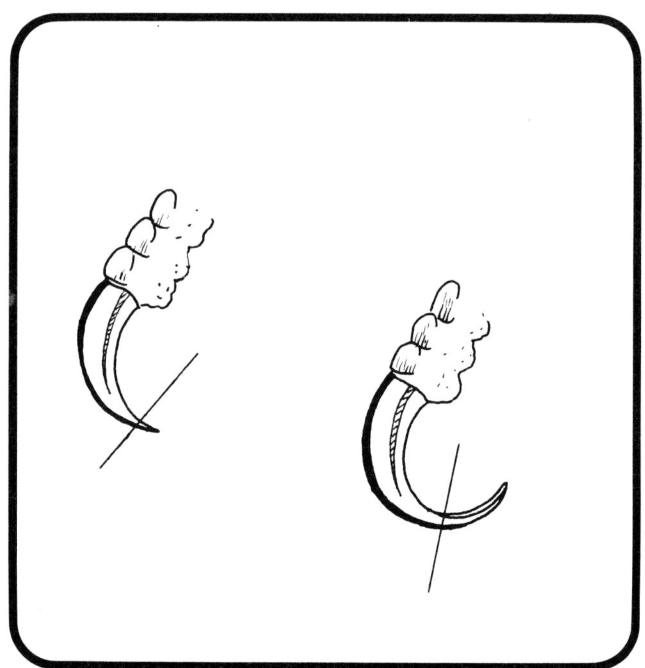

Die links abgebildete Kralle ist nicht zu lang. Wer sie dennoch an der Spitze ein Stück zurückschneidet, weil sie die Hand des Pflegers zerkratzt, wird sich nicht lange über den Erfolg freuen können. Durch jeden Schnitt wird die Wachstumszone aktiviert, die Spitze kehrt immer rascher zurück.
Die rechts dargestellte Kralle dagegen ist wirklich zu lang. Sie muß auf normale Länge gekürzt werden, bevor der Vogel sich damit irgendwo verhakt und sie dabei abbricht oder -reißt.

Die Schnittstelle soll 2 mm entfernt vom Ende des Blutkanals liegen. Das Schneiden durch die undurchblutete Hornsubstanz ist für den Vogel so schmerzlos wie für uns das Schneiden der Fingernägel. Nur, wenn wir die Blutgefäße treffen, was nicht vorkommen sollte, ist dies sehr schmerzhaft, wenn auch nicht lebensgefährlich für die Amazone.

Im Falle einer solchen Blutung betupft man die Wunde mit blutstillender Watte. Zur Not tut es auch in Salzwasser getränkte Watte. Oft wird aber dieses Betupfen gar nicht möglich sein, weil die Amazone ein Berühren des verletzten Fußes mit Leibeskräften zu verhindern sucht.

Nun gilt es die Wunde zu beobachten. In der Regel hört die Blutung nach kurzer Zeit selbst auf. Wenn nach einer Stunde immer noch Tropfen austreten, muß allerdings der Tierarzt aufgesucht werden.

Wichtig ist, daß der Vogel ruhiggestellt wird. Wenn er die Kralle anstößt, beginnt sie leicht erneut zu bluten. Doch auch dieses Nachbluten hört wegen der Gerinnungseigenschaften des Blutes sehr schnell wieder auf.

Es genügt, wenn man an *einem* Tag nur *einen* Fuß behandelt. Nach vierzehn Tagen schneidet man die andere Seite. Der Vogel kann sich dann langsam umgewöhnen. Nach dem Krallenschneiden zieht er den behandelten Fuß ein und sitzt auf dem anderen. Er hat sich so an die langen Krallen gewöhnt, daß ihm das Sitzen mit normalen Krallen seltsam vorkommt.

Man kann beim Krallenschneiden auch folgendermaßen vorgehen: Während die Amazone im Käfig sitzt, zieht man – zunächst spielerisch – einen Fuß durch die Gitterstäbe. Dann holt man die bis jetzt verborgene Nagelzange und kürzt die Krallen. Falls sich die Amazone sehr dagegen sträubt und ihr ganzes Gefieder dabei ruiniert, sollte man sofort den Fuß loslassen. Dann ist die erstgenannte Methode vorzuziehen.

Schnabelschneiden

Ein zu langer Oberschnabel behindert die Amazone bei der Nahrungsaufnahme und beim Federputzen.

Man kann den Schnabel, ähnlich wie die Krallen, selbst stutzen, muß aber auch hier beachten, daß der obere Teil hohl und durchblutet ist. Auch die Zunge darf nicht verletzt werden.

Die Amazone wird wie beschrieben festgehalten und beißt auf ein Rundholz. Man kürzt dann die Spitze mit einer Nagelzange, Klauenzange oder Beißzange mit scharfen Kanten.

Manchmal packt die Amazone mit dem Schnabel die Zange. Dann hält man ihn gleich fest, und bringt die Zange vorsichtig in die richtige Schnittposition, ehe man schneidet.

Bei zahmen Amazonen kann man, wie schon angedeutet, den Schnabel auch zudrücken, wenn man ihn schneiden will. Da der Oberschnabel länger ist und über den Unterschnabel hinausragt, ist das Schneiden bei geschlossenem Schnabel leicht möglich.

Es ist ganz normal, wenn der Oberschnabel mit der Zeit außen abblättert. Gerade beim Schnabelschneiden kommt es vor, daß sich äußere Schichten ablösen. Man kann diese weißen Abschilferungen mit dem Fingernagel abkratzen oder abfeilen. Diese Schichten entstehen, da der Schnabel von innen nach außen wächst.

Der Unterschnabel ist normalerweise nie zu lang, da er von der Amazone täglich abgefeilt wird. Nach jeder Mahlzeit wetzt sie ihn an den Rillen des Oberschnabels. Würde man ihn schneiden, wäre sein Rand stumpf und das Tier könnte vorübergehend nicht mehr richtig Körner knakken.

Teilweise sieht es nur so aus, als sei der Unterschnabel zu lang. Man meint, die Amazone könne den Schnabel nicht mehr richtig schließen. Seitlich ist die Zunge zu sehen. Dies rührt daher, daß der Oberschnabel ausgebrochen ist. Es kann vom vielen Klettern am Käfiggitter herrühren. Ein

Kürzen des Unterschnabels wäre falsch und würde nicht dazu führen, daß das Tier den Schnabel wieder ganz schließen könnte.

Anders ist die Sachlage bei offensichtlichen Schnabelmißbildungen. Hier muß der Tierarzt aufgesucht werden.

Je mehr Kletter- und Nagemöglichkeiten man den Amazonen zur Verfügung stellt, um so weniger braucht man sich um zu lange Hornteile zu sorgen. Sie nützen sich von selbst ab. Pinter empfiehlt für die Krallenabnützung vierkantige leicht abgerundete Sitzstangen.

Viel länger als auf diesem Foto sollte ein Oberschnabel nicht werden.

Flügelstutzen

Wenn der Vogel während Transport und Quarantäne viel flattert und seine gestutzten Schwingen an das Käfiggitter stößt, kann es passieren, daß das Wuchsbett zerstört wird, also die Schwungfedern nicht mehr nachwachsen können.

Der Vogel ist zeitlebens flugunfähig – er wird sich in Gesellschaft flugfähiger Artgenossen nicht mehr behaupten können.

Vor dem Flügelschnitt sollte jeder Amazonenhalter überlegen, ob es wirklich notwendig ist. Auch das zeitweilige Anlegen einer Papageienkette verhindert ein Entfliegen, wenn man das Tier nach draußen nimmt. Der Vogel könnte dann im Hause fliegen, würde aber an der Kette ins Freie genommen.

Diese Gelbscheitelamazone (*Amazona ochrocephala ochrocephala*) ist das Anketten gewöhnt. Die leichte Kunstfaserleine stört sie wenig bei ihren Ausflügen ins Freie.

Die Rückendecken dürfen nicht gestutzt werden. ▶

Ansonsten ist ein Flügelschnitt in Abständen von 6 bis 12
Monaten unumgänglich. Die Beschneidung soll derart
vorgenommen werden, daß man bei angelegten Flügeln
nicht sieht, daß die Federn gestutzt sind. Der Vogel soll
den Rücken bedeckt haben.

Wie dies möglich ist, wenn doch die Flügel gestutzt sind,
wird einem klar, wenn man sich den Bau der Schwingen
vor Augen führt. Sie lassen sich nämlich auf raffinierte
Weise zusammenklappen und an den Körper legen.

Man unterscheidet Handschwingen und Armschwingen,
je nach dem, wo die Federn angewachsen sind. Die 10
Handschwingen liegen bei angelegtem Flügel unten und
sind bei Amazonen nur an den Flügelspitzen ein wenig
sichtbar; die 10 Armschwingen liegen darüber.

Wenn der Vogel die Flügel hängen läßt, z. B. zum Trocknen der Federn nach einem Duschbad, dann kommen die
Handschwingen seitlich stärker zum Vorschein. Sie sind
länger und schmaler als die Armschwingen und ihre In-
nenfahne ist schwarz.

Selbstverständlich schneidet man die Federn, nicht jedoch Haut und Knochen des Flügels. Wie letztere aussehen, kann man sich leicht vorstellen, wenn man an einen Brathähnchenflügel denkt. Der (linke) Flügel hat die Form eines „Z". Die drei Teile stellen Oberarm, Unterarm und Hand dar. Die Vogelhand ist rückgebildet und hat nur noch andeutungsweise drei Fingerknöchelchen.

Beim Stutzen der vordersten Handschwingen darf man nicht in die Vogelhand schneiden. Auch ein Schnitt in einen Blutkiel ist zu vermeiden. Unter Blutkiel versteht man eine im Wachstum begriffene Feder, deren Kiel noch durchblutet ist. Eine Durchtrennung ist mit Schmerzen für das Tier und mit einem Blutverlust verbunden.

Am besten schneidet man die Federn nach der Mauser, wenn sie alle ihre volle Länge erreicht haben.

Eine Amazone kann bereits große Strecken zurücklegen, wenn zwei Drittel ihrer Schwungfedern nachgewachsen sind. Selbst mit nur je 2 Handschwingen gelingt ihr unter großen Kraftanstrengungen ein Kurzflug von einigen Metern.

Es gibt also einen Zeitpunkt, an dem der Halter seinem Tier die Flugfähigkeit noch nicht zutraut, und der Vogel dennoch plötzlich erfolgreich das Weite sucht. Hier ist Vorsicht geboten, und erst nach erfolgtem Nachschnitt darf die Amazone wieder mit nach draußen.

Man sollte links und rechts stets gleich viele Federn stutzen, damit die Amazone bei einem „Notflug" zielsicher auf den Boden flattern kann. Bei einseitigem Stutzen überschlägt sich das Tier.

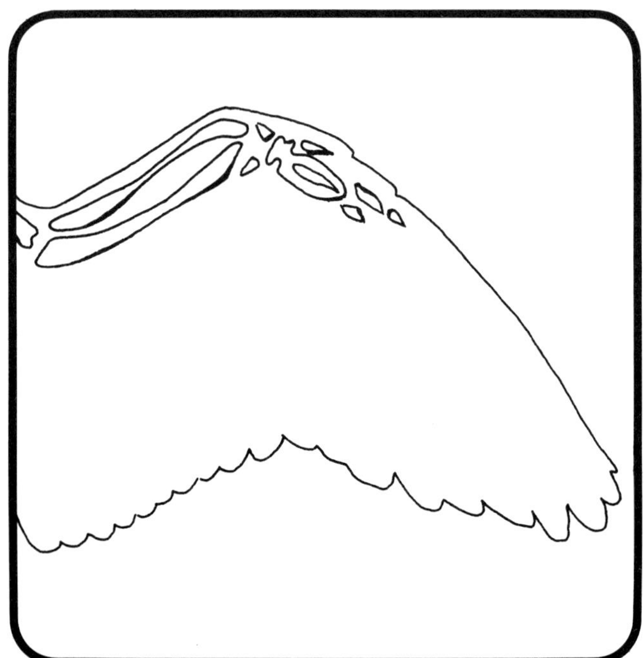

Flügelumriß mit eingezeichneten Knochenteilen (v.l.n.r.): Teil des Oberarmknochens, Elle (unten) und Speiche (oben), 2 Handwurzelknochen, Mittelhandknochen, darüber 2. Finger, 3. Finger (2 Teile), 4. Finger (1 Teil). **Daumen und kleiner Finger fehlen bei der Vogelhand!**

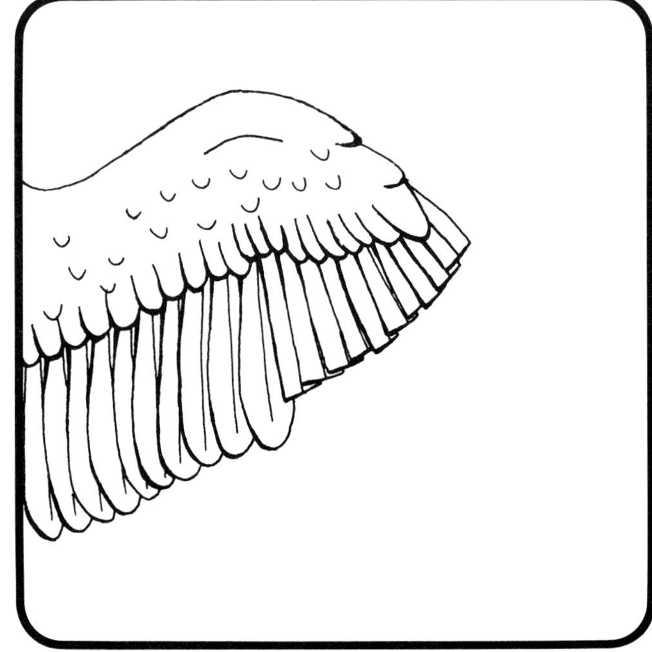

Das Schneiden der Handschwingen ist eine häufig praktizierte Methode.

Am meisten Tragkraft haben die langen, schmalen Handschwingen. Schneidet man sie (wenige Zentimeter über ihrer Austrittsstelle), so kann die Amazone nicht mehr nach oben fliegen, höchstens eine kurze Strecke waagerecht.

Den gleichen Effekt erreicht man, wenn man die Federn aus der Mitte des Flügels herausschneidet und die vordersten 3 Handschwingen stehen läßt. Dann sieht man bei leicht hängenden Flügeln keine angeschnittenen Federstümpfe.

Eine andere Möglichkeit, die Tragfähigkeit der Flügel zu vermindern, besteht darin, daß man jede zweite Feder stutzt. Man sieht dann optisch fast nichts vom Federschnitt. Bei einem kräftigen, fluggewohnten Vogel ist das noch zu wenig gestutzt. Man schneidet bei den belassenen Handschwingen noch die Federfahne ab. Auch dies verschlechtert die Flugfähigkeit, ohne daß das Aussehen allzu sehr darunter leidet. Es ist oftmals erstaunlich, wie weit ein gestutzter Vogel noch fliegen kann, wenn er in guter Kondition ist.

Das Schwierigste ist nicht die Auswahl der zu kürzenden Federn, sondern das Festhalten des Vogels. Er wird, wie schon beschrieben, in ein Tuch gewickelt und in Rückenlage auf den Tisch gelegt. Nun zieht man einen Flügel hervor, den man fest gegen die (weiche) Unterlage drückt.

Mit einer kurzen, vorn abgerundeten Schere stutzt man die Federn in der vorher beschriebenen Weise. Bevor der nächste Flügel behandelt wird, wickelt man das Tuch nochmals fest um das Tier und sorgt dafür, daß es in dieser kurzen Arbeitspause nicht entschlüpfen kann.

Das Stutzen der mittleren Schwungfedern ist eine optisch elegante Lösung, weil bei angelegtem Flügel noch einige vollständige Handschwingen zu sehen sind.

Herausschneiden einzelner Federn. Die notwendige Anzahl muß im Versuch erprobt werden. Aber Vorsicht: Amazonen, die im Wohnzimmer kaum hoch kamen, sind im Freien schon entflogen. Luftbewegungen und ein längerer „Anlauf" begünstigen den Abflug!

Bei zahmen Amazonen geht das Flügelstutzen so spielerisch wie das Krallenschneiden. Mit der einen Hand breitet man einen Flügel aus, mit der Schere in der anderen schneidet man nach und nach einzelne Federn heraus. Man muß nur aufpassen, daß die Amazone nicht in die Schere beißt und sich dabei die Zunge verletzt.

Die Nachteile des Flügelstutzens sind primär die beeinträchtigte Bewegungsunfähigkeit in Notsituationen, z.B. auf der Flucht vor Artgenossen oder anderen Haustieren. Einmal auf den Boden geflattert, kann die Amazone nicht mehr nach oben, es sei denn durch Klettern. Hierfür muß dann gesorgt sein.

Nicht flugfähige Amazonen bewegen sich zwar sehr lustig auf dem Fußboden, doch sollte die Gefahr einer Erkältung auf kalten Fliesen nicht unterschätzt werden.

Es sind schon Fälle vorgekommen, wo sich Amazonen nach dem Flügelstutzen anfingen zu rupfen. Dies läßt sich als Reaktion auf den Verlust der Schwingen erklären. Oft ist Rupfen ja Ausdruck einer gewissen Frustration. Stutzen ist sicherlich eine solche, wenn das Tier vorher viel geflogen ist. Freilich rupft sich nicht jede gestutzte Amazone!

Die veterinärmedizinische Entfernung der Flugmuskelseh-
ne und das Kupieren der Flügel, wie man es bei Wasser-
ziergeflügel macht, steht bei Amazonen nicht zur Diskus-
sion. Ein zeitlebens flugunfähiger Vogel ist ein bedauerns-
wertes Geschöpf. Es ist nicht vorhersehbar, ob er nicht im
Laufe seines langen Lebens noch einmal auf intakte Flügel
angewiesen ist. Wenn er zum Beispiel in eine Voliere zu
anderen Papageien gesetzt werden soll, wäre er sofort den
Flugfähigen unterlegen. Es ist dann von Vorteil, wenn die
Schwungfedern wieder nachwachsen können.

Die bessere Alternative ist unserer Meinung nach das An-
binden eines Beins, wenn man die Amazone ins Freie mit-
nimmt. Es muß keineswegs eine Kette sein. Eine Kunstfaserleine, wie sie im Zoofachgeschäft für Katzen und kleine
Hunde angeboten wird, genügt, wenn man die Amazone
auf der Schulter trägt und ständig unter Aufsicht hat. Die
Befestigung am Papageienfuß erfolgt mit dem an Papa-
geienketten befindlichen Ring. Es gibt 2 Varianten: 1. Der
ständig anzulegende Ring mit Öse; 2. Der bei Bedarf anzulegende Ring. Bei zahmen Amazonen ist der 2. Ring emp-
fehlenswerter, denn das An- und Ablegen ist weniger unangenehm als der ständige Klotz am Bein.

Man wird einer einzeln gehaltenen Amazone nur dann
wirklich gerecht, wenn man sie bei jeder Gelegenheit mit-
nimmt. Gerade im Urlaub sollte man sie nicht in Pflege
geben, sondern die Reise mitmachen lassen – flugfähige
Tiere eben an der Papageienleine.

Hand- und Armschwingen einer Gelbscheitelamazone
(*Amazona ochrocephala ochrocephala*). Deutlich sichtbar
auch der rote Flügelspiegel.

Zu enge Ringe entfernen

Eine andere Art von Ring als der vorhin genannte ist der amtliche Fußring. Er kann unter Umständen zu eng sein und dem Tier erhebliche Schmerzen zufügen. Durch das ständige Bearbeiten mit dem Schnabel wird die Haut am Bein noch mehr gereizt und schließlich sitzt der Ring fest im geschwollenen Fleisch. Wenn man ihn jetzt noch ärztlicherseits entfernen lassen kann, ohne das Bein abnehmen zu müssen, hat man Glück gehabt. Besser ist hier Vorsorge.

Man braucht die Ringe, wie schon erwähnt, als Züchter und Händler, und auch als Privatperson, wenn man die Amazone ins Ausland mitnehmen möchte. Der Ring dient dann zur Identifizierung des Vogels.

Ansonsten kann der Ring entfernt werden. Er sollte aber als Dokument aufgehoben werden.

Wichtig ist, daß die Kette oder Leine vorne ein drehbares Glied hat, damit sich die Amazone beliebig oft drehen kann, ohne sich zu verschlingen.

Eine Amazone ständig anzuketten, ist hier nicht gemeint. Diese Haltungsweise ist nicht artgemäß. Die angebundene Amazone kann am Papageienständer nur sehr wenig klettern und leidet unter dem eingeschränkten Bewegungsradius. Wenn wir also eine Papageienkette empfehlen, dann nur für Ausflüge mit dem Pfleger ins Freie.

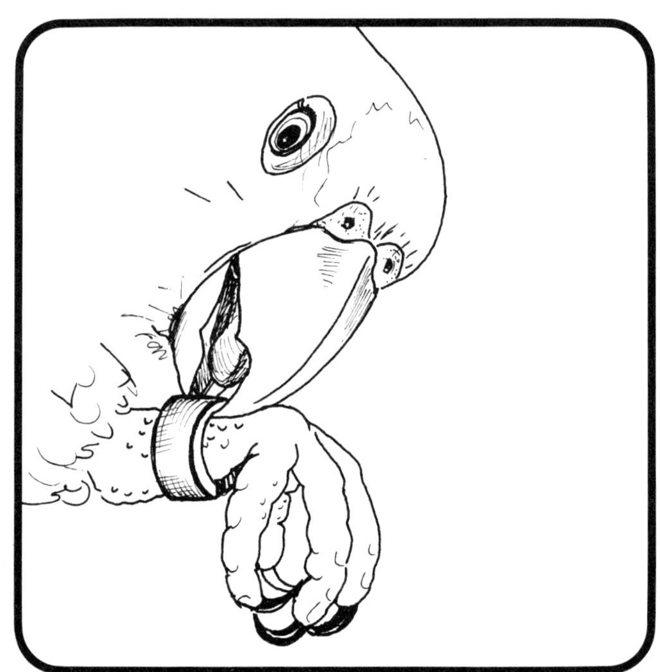

Die Amazone wird wie beschrieben eingewickelt, das be-
ringte Bein herausgezogen. Ein Helfer hält das Tier. Man
braucht nun 2 Kombizangen und sehr viel Kraft. Wenn
der Ring noch ein paar Millimeter Abstand vom Bein hat,
geht es noch leichter. Man dreht den Ring mit der offenen
Seite zum Betrachter und biegt nun die beiden Enden gerade so weit auseinander, daß das Bein hindurch geht. Meist
rutscht die Zange ab, weil man nicht gleichzeitig drücken
und ziehen kann. Man muß dann aufpassen, daß man
beim Abgleiten die Haut nicht verletzt.

Wesentlich leichter geht es mit 2 Feilkloben, die genau an
den gleichen Stellen wie die Zangen angesetzt und festge-
schraubt werden. Sie können nun keineswegs abrutschen
und man kann seine ganze Kraft dem Aufbiegen widmen.
Man muß immer aufpassen, daß man den Beinknochen
nicht bricht oder die Haut abschürft. Bei eingewachsenen
Ringen wird es manchmal nicht ganz ohne abgehen, aber
Hautschäden heilen bei Vögeln zum Glück schnell.

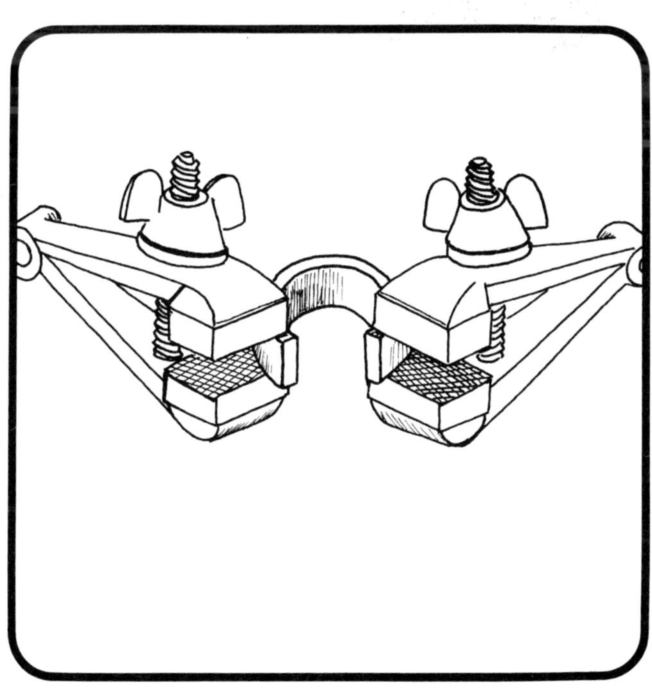

Zahme Amazonen

Es ist unter Tierfreunden sehr umstritten, ob man Amazonen oder andere Papageien überhaupt zähmen soll. Völlig zahme Tiere verlieren mit ihrer Wildheit meist auch die Fähigkeit, untereinander eine Paarbindung einzugehen. Sie können nach Eintritt der Geschlechtsreife die angeborenen Verhaltensmuster nicht voll ausleben. Einmal auf den Menschen geprägt, weigern sie sich, Kontakte mit Artgenossen aufzunehmen. Ausnahmen gibt es allerdings.

Die Mehrzahl der Liebhaber hält derzeit Amazonen als Einzelvögel. Man erwartet von ihnen, daß sie nach kurzer Zeit Wörter und ganze Sätze sprechen, Geräusche und Tierstimmen nachahmen, kurze Melodien pfeifen und dabei sehr anhänglich werden. Sie sollen sich im Gefieder kraulen lassen und stets froh und munter sein, wenn man sich mit ihnen beschäftigt. Kurzum – eine Amazone soll mit ihrem clownhaften Benehmen, wie wir Menschen es sehen, viel Spaß und Freude bereiten.

Diese Rechnung geht leider nicht immer auf. Viele Vogelhalter wissen zu wenig über die Bedürfnisse und die Verhaltensdispositionen ihres Papageien. Am Ende einer falschen Behandlung steht dann ein verdorbener Vogel und ein enttäuschter Besitzer.

Das muß nicht sein. Und wenn der mit großem Aufwand betriebene Import von Amazonen überhaupt gerechtfertigt werden kann, dann mit lebensfrohen, gesunden, plappernden Krummschnäbeln, die sich in menschlichen Haushalten so einigermaßen wohlfühlen, wenn auch ihr neues Zuhause mit dem heimatlichen Biotop nichts gemeinsam hat.

Ob man eine Amazone zähmt oder ein Paar hält, hängt auch von der Seltenheit der Art ab. Es wäre zum Beispiel zu schade, wenn man eine Blaubartamazone (*Amazona festiva*) als Einzeltier zähmen würde. Selten importierten Arten, die zwar nicht unter das Washingtoner Artenschutzabkommen fallen, aber dennoch Raritäten sind, sollte man die Fortpflanzung ermöglichen. Die zahlreich importierten Amazonen können eher als Einzelvogel gehalten werden, doch wer weiß, wie lange sie noch zahlreich sind?

Blaubartamazone (*Amazona festiva*).

Am schnellsten zahm werden die jungen Amazonen. Der ausschließliche Kontakt mit Menschen hat zur Folge, daß sie nur noch Menschen als Partner betrachten. Dieser in der Verhaltensforschung als Prägung bezeichnete Vorgang findet während einer sensiblen Phase der Jungtiere statt. Aus dem Nest genommen und als Einzeltier von Hand aufgezogen, zeigen diese Amazonen keinen Fluchtinstinkt vor Menschen, verhalten sich aber aggressiv oder ängstlich gegenüber Vertretern der eigenen Art. Zunächst betrifft die Prägung den Menschen allgemein; später stellt man fest, daß eine bestimmte Person deutlich bevorzugt wird.

Die Prägung auf den Menschen ist, streng genommen, eine Fehlprägung, denn sie bewirkt, daß die Amazone mit ihren Artgenossen keine Partnerschaft mehr eingeht. Sie sieht in ihrem Pfleger einen Ersatzpartner. Dabei spielt es keine Rolle, welches Geschlecht Tier und Pflegeperson haben.

Die Regel, daß ein männlicher Vogel einen weiblichen Pfleger bevorzuge, bzw. umgekehrt, ist inzwischen widerlegt. Ein Amazonenweibchen kann durchaus die Dame des Hauses als Lieblingsperson akzeptieren. Wechselt sie später einmal den Besitzer, dann wird sie eine Frau als Pfleger bevorzugen. Solche Tiere bezeichnet man als „Frauenvogel". Das Gegenteil, einen „Herrenvogel", gibt es natürlich auch. Doch das hat, wie gesagt, mit dem Geschlecht des Tieres nichts zu tun.

Hatten die Jungvögel dagegen nur Kontakt mit ihresgleichen, werden sie auf die eigene Art geprägt. Sie lassen sich vom späteren Besitzer nicht am Körper berühren, geschweige denn kraulen. Allerdings können sie an das Aufsteigen auf die Hand gewöhnt werden und erlernen, sich auf der Schulter des Menschen umhertragen zu lassen.

Interessant ist in diesem Zusammenhang der Spiegeltest: Hält man einer menschengeprägten Amazone einen Spiegel vor, reagiert sie nicht sonderlich darauf. Eine auf die Art geprägte Amazone begrüßt ihr Spiegelbild mit allerlei Droh- und Imponiergebärden wie z. B. Flügelsenken, Pupillenverengen, Kopf- und Nackengefieder aufstellen und Schwanz spreizen.

Man muß sich im klaren darüber sein, welche Verantwortung man auf sich lädt, wenn man eine Amazone auf die eigene Person prägt. Es ist nahezu ausgeschlossen, daß man dem gezähmten Tier später noch einen artgleichen Partner zugesellt. Mit jedem Schritt der im Folgenden beschriebenen Zähmungsweise nimmt man der Amazone ein Stück ihres natürlichen Verhaltens.

Zähmung

1. Eingewöhnung

Frisch importierte Amazonen sind besonders empfindlich gegen Kälte. Man hält sie am besten bei Zimmertemperatur. Wenn es sich um handaufgezogene Nestlinge handelt, sogenannte Baby-Amazonen, muß man sie neben den Sonnenblumenkernen noch mit breiiger Nahrung füttern, z. B. mit weichgekochtem Mais, geweichtem Zwieback oder Babynahrung. (siehe Kapitel „Ernährung")

Rotspiegelamazone (*Amazona agilis*): Quarantäne bedeutet immer eine psychische und physische Belastung.

Dieses Eingewöhnen findet meist beim Großhandel statt, also der Station zwischen Flughafen und Zoofachgeschäft. Wenn die Amazone dann einen Käufer gefunden hat, beginnt die eigentliche Eingewöhnung in ihre weiteren Lebensumstände: in das Leben unter Menschen. Nach und nach wurde sie ja von ihren Artgenossen abgetrennt. Sie sieht mehr Menschen und weniger Amazonen in ihrer Nähe, bis sie zum Schluß nur noch eine Spezies als Partner zur Auswahl hat: den Menschen. Dies ist ohne Zweifel eine strapaziöse Umstellung. Doch die Amazone wird den Ersatzpartner Mensch akzeptieren und sich ihm anschließen, wenn sie nicht zu sehr von ihm enttäuscht wird.

Gleich nach dem Kauf treffen gegensätzliche Interessen aufeinander: Die Amazone will und braucht ihre Ruhe, um die Ortsveränderung und den Käfigwechsel verkraften zu können, und der Vogelhalter interessiert sich gerade jetzt in höchstem Maße für den Neuerwerb. Er möchte sofort „etwas mit dem Tier anfangen". Dies sollte man aber möglichst unterlassen, zumindest am Tag des Kaufs selbst.

Wenn man es fertigbringt, die Amazone auch in den nächsten Tagen im Käfig zu lassen, wird man am wenigsten verderben. Eine Hetzjagd durch die ganze Wohnung bei einer flugfähigen Amazone, die in den Käfig zurück soll, aber nicht will, ist wenig geeignet, ein Vertrauensverhältnis Tier-Mensch aufzubauen. Auch für einen gestutzten Vogel gehört jener Tag zu den schlechten Erinnerungen, als er zum ersten Mal, erschreckt durch die fremde Umgebung, von seinem Käfig startete, und die Unbrauchbarkeit seiner Schwingen feststellen mußte. Abgesehen vom psychischen Schock erleidet er beim Aufprall auf den Boden auch noch körperliche Schmerzen.

Die Amazone bleibt also zunächst im Käfig.

Sie wird diesen Raum mit der Zeit als ihr Eigentum betrachten und es gegen Eindringlinge, wie etwa die menschliche Hand, verteidigen. Deshalb legt man Leckerbissen in die dafür vorgesehenen Näpfe und hält sie nicht durch die geöffnete Käfigtür direkt vor den Schnabel.

Bei jeder Annäherung an den Käfig bringt man der Amazone eine Kleinigkeit mit: eine Kirsche, ein Stückchen eines Zweiges, eine Erdnuß, um nur eine Auswahl zu nennen. Dabei spricht man mit ihr, nennt ihren Namen, und entfernt sich dann, auch wenn die noch mißtrauische Amazone den Leckerbissen nicht frißt. Irgendwann in der nächsten Viertelstunde wird sie, vielleicht, wenn sie sich unbeobachtet fühlt, das gereichte Stückchen mit dem Schnabel prüfen.

Allmählich lernt die Amazone, die menschliche Hand als Futterbringer zu schätzen und die menschliche Stimme damit in Verbindung zu bringen. Sie merkt, daß ihr von den einzelnen Personen der Familie kein Leid zugefügt wird, und daß der Käfig ihr eigenes Revier darstellt. Dies tut sie uns durch die nun einsetzenden Lautäußerungen kund. In fremdem Revier schreit, pfeift oder singt ein Vogel nicht – er macht sich so unauffällig wie möglich. Doch da, wo er zu Hause ist, übt er keine Zurückhaltung.

Man wartet, bis die Amazone ihr Sicherheitsgefühl durch erste Lautäußerungen demonstriert, ehe man sie aus dem Käfig herausläßt.

Es versteht sich von selbst, daß man den Käfigstandort gerade in der Eingewöhnungszeit nicht verändert, damit die Amazone den Raum immer aus demselben Blickwinkel betrachtet und später, bei ihren ersten Ausflügen, zurück zum Käfig findet.

Wenn man in der Eingewöhnungsphase mit den Händen in und am Käfig Reinigungsarbeiten vornimmt, muß man hastige Bewegungen vermeiden, die das Tier als Angriff mißdeuten könnte. Es ist ungemein wichtig, daß die Hände des Menschen nicht mehr mit negativen Erlebnissen verbunden werden, soll doch die Amazone „handzahm" werden.

2. Handzahm machen

Die Amazone muß, so der Wunsch vieler Halter, die Eigenschaften eines gut erzogenen Haustieres haben: Sie soll nicht beißen; sie soll keine Scheu vor Menschen haben; sie soll leicht in den Käfig gesteckt werden können; sie soll leicht aus dem Käfig herausgeholt werden können.

Dies alles ist bei einem Wildtier keineswegs selbstverständlich, und die Amazone ist nun mal ein dem Urwald entnommenes Lebewesen, kein domestiziertes Tier wie Hund oder Katze.

Der Weg zum zahmen Papagei ist daher nicht immer einfach. Selbst, wer ein „superzahmes" Amazonenküken erwirbt, hat keine Gewähr dafür, daß es ständig so bleibt. Mit zunehmendem Alter wird es aggressiver. Jede Amazone ist anders und man kann keine allgemein gültigen Zähmungsregeln aufstellen. Was bei Nachbars „Coco" erfolgreich war, kann bei „Lora" völlig falsch sein. Man muß also mit viel Einfühlungsvermögen erst herausfinden, welche Zähmungsstrategie auf den eigenen Papagei am besten wirkt.

Man kann die Amazone zunächst an einen Holzstab gewöhnen, auf den sie zu steigen hat. Nach und nach verkürzt man den Stab und schließlich sitzt sie – wenn man

Glück hat – auf der Hand. Diese Methode ist allerdings problematisch bei flugfähigen Amazonen: Beim Losfliegen von einer in der Hand freigehaltenen Sitzstange schnellt das Holz nach oben und gibt dem Vogel einen Schlag auf den Unterleib. Dieser Wippeffekt ist bei einem Besenstiel und einer Amazone von der Größe der Blaustirnamazone (*Amazona aestiva*) und mehr am gravierendsten. Manche Amazonen bekommen dann für immer Angst vor hingehaltenen Sitzstangen.

Abgesehen davon ist es nicht sicher, ob die Amazone später die vorgehaltene Hand als Aufsteigmöglichkeit erkennt, nachdem sie erst auf das Medium Stange dressiert worden ist.

Eine angeborene Verhaltensweise der Amazone kommt uns beim Handzahmmachen sehr entgegen: die Drohgeste mit dem Fuß. Wildlebende Amazonen halten ihrem Angreifer die Klaue entgegen, mit geöffneten Zehen und nadelspitzen Krallen. Dies signalisiert dem anfgreifenden Tier eine gewisse Abwehrbereitschaft. In der Regel wird der Fuß dann erhoben, wenn eine Amazone ihren Sitzplatz nicht verlassen kann oder will.

Nun meinen viele Papageienbesitzer angesichts dieser Geste, der Vogel wolle „Händchen geben". Dies ist natürlich eine falsche Interpretation. Hält man einen Finger vor, dann umklammert der Papagei diesen mit der Klaue. Es ist möglich, daß er nicht einmal hineinbeißt. Mutige Tiere tun dies freilich. Das ist aber kein Grund, zurückzuzucken und den Vogel zu erschrecken. Bei weiteren Versuchen geht es sicher auch ohne Beißen ab, wenn die Amazone gelernt hat, daß sie der Finger nicht weiter bedrängt.

Der nächste Schritt besteht darin, die Amazone zum Aufsteigen zu veranlassen. Man erreicht das dadurch, daß man den Finger in Richtung Bauch des Tieres bewegt. Es steigt dann automatisch auf, da es nicht nach hinten fallen will. Scheue Amazonen weichen allerdings so weit nach hinten zurück, bis sie kopfunter hängen. Hier ist die Zeit noch nicht reif für solche Versuche.

Andere Amazonen sind „Rückwärtstreter": Man muß ihnen die Hand *hinter* die Zehen halten. Dann treten sie einen Schritt zurück. Wieder andere „prüfen" zunächst jede Sitzgelegenheit mit dem Schnabel. Dies darf nicht als Beißen mißverstanden werden. Es ist oft nur ein Berühren mit dem Oberschnabel. Zieht man da die Hand zurück, wird der Vogel nie aufsteigen.

Wichtig ist auch zu wissen, daß Papageien auf schiefen Zweigen eher nach oben klettern. Das entspricht dem Bedürfnis nach Sicherheit, die ein Vogel natürlich eher oben als unten sucht.

Auch am menschlichen Arm versucht die Amazone, Höhe zu gewinnen. Deshalb muß er so gehalten werden, daß es nicht erst nach unten zum Ellenbogen geht, sondern ständig ansteigt.

Ist die Amazone auf der Schulter angekommen, verläßt sie diesen Aussichtspunkt nur ungern. Sie verteidigt ihn gegen jede sich nähernde Hand. Offenbar sitzt sie gerne auf gleicher Höhe mit dem Kopf des Pflegers. Will man erreichen, daß die Amazone die Schulter verläßt, hält man den ausgestreckten Arm schräg nach oben. Sie klettert dann in Richtung Hand, weil es noch höher geht.

Hilft auch dies nichts, dann geht man vor dem Käfig in die Hocke und läßt sie nach oben klettern. Flugfähige Amazonen kann man durch ein kräftiges Schulterzucken abschütteln bzw. zum Abflug bewegen. Aber meist sind die Amazonen am Anfang gestutzt und aufs Klettern angewiesen.

Dieser Umstand macht das Zähmen übrigens einfacher: Durch den ständigen Kontakt mit dem Pfleger auf Hand oder Schulter wird die Amazone schneller vertraut, als wenn sie immer wieder wegfliegen kann.

Nur ganz selbstsichere Tiere klettern auch nach unten. Das sieht man schon am Verhalten im Käfig. Manche holen auf den Boden gefallene Obststücke herauf, andere lassen sie unberührt unten liegen.

Hat man die Amazone so weit gezähmt, daß man sie in der Wohnung umhertragen kann, dann ist schon viel erreicht.

3. Weitere Kontakte

Als nächste Zähmungsstufe ist das Fußkraulen anzusehen. Aus dem „Händchen halten" läßt es sich entwickeln. Man streichelt behutsam die Zehen, besonders auf der Unterseite. Dies empfindet die Amazone als angenehm, da die alten Hornschuppen dabei abgerieben werden. Wenn der Vogelhalter die Zehen des Tieres massieren darf, kann er auch unproblematischer die Krallen schneiden. Die Situation ist dem Vogel bekannt, aber nicht beängstigend.

Hat man die Amazone nun mehrere Monate in Pflege, so sind ihr mittlerweile viele neue Federhülsen gesprossen. Diejenigen im Nacken und auf dem Kopf kann sie nicht selbst pflegen, allenfalls unzureichend mit dem Fuß. Im Freileben bearbeiten die Artgenossen diese Partien mit dem Schnabel. Man nennt diesen Vorgang soziale Gefiederpflege. Ein Einzelvogel ist auf die Hilfe des Menschen angewiesen. Es ist ihm ein dringendes Bedürfnis, die neuen Federn enthülsen zu lassen.

Die Amazone bestimmt allerdings selbst, wann sie am Kopf gekrault werden möchte. Verfrühte Versuche werden mit einem Schnabelhieb abgewehrt. Man muß abwarten, bis die Amazone folgendes Verhalten zeigt: Sträuben der Nacken- und Scheitelfedern, Schräghaltung des Kopfes, Kratzen mit dem Fuß am Kopfgefieder.

Venezuela-Amazone (*Amazona amazonica*).

Aber selbst dann ist nicht jede Berührung willkommen. Man muß die richtigen Stellen herausfinden. Dies kann an den Wangen sein, an den Augen, am Ohr, im Nacken, auf der Stirn oder auf der Wachshaut.

Nach einiger Zeit kann man versuchen, die anderen Gefiederteile zu berühren. Die Amazone läßt einen schnell wissen, ob ihr das angenehm ist. Jedenfalls lassen sich die wenigsten Papageien gerne über den Rücken streichen; so anzufangen wäre falsch.

Bald steht innerhalb der Familie fest, wer das Recht hat, dem Vogel dies und jenes zu tun und wer nicht. Die letzteren sind sozusagen rangniedriger als die Amazone. Dies entspricht der Sozialstruktur im Schwarm in freier Wildbahn.

Hier kommt es darauf an, welche Einstellung das Schwarmmitglied „Mensch" zu der Amazone hat. Wer ängstlich ist, erntet am ehesten einen Schnabelhieb. Er hat fortan der Amazone zu weichen und darf sie nicht so ohne weiteres an ihrem Sitzplatz auf die Hand nehmen.

Je länger aber die Amazone einen bestimmten Menschen kennt, desto mehr läßt sie sich von ihm gefallen.

Im Umgang mit Amazonen ist man zwar geneigt, menschliche Bewertungsmaßstäbe an ihr Verhalten zu legen. (siehe Einführungskapitel dieses Buches). Doch es ist nicht richtig, zu behaupten, eine Amazone sei etwa hinterlistig, eifersüchtig, böswillig oder sie lache schadenfroh. Begriffe wie gut und böse sind ihr fremd; sie kennt nur die Spielregeln des Kampfes ums Überleben in ihrem Biotop.

Bei den bisher genannten Zähmungsmethoden galt ein Grundsatz: Der Vogel muß seinem Pfleger vertrauen können. Er soll das gewünschte Verhalten freiwillig annehmen.

Das Gegenteil, eine Zwangszähmung, ist Tierquälerei und führt zu einem psychisch deformierten Vogel, an dem man bestimmt keine Freude haben wird.

Vor hundert Jahren waren diese Gewaltmethoden noch verbreitet. Man faßte die Amazone täglich einmal mit dicken Spezialhandschuhen und stellte sie im Schoß des Pflegers ruhig. Das ging so lange, bis das Tier den Widerstand aufgab.

Ruß schrieb, man solle Papageien beim „Abrichten" in möglichst kleine Käfige zwängen, sie von oben herab und im Gegenlicht ansprechen und die Übermacht des Menschen spüren lassen. Selbst Ruß warnte schon davor, die Tiere durch Schläge zu strafen, da sie dies nicht als Strafe, sondern als Befehdung empfinden und nicht die erwartete Verhaltensänderung zeigen.

Ist eine Amazone schon ausgewachsen, wenn sie in Menschenhand kommt, wird die Zähmung längere Zeit beanspruchen, in manchen Fällen sogar erfolglos bleiben. Die beste Lösung ist dann die paarweise Haltung in geräumigen Volieren, selbst wenn ein solches Paar nicht unbedingt zur Brut schreitet.

Blaumaskenamazonen (*Amazona versicolor*) unter ihresgleichen. Der Wildlife Preservation Trust (Insel Jersey) versucht, seltene Arten wie diese zu vermehren.

Sprechen

1. Voraussetzungen

Die Nachahmung der menschlichen Sprache hängt direkt mit der Prägung zusammen. In der sensiblen Phase aufgenommene akustische Reize werden erlernt und können später wiedergegeben werden. Bei Papageien ist diese Lernperiode zeitlich nicht exakt festgelegt, so daß auch noch mit zunehmendem Alter gelernt wird, wenngleich nicht so intensiv wie im Jugendstadium. Bei anderen Vögeln hört die sensible Phase bei einem bestimmten Alter abrupt auf, und was bis dahin nicht gelernt wurde, wird nie mehr nachgeholt.

Die Lautbildung erfolgt bei Vögeln mit der am unteren Ende der Luftröhre befindlichen *Syrinx* und den Paukenmembranen. Ein die *Syrinx* umgebender dehnbarer Luftsack spannt die Membranen und versetzt sie in Schwingungen. Der obere Kehlkopf (*Larynx*) sowie der Schnabel- und Rachenraum wirken zusätzlich als Verstärker. (Hachfeld, „Die Voliere", 1981/2)

In der Regel artikulieren Vögel nur Laute, die in der angeborenen Instinktausstattung verankert sind. Diese Äußerungen erfolgen unwillkürlich, d. h. nicht mit der Absicht, den Artgenossen diese oder jene Information zukommen zu lassen. Die Empfänger reagieren auf bestimmte Reize durch angeborenes Verhalten, ohne die Botschaft verstandesmäßig auszuwerten, wie wir Menschen es tun. Rufe und Gesänge sind zum Teil angeboren, zum Teil von den Elterntieren erlernt.

Papageien und Sittiche, Rabenvögel und Spötter äußern nicht nur angeborene oder von Artgenossen erlernte Laute, sondern auch artfremde Tonfolgen. Warum, ist noch nicht genau erforscht. Man vermutet bei den Spöttern, daß eine größere Bandbreite der Lautäußerungen dem Individuum bessere Chancen bei der Partnerfindung sichert. Dies wurde bei einer Untersuchung der Spottdrossel festgestellt. (Hachfeld). Schmidt erklärt das Phänomen in seinem Beo-Buch folgendermaßen: „Ihre eigenen akustischen Ausdrucksmöglichkeiten scheinen ihnen nicht auszureichen, um der inneren Erregung im Zusammenhang mit Werbung, Drohung, Wiedergabe der Lautsignale aus der eigenen Aufzuchtphase, Warnung und anderen sozialbezogenen Mitteilungen sozusagen 'Luft zu machen'."

Das Auffallende bei Papageien (und Beos) ist, daß sie mit ihren Stimmwerkzeugen unter anderem die menschliche Sprache perfekt imitieren können. Diese Fertigkeit ist freilich lange vor dem ersten Kontakt mit Menschen im Laufe der Evolution entstanden. Zu welchem Zweck, ist umstritten.

Konrad Lorenz schrieb in seinem Buch „Er redete mit dem Vieh, den Vögeln und den Fischen", Papageien könnten niemals lernen, mit ihrem Sprechen auch nur einen einfachen Zweck zu verfolgen. Die Begabung sei demnach nutzlos. Dem widersprach Otto zur Strassen in seinem Aufsatz „Zweckdienliches Sprechen beim Graupapagei". Er meinte, es müsse bei den Papageien ein hochentwickeltes akustisches Kommunikationssystem bestehen, das zweckdienliches Sprechen einschließe. Der arterhaltende Nutzen müsse innerhalb der Spezies – im Leben des Paares oder der Schwarmgemeinschaft – zur Geltung gekommen sein.

Schmidt sieht den Nutzen vor allem darin, daß Papageien nicht nur auf ihr angeborenes Lautäußerungsrepertoire angewiesen, sondern so weit lernoffen sind, daß sie die Nachahmung als intelligente Verbesserung ihrer Lebensbedingungen einsetzen können, zur Organisation ihres Lebens und ihrer sozialen Beziehungen.

Und das macht die Amazone tatsächlich, auch in Gefangenschaft. Das Sprechen resusultiert aus der Veranlagung der Amazone, mit dem Partner eine soziale Bindung einzugehen und dabei dessen Lautäußerungen zu übernehmen. Der Pfleger schlüpft in die Rolle des Partners, vorausgesetzt, er findet genügend Zeit für das Tier. Die Nachahmung beschränkt sich aber nicht auf die Sprache des Pflegers. Sie umfaßt alle anderen akustischen Reize, die vom Papagei bewußt wahrgenommen werden.

2. Sprechunterricht

Am erfolgreichsten ist der Sprechunterricht, wenn der Lehrer die sensible Phase des Jungtiers nützt. Man beginnt also schon am Tag nach dem Kauf. Die Amazone wird zunächst nur mit einem einfachen Wort angeredet. Das kann ihr Name sein, oder „Hallo", „Komm her" o.ä. Nach etwa 3 Wochen wird sie die ersten Vokale von sich geben oder ein unverständliches Aneinanderreihen von Silben, aus denen man mit Phantasie etwas heraushören kann.

Zu dieser Zeit fliegt sie den Pfleger schon von sich aus an, zeigt sich zumindest an ihm interessiert. Bei Radiomusik singt sie besonders gern.

Nach 4 Wochen schreit sie auch schon mal kräftig zum Staubsauger. Sie ist soweit eingewöhnt, daß sie sich ungeniert putzt, in und am Käfig Erkundungstouren unternimmt und mit der Mauser der Schwanzfedern anfängt.

Nach 6 Wochen stellt man starkes Federwachstum fest. Die Amazone läßt sich jetzt vom Pfleger schon kraulen, ist aber eventuell bissig, wenn man sie in den Käfig zurückstecken will.

Nach 7 bis 8 Wochen kann erstmals eine richtige Nachahmung eines Wortes festgestellt werden. Der Lernerfolg kommt um so eher, je mehr man auf das spielerische Sprechen der Amazone eingeht. Ein Tip: Lassen Sie die Amazone selbst bestimmen, wie sie heißen möchte, und versuchen Sie, aus ihrem Geplapper einen Namen herauszuhören. Diesen wiederholen Sie dann häufig (langsam und betont), damit sie ihn deutlich auszusprechen lernt.

Dieses erste Erfolgserlebnis beeinflußt die weitere Entwicklung. Ein Beispiel soll dies veranschaulichen: Nehmen wir an, Sie wollen der Amazone den Namen Donald geben. Stundenlang sagen Sie ihr nur dieses eine Wort vor. Die Amazone aber spricht bei ihren abendlichen Vorträgen alles andere als Donald. Ihr liegen Silbenfolgen wie „gurre", „urrig", „rigo", „rido", „rida" mehr. Nun müssen Sie umdisponieren. Geben sie den Donald vorübergehend auf; nehmen Sie ein Wort bzw. einen Namen, den Sie aus den Silben heraushören, etwa „Frieda" oder „Fridolin". Das wird die Amazone in kurzer Zeit nachsprechen. Das Wort Donald kann später noch erlernt werden.

Die Amazone ruft jetzt mit diesem erstgelernten Wort nach dem Pfleger, weil sie feststellt, daß dies mit Zuwendung belohnt, also positiv verstärkt wird.

Das meiste im Wortschatz einer Amazone entsteht nicht aus intensivem Sprechunterricht, sondern durch oft wiederholtes situatives Sprechen. („Guten Morgen! – Grüß Gott! – Hallo! – Adieu! – Ruhe! – Geh in den Käfig! – Was tust du da?")

Viele Amazonen (und Graupapageien) sagen „Jako", auch wenn man ihnen einen anderen Namen gegeben hat. Der Grund ist nach Meinung der Verfasser darin zu suchen, daß man den Papagei oft mit „Ja, komm!" anredet oder ruft, was von ihm unsauber wiedergegeben wird: „Jako!". Auch der Name „Coco" kann aus „Komm, komm!" entstanden sein.

Bestimmte Ausdrücke gezielt beizubringen, ist eine wesentlich schwierigere Aufgabe. Wenn man Erfolg haben will, muß man für den Sprechunterricht diejenigen Phasen am Tag verwenden, zu denen die Amazone entspannt ist und für ihren Pfleger ein offenes Ohr hat. Das ist meist abends der Fall.

Das Verengen der Pupillen dient als Hinweis, daß das Tier aufmerksam zuhört. Zwischen Pfleger und Vogel muß mindestens Blickkontakt bestehen, ein körperlicher Kontakt ist noch besser.

Natürlich darf die Amazone nicht durch andere Dinge abgelenkt werden, während man ihr etwas vorspricht.

Amazonen pfeifen sehr gern, richtig gesagt, sie ahmen gern das menschliche Pfeifen nach. Der Halter sollte aber im eigenen Interesse vorsichtig vorgehen. Sicherlich ist es der Stolz jedes Vogelbesitzers, wenn sein Pflegling gelernt hat, eine Melodie richtig „nachzuflöten". Wer aber soll sich über die lauten, schrillen Pfiffe freuen, die man dem Papagei unüberlegt vorgemacht hat?

Das kann auf die Dauer nervtötend wirken. Dabei trifft die Amazone keine Schuld. Abgewöhnungsversuche sind aussichtslos; da ist es vielleicht doch besser, ihr schrilles Pfeifen gleich gar nicht beizubringen. Jedenfalls muß man sich darüber klar sein, daß die Lernkapazität für Sprachlaute eingeschränkt wird, wenn das Gedächtnis viele Pfeiffolgen gespeichert hat.

3. Nachahmungsleistungen

O.z. Strassen unterscheidet folgende 5 Stufen:

1. bloße Nachahmung (genaue Reproduktion, aber sinnloses Plappern)
2. Assoziation (Situation und Laut werden verknüpft, Situation ist Auslöser für Laut)
3. Abstraktion (Bildung eines Begriffes, z. B. ein Gluckergeräusch für alle Flüssigkeiten, Name eines Kindes für alle Kinder)
4. Antizipation (Lautäußerung im voraus für zu erwartende Situationen, z. B. „Adieu", bevor man hinausgeht)
5. Zweckdienliches Sprechen (Lautäußerung im voraus für eine gewünschte Situation, z. B. „Adieu", wenn man den Papagei in Ruhe lassen und hinausgehen soll)

Schmidt stellt folgende Klassifikation auf:

1. Einfache Lautimitation (mechanisches Nachahmen irgendwelcher Geräusche)
2. Transponieren und Variieren (Abwandeln von Melodien, Vertauschen von Silben, Wortschöpfungen)
3. Lautäußerungen mit Situationsbezug („Guten Morgen" beim Aufdecken des Käfigs)
4. Zweckdienliches Sprechen zur Befürfnisbefriedigung („Herein"-Rufe des alleingelassenen Vogels)
5. Vorwegnahme erwarteter und/oder gewünschter Ereignisse durch entsprechende Lautäußerungen (Nachahmen des Korkenziehergeräusches beim bloßen Anblick einer Flasche)

Beide Autoren belegen ihre Aussage mit einer Fülle von Beispielen, die manchmal sehr verblüffend sind. Doch eines steht fest: Papageien verstehen nicht den Sinn dessen, was sie sagen. Wenn sie Fragen korrekt beantworten, dann tun sie dies nicht aus Einsicht, sondern auf Grund ihres guten Gedächtnisses, das ihnen die betreffende Antwort immer im richtigen Augenblick einfallen läßt. Und dies auch nur deshalb, weil die Antwort belohnt wird, sei es mit Lachen oder nur mit Aufmerksamkeit der Zuhörer.

Im übrigen reicht die Hirnkapazität von Papageien niemals aus, um eine Syntax, einen grammatikalischen Satzbau, zu erlernen, was bei Schimpansen zum Beispiel möglich ist. Diese Menschenaffen sind (in gewissen Grenzen) *sprach*-fähig. Sie können ihre Sprache leider nicht mit den Stimmwerkzeugen artikulieren, sind also nicht *sprech*-fähig. Bei den Papageien ist es umgekehrt.

Alltag
1. Grundsätzliches

Das natürliche Nage- und Bewegungsbedürfnis einer Amazone und ihr Verlangen nach sozialem Kontakt muß gestillt werden, soll sie nicht auf Ersatzhandlungen wie Schreien oder Federrupfen ausweichen.

Man muß ihr ständig neue Zweige, Ästchen, Holzstückchen (z. B. Abfälle aus einer Schreinerei), Zapfen von Nadelhölzern und ähnliches Nagematerial anbieten. Hinzu kommt die Vielfalt der Ernährung. (siehe dort!)

Eine kleine Schachtel, vorne mit einem Loch versehen und in den Käfig gehängt, ist für eine Amazone in geschlechtsreifem Alter ein interessantes Objekt, da es Ähnlichkeit mit einer Bruthöhle besitzt. Die Amazone beschäftigt sich stundenlang mit dem Schlupfloch, das mehr und mehr vergrößert wird. Am Ende ist der Karton vollständig zernagt und muß durch einen neuen ersetzt werden.

Man sollte die Amazone in der Wohnung an verschiedene Plätze gewöhnen, die ihr „gehören". Ihr Revier besteht aus Käfig, Kletterbaum, Papageienständer, diversen Sessel- und Stuhllehnen, Fenstersims, Fenstergriff, Anflugstangen an der Wand und vieles mehr. Je nach Flugfähigkeit ergeben sich verschiedene Aufenthaltspunkte der Amazone.

Schlecht, aber wohl kaum ganz zu vermeiden, ist der Sitzplatz auf geöffneten Türen. Einmal stellt dies eine erhebliche Gefahrenquelle dar. Wie leicht können die Zehen eingeklemmt werden! Andererseits hat das Daraufsitzen eine Verschmutzung der Tür zur Folge.

In diesem Zusammenhang sei ein Kotauffangbrettchen empfohlen, das 30 cm unter der Türoberkante montiert wird. Es ist leichter zu reinigen als die ganze Tür und der Fußboden.

Am besten aber man verhindert von Anfang an, daß die Amazone auch nur ein einziges Mal auf eine Tür fliegt. Man hält die Tür in ihrem Zimmer stets geschlossen. Links und rechts neben der Tür bietet man ihr andere Anflugmöglichkeiten an, dann wird sie die Tür nicht als Landeplatz wählen.

Wenn sie aber ein paarmal Gelegenheit hatte, diesen idealen Hochsitz kennenzulernen, dann kann man ihr dies kaum abgewöhnen. Manche Amazonen fliegen sogar geschlossene Türen an und hängen sich mit den Krallen am Türblatt ein.

2. Kot

Vogelkot in der Wohnung ist für manche Hausfrauen ein echtes Problem, dabei läßt es sich eigentlich gut in den Griff bekommen. Übrigens: Der Kot ist fest geformt, halbfeucht, von grün-weißer Farbe und mit einem Schleimbeutel überzogen, der an Textilien kaum haftet.

Will man also vorhersehen, wann die Amazone ihr nächstes Häufchen fallen läßt, muß man ihr Verhalten genau studieren.

Vögel haben eine sehr kurze Verdauung, damit sie beim Fliegen möglichst wenig Ballast mit sich herumschleppen. Gibt man der Amazone ein Stückchen Obst, dann wird der entsprechende Kotballen etwa nach einer halben Stunde ausgeschieden. Man kann geradezu darauf warten. Abgesehen von solchen Zwischenmahlzeiten, deren Konsistenz sich auch im Kot spiegelt, hat die Amazone auch sonst öfter das Bedürfnis, ihren Darm zu entleeren. Es sind oft typische Situationen, wann dies geschieht; nachfolgend sind die wichtigsten aufgeführt.

Ein Vogel wirft zum Beispiel bevorzugt vor dem Abflug „Ballast" ab. Wenn man die Amazone also nicht vom Käfig *holt*, sondern zu sich herfliegen läßt, gibt man ihr eine gute Gelegenheit, dies zu erledigen, bevor man mit ihr spielt.

Sitzt die Amazone längere Zeit auf der Schulter, dann ist mit einem Kotabsetzen zu rechnen. Wenn sie unruhig wird und unmotiviert hin und her klettert, setzt man sie auf ihren Ständer. Oft genügt schon der Standortwechsel als „Kotimpuls". Das Ereignis muß dann vom Pfleger mit einem belohnenden Wort kommentiert werden. Dabei lernt die Amazone, ihren Ständer als bevorzugten Ort des Kotabwurfs zu benutzen. Hundertprozentig reinlich wird sie jedoch nicht.

In vielen Fällen verrichtet sie ihr Geschäft dort, wo sie eben im Augenblick ist. Sie setzt sich breitbeinig hin, drückt den Hinterleib nach unten und hebt die Schwanzfedern etwas hoch. Beobachtet man diese Körperhaltung, dann kann man sie noch schnell wegsetzen. Auf ihrem Ständer wird sie dann, nach Überwinden der Überraschung, die Kotentleerung vornehmen.

Wenn man die Amazone ständig im Auge hat, kann man jeden Kotabwurf vorhersehen, und durch schnelles Eingreifen verhindern, daß Kleidungsstücke, Polstermöbel und Teppichboden beschmutzt werden. Nur ein auf der eigenen Schulter sitzendes Tier hat man nicht im Blickfeld.

Eine Amazone entleert ihren Darm auch *nach* körperlichen Bewegungen. Sitzt sie zum Beispiel zwei Stunden lang ruhig im Käfig und wird dann herausgenommen, um auf dem Fußboden ein paar Schritte zu „watscheln", dann wird sie mit Sicherheit auf diesem Spaziergang eine Kotpause einlegen, gleich darauf aber weitergehen.

Das ständige Hin- und Hergehen im Käfig, um Aufmerksamkeit zu erwecken, ist ebenfalls eine körperliche Bewegung, die das Entleeren hervorruft.

Schließlich führt eine psychische Belastung (Angst, Erschrecken) zum schnellen Absetzen des Kots. Wenn der Verkäufer im Zoogeschäft eine Amazone aus dem Käfig holt und vorführt, muß man damit rechnen. Genauso, wenn man ein nicht zahmes Tier in der Wohnung einzufangen versucht. Der Angst-Kot ist meist kleiner oder dünnflüssiger als der normale.

Das Thema „Kotabsetzen" wurde deswegen so ausführlich behandelt, weil es zeigt, wie genau man eine Amazone beobachten kann und soll. Dies ist eine sehr wichtige Aufgabe des Papageienpflegers. Die Kenntnis der Verhaltensweisen erleichtert die Kontaktaufnahme zum Tier und damit den Fortschritt bei Zähmung und Sprechunterricht.

Selbst wenn die Amazone in Bezug auf die Nachahmung nicht die Erwartungen erfüllen kann, ist sie ein interessantes Lebewesen, das zu studieren sich lohnt.

3. Gefahren

Die Amazone ist in ihrer Instinktausstattung nur für das Leben in der Wildnis vorbereitet, nicht für das Leben in einem menschlichen Haushalt. Hier droht ihr zwar nicht die Gefahr, von einem Beutegreifer geschnappt zu werden, doch gibt es andere lebensbedrohende Umstände, vor denen sie geschützt werden muß.

Die Möglichkeit des Füße-Einklemmens in Türen wurde schon angedeutet. Beim Klettern in Schrankfächer und Schubladen – für Höhlenbrüter ein attraktiver Bereich – besteht die Gefahr des Erstickens, wenn die Behältnisse plötzlich geschlossen werden.

In der Nähe von Käfig, Kletterbaum usw. dürfen sich keinerlei elektrische Kabel oder Steckdosen befinden, denn sie werden von der Amazone leicht zernagt. Sie beachtet die Kabel vielleicht monatelang nicht, bis sie eines Tages doch daran „arbeitet".

Gestutzte Amazonen bewegen sich oft auf dem Fußboden, und auch hier gelangen sie mitunter an Stromkabel. Man muß diese entfernen oder unzugänglich machen.

Eine heiße Herdplatte, ein Topf mit siedendem Wasser, eine Packung Arzneimittel stellen weitere Gefahrenquellen dar. Zigaretten dürfen von Papageien nicht zerkrümelt werden, und der Rauch im Raum ist ebenfalls ungesund. Man sollte eine Amazone nicht zum lebenslänglichen Passivrauchen zwingen.

Fliegt eine Amazone gegen die Fensterscheibe, so kann sie sich eine Gehirnerschütterung oder Schlimmeres zuziehen, je nach der Fluggeschwindigkeit beim Aufprall. Große Kakadus flogen schon durch geschlossene (!) Fenster in die Freiheit, doch ist dies von Amazonen nicht bekannt. Immerhin, bei einem dünnen Einfachglasfenster wäre es im Bereich des Möglichen.

Man gewöhnt die Amazone an Fensterscheiben (falls man keine Gardinen hat), indem man den Käfig zeitweilig an das betreffende Fenster stellt. Vom Käfig aus kann der Schnabel das sonderbare Material Glas kennenlernen. Ein Dagegenfliegen aus kurzer Entfernung ist nicht so gefährlich. Die Amazone lernt bald, die Scheibe als unsichtbare Wand zu respektieren. Aufgeklebte Greifvogelprofile aus schwarzer Pappe haben sich nicht immer bewährt.

In der Regel entfliegen Amazonen durch geöffnete Fenster, wobei ein gekipptes bereits offen genug ist, um dem Vogel Durchlaß zu gewähren.

Der Vogelhalter muß es sich angewöhnen, kein Fenster im Revier der Amazone offenstehen zu lassen. Sollte doch einmal eine Amazone in einen Raum mit geöffnetem Fenster fliegen, gilt es Ruhe zu bewahren. Normalerweise wird sie nicht zum Fenster hinausfliegen, sondern einen bekannten Landeplatz ansteuern.

Eine Amazone fliegt oft dem Pfleger nach, wenn er den Raum verläßt. Geht dieser nun – versehentlich – auf den Balkon, dann ist zu erwarten, daß die nachfliegende Amazone nur auf seine Schulter möchte. Man läßt sie dort landen und geht wieder zurück ins Zimmer.

Wenn man dagegen vor Schreck zusammenzuckt, mit den Händen hastig nach dem Vogel greift und einen Schrei ausstößt, fliegt die Amazone vorbei und sucht das Weite.

Daß dort viele Gefahren auf sie warten, sei nur angedeutet: Kälte, Nahrungsmangel, Katzen, Greifvögel, Regen, Infektionen.

Katzen und Hunde sind auch im Hause nicht ungefährlich für die Amazone. Sie kann sich zwar prinzipiell mit Krallen und Schnabel verteidigen, durch Wegfliegen (falls nicht gestutzt!) entfernen oder mit ohrenbetäubendem Schreien den Vierbeiner vom Halse schaffen – aber ob der Abwehrmechanismus funktioniert, ist ungewiß.

Auch ist nicht jede Katze, jeder Hund gleich gefährlich. Solche, die im Garten den Vögeln nachstellen, könnten auch dem grünen Krummschnabel an den Kragen wollen.

Die Verfasser haben allerdings beobachtet, wie zwei „gefährliche" Katzen sich einer sehr gut sprechenden Amazone gegenüber völlig gleichgültig verhielten. Das Sprechen hatte sie irritiert.

Einen Hund sollte man schon jung an die bereits im Haushalt lebende Amazone gewöhnen und so erziehen, daß er den Vogel in Frieden läßt.

Man wird jedoch der Amazone nicht gerecht, wenn man neben ihr noch andere Tiere hält. Sie benötigt die ganze Aufmerksamkeit des Pflegers, nicht nur einen Bruchteil.

„Unarten"

Den Begriff Unarten kann man eigentlich nur auf falsche Verhaltensweisen des Menschen, nicht jedoch der Amazone anwenden. Unarten des Pflegers sind etwa das Küßchen-geben, das Mit-ins-Bett-nehmen oder das Necken mit dem Finger. Auch stundenlanges Alleinelassen oder ausschließliche Käfighaltung sind nicht artgemäße Haltungsweisen.

Was man von einer *Amazone* an unangenehmen Aktivitäten kennt, z. B. das „Zerstören", ist nur eine Folge falscher Haltung.

So schlecht wie das lebenslange Einsperren in einen kleinen Papageienkäfig ist auch das Gegenteil, die totale Freiheit in der Wohnung. Eine Amazone wäre nicht normal, würde sie die vielen Einzelheiten der Wohnungseinrichtung ungeprüft links liegenlassen. Sie, die von Natur aus dazu geschaffen ist, kilometerlange Streifzüge durch den tropischen Regenwald zu unternehmen, findet hier ein wenn auch kleineres, so doch reichhaltiges Betätigungsfeld für den Schnabel. Zimmerpflanzen werden zerpflückt, Tische abgeräumt, Tapeten von der Wand gelöst. Ein Bleistift ist in fünf Minuten zersplittert, ein Kugelschreiber dauert etwas länger.

Für den Vogelhalter ist das ärgerlich, für die Amazone zum Teil lebensgefährlich. Aber sie wird nie lernen, daß sie das nicht tun darf.

Die Konzequenz für den Vogelhalter: 1. Man muß die Amazone beim Freiflug ständig beaufsichtigen. 2. Man muß ihr außerhalb des Käfigs geeignetes Nagematerial anbieten. 3. Man muß sie von ungeeignetem Nagematerial fernhalten.

Letzteres geschieht durch Aufstellung von gefürchteten Gegenständen. Manche Amazonen haben Angst vor Handschuhen, andere vor Stofftieren oder Puppen. Diese Dinge postiert man vor Schreibtischlampen, auf Polstermöbeln oder neben Blumentöpfen. Wo die „Schreckmethode" nicht möglich ist, hilft ein freundlich-konsequentes Abholen der Amazone aus dem verbotenen Bereich.

Der weitaus häufigere Fall ist, daß einer Amazone zu wenig Freiraum gegeben wird. Damit kommen wir zu den drei bekannteren „Unarten": Schreien, Beißen und Rupfen.

1. Schreien

Zunächst einmal zum Thema Schreien. Wieviel bzw. ob eine Amazone überhaupt schreit, hängt zuerst einmal von ihrem Temperament ab. Verallgemeinert kann man nur sagen, daß bestimmte Situationen und Umstände besonders geeignet sind, das Schreien zu fördern.

Die Amazone schreit zum Beispiel als Reaktion auf andere laute Geräusche wie Staubsaugen, alle Arten von Motoren, Radio, Fernseher, Musikinstrumente, Hunde oder laute Unterhaltung. Sie will mit dem Schreien der anderen Lärmquelle imponieren.

Zum zweiten kann das Schreien eine Äußerung der Lebensfreude und des Wohlbefindens darstellen. Die Amazone schreit dann von sich aus, zumeist morgens und abends einmal. Damit werden im Freileben Revieransprüche erklärt.

Drittens schreit die Amazone aus Unzufriedenheit und Langeweile. Sie hat z. B. nichts zum Knabbern, möchte aus dem Käfig heraus oder sucht Kontakt zum Pfleger.

Mehrere Gründe können zusammenspielen und eine Amazone, die häufig Grund hat zu schreien, kann es allmählich gewöhnt werde.

Ein verantwortungsvoller Pfleger wird seine Vorkehrungen treffen, um das Schreien in Grenzen zu halten, wenn es sich schon nicht völlig unterdrücken läßt.

Gegen das Schreien aus Langeweile hilft das Anbieten von

ständig neuem Nagematerial. Auch ein Papageienständer ist von Nutzen, da er das Revier des Vogels erweitert. Nicht flugfähige Amazonen werden beim Schreien vom Käfig zum Ständer getragen oder umgekehrt.

Man kann den Ständer auch in einem anderen Raum aufstellen, nämlich da, wo man sich gerade aufhält. Darf die Amazone dabei sein, schreit sie nicht.

Das Schreien zum Staubsauger ist das erste Schreien, das der Papageienhalter kennenlernt, und tatsächlich hängen Papageienhaltung und Staubsaugen eng miteinander zusammen.

Die Amazone will das laute Geräusch übertönen, hört aber auf, sobald der Motor verstummt ist. Nimmt man die Amazone zu sich, während man staubsaugt, und redet beruhigend auf sie ein, dann hört sie auf die menschliche Stimme, spürt, daß man sie wichtig nimmt und unterläßt es in vielen Fällen, weiterzuschreien.

Gegen das zeitgebundene Schreien am Morgen und Abend hilft folgendes: Man übergeht die Dämmerungszeiten, indem man mittels Rolladen oder Fensterladen eine abrupte Verdunkelung bzw. Erhellung des Raumes erzeugt. Abends muß man jedoch noch so lange künstliches Licht eingeschaltet lassen, bis die Amazone gefressen hat. Gegen 20 Uhr wird das Licht ausgeschaltet.

Völlige Finsternis verhindert zwar jegliches Schreien, doch entspricht sie nicht den natürlichen Bedingungen. Die Amazone braucht bei Nacht einen gewissen Grad von Helligkeit, um sich orientieren zu können. Man sollte deshalb von einer Totalverdunkelung absehen bzw. diese aufheben, sobald sich das Tier beruhigt hat.

Das Schreien aus Unzufriedenheit ist häufig eine erlernte Verhaltensweise, führt es doch stets dazu, daß sich der Pfleger um das Tier kümmert. Genau das wollte es erreichen. Der Vogelhalter hat das Schreien quasi „belohnt". Besser ist, man belohnt gesprochene Worte der Amazone, z. B. „Hallo" oder „Komm her". Sie verwendet dann immer diese Rufe, wenn sie Kontakt wünscht. Man sollte ihnen möglichst schnell folgen, ehe sie sich auf das Schreien verlegt.

Andererseits gibt es Amazonen, die trotz Anwesenheit und gutem Zureden des Pflegers ständig weiterschreien. Dieses Phänomen ist mit dem des Federfressens bzw. -rupfens vergleichbar. Es ist Ausdruck einer Gefangenschaftsneurose, die besonders bei älteren Wildfängen zu beobachten ist. Ihr stundenlanges Schreien gilt einem Partner. Ob sie sich mit einer zweiten Amazone allerdings vertragen, ist ungewiß. Wenn es gelingt, ein Paar zusammenzustellen, wird das Schreien nicht unbedingt weniger: Jetzt schreien die zwei gemeinsam – wenn auch aus anderen Motiven.

2. Beißen

Ganz zahme junge Amazonen, die von Menschen aufgezogen wurden, beißen überhaupt nicht. Sie berühren den Finger mit ihrem spitzen Schnabel ganz vorsichtig, ohne auch nur im geringsten wehzutun.

Mit zunehmendem Alter wird das anders. Sie lernen, ihren Schnabel zur Durchsetzung ihrer Interessen zu gebrauchen. Die anfangs kraftlosen Schnäbel zwicken mit einem Mal stärker, ehe sie plötzlich richtig zupacken. Hier gibt es zwei Wege, die der Vogelhalter berschreiten kann:

Man kann sich einfach einige Male beißen lassen, ohne dabei der Amazone zu zeigen, daß dies die Hand schmerzt. Die Amazone lernt auf diese Weise, daß das Beißen wirkungslos ist. Würde man schreien oder zurückzucken, dann würde das Beißverhalten positiv verstärkt. Ein Pflaster kann schon vorsorglich auf Daumen und Zeigefinger geklebt werden. Es stört den Vogel nicht so sehr wie Handschuhe.

Diese Methode ist nicht jedermanns Sache und führt auch nicht immer zum Erfolg. Manche Amazonen halten dadurch den Finger für etwas, an dem man nach Herzenslust herumnagen darf.

Die andere Methode: Bei der geringsten Gewaltanwendung des Schnabels sofort nach Art der Amazone zu krächzen („Aähh!"). Dieses Verhalten kann man bei einer Amazonengruppe in einer Voliere beobachten.

Die Amazone lernt, daß der Finger sehr empfindlich ist und behandelt ihn entsprechend rücksichtsvoll. Diese Methode ist vor allem beim Pfleger wirkungsvoll, auf den die Amazone geprägt wird bzw. ist, weniger bei fremden Personen.

Was man nie tun sollte: Einer Amazone den Finger hinhalten und ihn dann, wenn der Schnabel reagiert, schnell wegziehen. Tiere, die ständig im Käfig eingesperrt sind und sich nicht richtig zur Wehr setzen können, leiden besonders unter diesem „Spiel". Nähert sich dann einmal ein Finger in guter Absicht, wird er natürlich gebissen. In Vogelparks sind blutige Finger daher keine Seltenheit.

Je länger man Kontakt mit der Amazone hat, um so weniger braucht man ihren Schnabel zu fürchten. Das Beißen ist nämlich meist eine Abwehrreaktion, etwa, wenn sich die Amazone bedrängt fühlt oder einem körperlichen Kontakt nicht ausweichen kann. Im Laufe der Zeit lernen sowohl der Pfleger als auch die Amazone, das Verhalten des Gegenübers richtig einzuschätzen.

Ein leichtes Öffnen des Schnabels z. B. kann bereits andeuten, daß die Amazone im Moment nicht berührt werden will. Dies muß man dann auch respektieren. Umgekehrt lernt die Amazone, daß ihr von der hingehaltenen Hand nichts Unangenehmens droht, sondern, daß sie lediglich zum Darauf-sitzen aufgefordert wird. Der Pfleger wiederum weiß, daß die Amazone nicht beißt, wenn sie sich mit dem Schnabel an den Fingern festhält, z. B. beim Aufsteigen.

Amazonen, die im Laufe ihres Lebens in Gefangenschaft viel Unangenehmes erlebt haben, sind ständig in Abwehrbereitschaft und beißen dementsprechend häufig. Hier muß man jahrelang Zurückhaltung üben, bis die Amazone Vertrauen gefaßt hat.

3. Rupfen

Man unterscheidet Federfressen und Federrupfen, je nach dem, ob die Federn abgebissen oder ausgerissen werden. Bei beidem handelt es sich nach neuerer Auffassug vorwiegend um eine psychische Störung. Man hat die Ursachen noch nicht exakt erforscht, vermutet aber folgende: Langeweile, Erlebnisarmut, Mangel an Beschäftigung, Verlust oder Abwesenheit des Partners (Mensch oder andere Amazone), Verlust der gewohnten Umgebung, Stutzen der Schwingen.

Das Rupfen bzw. Federfressen ist ein Auflehnen des Vogels gegen die unerträgliche Lage, in der er sich befindet.

Oftmals reagiert ein Organismus in solchen Situationen mit Krankheiten, indem die Abwehrkräfte gegenüber Infektionen nachlassen. Im Falle des federzerstörenden Papageis liegt keine Krankheit vor. Ein innerer Zwang bewegt das Tier, sich selbst Schmerzen zuzufügen und sich zu verstümmeln.

Nur eine Änderung der Lebensbedingungen kann in solchen Fällen Abhilfe bringen. Man muß mehr Zeit für den Vogel aufwenden, ihn etwa mit an den Arbeitsplatz nehmen, oder, bei artgeprägten Amazonen, einen Umzug vom Käfig in die Voliere zu Artgenossen durchführen.

Andere Maßnahmen sind natürlich zu treffen, wenn das Federrupfen durch einen Juckreiz der Haut ausgelöst wird. Mögliche Ursachen sind: zu geringe Luftfeuchtigkeit, in seltenen Fällen Ektoparasiten wie Milben, ansonsten kommt ein Mangel an bestimmten Nährstoffen in Frage. (In „Gefiederte Welt", 1977, S. 48 und 1978, S. 114 vertreten die Autoren Schernekau und Schmitt die Auffassung, daß Kochsalzmangel eine mögliche Ursache des Rupfens ist. Dr. M. Heidenreich äußerte in einem Fachaufsatz in „Die Voliere", 1979/2, eine gegenteilige Ansicht. Er gibt zu bedenken, daß ein Kochsalzgehalt von mehr als 0,8% im Futter bereits die ersten Anzeichen einer Vergiftung auslösen könne. Indes, eine Erweiterung des Speiseplans hält auch Dr. Heidenreich für eine sinnvolle Therapie.)

Man sollte jedoch in allen Fällen nicht durch mechanische oder chemische Einwirkungen die Symptome bekämpfen, sondern stattdessen die Ursachen beseitigen.

Erlebnisse

Der letzte Abschnitt in diesem Kapitel ist drei Erlebnissen mit zahmen Amazonen gewidmet, die allerdings nichts mit deren Sprechbegabung zu tun haben. Hier soll die Amazone nicht als der lustige Clown, der passende Antworten gibt, dargestellt werden, sondern als das Urwaldkind, das es nicht leicht hat, sich in unseren Verhältnissen zurechtzufinden. Durch sein instinktives Verhalten kommt es manchmal zu Begebenheiten, die für Mensch und Tier sehr aufregend sind.

1. „Amazone entflogen...“

...so liest man in den Sommermonaten manche Suchanzeige. Wie es dazu kommen kann, schildert eine Vogelhalterin folgendermaßen:

„Meine Amazone fliegt mir durch die ganze Wohnung nach und landet immer auf meiner Schulter. Wenn ich nach ihr rufe, kommt sie sofort. Sie würgt Körner hoch und will mich füttern. Ich nehme an, sie betrachtet mich als ihren Partner.

Oft nahm ich sie in ihrem Käfig mit in den Garten. Doch schließlich war mir der Transport ihres großen Käfigs zu umständlich und ich kaufte ein kleines Bauer für den Aufenthalt im Garten. Da ich nur wenige Meter vom Haus zum Garten habe, nahm ich die Amazone einfach auf der Hand mit hinaus, wobei ich die Zehen mit dem Daumen festhielt.

Das ließ sie sich ohne Widerspruch gefallen. Im Garten setzte ich sie dann in den kleineren Käfig. Eines Tages dachte ich, die Amazone könne auch oben auf dem Käfig sitzen, zumal dort eine Sitzstange angebracht war. Tatsächlich flog sie nicht weg.

Das Ganze war mir aber nicht recht geheuer und ich beschloß, sie künftig wieder innerhalb des Gartenkäfigs zu halten. Am nächsten Tag passierte es dann: Die Amazone sträubte sich dagegen, in den Käfig zu müssen und löste sich aus meiner Hand.

Ein paar Flügelschläge und sie saß auf dem Gartenzaun. Ich rief sie, aber sie kam nicht. Ganz langsam ging ich auf sie zu, den Arm zum Aufsitzen ausgestreckt. So war sie unzählige Male in der Wohnung zu mir gekommen.

Doch diesmal reagierte der Vogel anders: Er flog auf und landete in einem hohen Baum, auf dem untersten Ast. Ich ging zurück, holte den Käfig und stellte ihn unter den Baum. Die Amazone flog nun noch drei Äste höher.

Als ich mit einem Besenstiel einen Versuch wagte, sie zum Aufsteigen zu bewegen, war es endgültig aus. Sie verschwand hinter dem nächsten Haus.

In einer Garageneinfahrt saß sie auf dem Boden. Sie rührte sich nicht vom Fleck, als ich vor sie trat und langsam in die Hocke ging. Sie schien mich nicht zu erkennen. Ihr Atem ging stark. Als ich mit der Hand näherkam, startete sie nochmals und flog geradeaus in eine Hecke.

Ich trat schnell hinzu und ergriff sie instinktiv. Sie biß mich gehörig in die Hand, aber ich hielt sie fest. Und tatsächlich brachte ich sie so wieder zurück in die Wohnung.“

Dieses Beispiel ist in vielerlei Hinsicht aufschlußreich. Amazonen entfliegen nicht nur durch offenstehende Fenster und Türen, sondern, weil sie die Besitzer bewußt ins Freie nehmen und der Meinung sind, ihr spezieller Vogel würde niemals wegfliegen.

Die nächsten Erlebnisse sind eher geeignet, ein Schmunzeln hervorzurufen, doch bleibt auch hier zu betonen, daß es für die Amazone eine „tierisch ernste“ Angelegeheit war, die uns eigentlich zu denken geben sollte.

Dies ist weder eine Blaustirn- noch eine Gelbwangenamazone, sondern eine Venezuela-Amazone (*Amazona amazonica*).

2. Der Schreckgegenstand

Es geht um das seltsame Verhalten einer Venezuela-Amazone (*Amazona amazonica*). Das Tier, ein etwa 4-jähriges Männchen, wird von einer alleinstehenden Dame gehalten. Es ist zahm, läßt sich kraulen und spricht einige Worte. Wenn die Amazonenhalterin Besuch hat, ist der sonst friedliche Krummschnabel wie verändert: Voller Aggressionen stürzt er sich auf seine Pflegerin, beißt sie, fliegt wieder weg und gibt den erstaunten Besuchern Grund zu der Annahme, die Dame habe etwas übertrieben beim Beschreiben des braven Vogels.

Die Vogelhalterin wußte einige Zeit auch keine Erklärung, warum die Amazone ausgerechnet verrückt spielte, wenn Besuch da war. „Er ist eifersüchtig", sagte sie, ohne recht daran zu glauben.

Eines Tages, als sie vom Einkaufen kam und nicht, wie gewohnt, sofort ihre Zweitfrisur ablegte, startete die Amazone zum Angriff. Eben aus dem Käfig gelassen, flog sie der Pflegerin auf die Schulter, zerrte ihr mit einem gezielten Schnabelhieb die Perücke vom Kopf und schleuderte sie im hohen Bogen über Käfig und Kletterbaum.

Die Amazone hatte sich an die Pflegerin *ohne* Zweitfrisur gewöhnt. Diese kam ihr offenbar wie ein Fremdkörper auf Frauchens Kopf vor, den es zu bekämpfen galt.

Da nun alle Bekannten die Dame nur *mit* Zweithaar kennen, trägt sie es gezwungenermaßen zu Hause, wenn Besuch da ist. Dies führt zu dem geschilderten Verhalten der Amazone. Es ist und bleibt für die Vogelhalterin unmöglich, ihren zahmen Pflegling Fremden normal vorzuführen, ohne sie in das Geheimnis ihrer stets adretten Frisur einzuweihen.

3. Tatort Küche

Die Verfasser hatten mit ihrer Amazone bei einem Geburtstagsbesuch das folgende Erlebnis:

Die Mutter war noch mit der Zubereitung einer Schwarzwälder Kirschtorte beschäftigt. Indes ließ man im Wohnzimmer die Amazone aus dem Käfig. Sie flog los, geradewegs in die Küche.

Da sie dort keine Landemöglichkeiten kannte, drehte sie verzweifelt mehrere Runden und landete schließlich – zum großen Schrecken der Hausfrau – in einer Schüssel. Das Tier sank mit ausgebreiteten Flügeln bis zum Bauch in eine gelantinehaltige Kirschenmasse, die als Zwischenschicht für die Torte bestimmt war.

Obwohl man die Amazone in Sekundenschnelle wieder aus ihrer mißlichen Lage befreite, blieb einiges von der klebrigen Tortenfüllung an ihr hängen. Selbst die zahmste Amazone läßt sich nur ungern so gründlich baden, wie es nach dieser Landung notwendig war.

Wieder getrocknet, fühlten sich die Bauchfedern trotzdem so steif an wie frisch gestärkte Wäsche, und es dauerte noch zwei Tage, bis sie so weich waren, wie man das von Federn gewohnt ist.

Soweit die drei Berichte. Die Verfasser sind daran interessiert, von Lesern weitere Erlebnisse mit Amazonen zu erfahren.

Gelbscheitelamazone (*Amazona ochrocephala ochrocephala*) bei der Tränkung unterwegs.

Zucht

Geschlechtsbestimmung

Für den Züchter ist natürlich das Geschlecht der Tiere von Interesse. Dieses festzustellen ist bei den meisten Amazonenarten nicht auf den ersten Blick möglich: Männchen wie Weibchen sind gleichgefärbt. Eine Ausnahme macht z.B. die Weißstirnamazone (*Amazona albifrons*). (Siehe: „Arten“).

Andere Amazonenarten sind schwerer zu unterscheiden. Hundertprozentig sicher ist eigentlich nur eine endoskopische Geschlechtsbestimmung. Hierbei wird vom Tierarzt das zuvor narkotisierte Tier mit einer 3 mm starken Sonde im Körperinneren ausgeleuchtet und auf die Anwesenheit von Hoden oder Eierstöcken untersucht.

Gerade bei seltenen Arten lohnt sich dieser Eingriff durchaus. Ein Tip: Nach dem Aufwachen aus der Narkose flattern die Tiere zum Teil unkontrolliert im Transportkäfig herum. Er sollte daher innen weich ausgepolstert sein.

R. Low erwähnt eine weitere wissenschaftliche Methode der Geschlechtsbestimmung, die am Zoo von San Diego praktiziert wird: Die Untersuchung des Kots oder anderer Gewebeproben nach Östrogenen bzw. Testosteron (weibliche/männliche Geschlechtshormone). Dieses Verfahren wird bei uns allerdings noch nicht angewandt.

Bislang wurden und werden die Amazonen vor allem durch Kopfform, Beckenknochenabstand und Verhalten geschlechtsspezifisch erkannt:

Das Männchen hat einen größeren, aber flacheren Kopf, der weiter nach hinten geht, ehe er zum Hals abfällt. Trotz des flacheren Kopfes ist der Abstand vom Auge zur Schädeldecke größer. Der Schnabel ist wuchtiger, breiter.

Das Weibchen hat eine rundere Kopfform. Hinten ist der Kopf flacher abfallend. Der Abstand vom Schädeldach zum Auge ist kleiner. Der Schnabel ist schmaler.

Bei einem Einzeltier lassen sich diese Kennzeichen nicht immer genau feststellen. Gerade die Größe des Körpers hängt auch von der Art und dem Lebensalter ab. Erst, wenn man mehrere Amazonen miteinander vergleichen kann, sind einigermaßen sichere Schlüsse auf das Geschlecht möglich.

Der Abstand der Beckenknochen ist eine weitere Erkennungsmöglichkeit, nicht nur bei Amazonen. Beim weiblichen Tier sind die Beckenknochen weiter auseinander, da die Eier diese Stelle passieren müssen. Doch junge Weibchen können noch engstehende Beckenknochen haben. Man ertastet diese Knochen in der Kloakengegend mit dem Finger. Ein breiter Abstand liegt vor, wenn man den Zeigefinger zwischen die Knochenenden legen kann.

Auch eine Verhaltensbeobachtung läßt Rückschlüsse auf das Geschlecht der Tiere zu. Zwar ist das Balzverhalten selbst, die Stimme oder das Nisthöhleninteresse nicht geschlechtstypisch, doch wurden andere Kriterien entdeckt:

— Männchen sitzen aufrechter als Weibchen auf der Stange. Weibchen legen sich manchmal entenartig flach.
— Weibchen sitzen, bedingt durch die Stellung der Hüftknochen, breitbeiniger als Männchen. Jene haben die Füße eng nebeneinander.
— Weibchen beißen eher, Männchen sind dafür lauter.
— Weibchen gehen eher auf den Boden des Käfigs.
— Männchen spreizen häufiger die Schwanzfedern; Weibchen tragen die Schwanzfedern meist geschlossen.

Wenn man die Tiere selbst ihre Partner wählen läßt, also eine ganze Amazonenschar hält, kommt man im Prinzip auch ohne Geschlechtsbestimmung zu Brutpaaren. Aber auch hier ist ein Zuchterfolg noch nicht garantiert: Manchmal vertragen sich zwei Hähne oder zwei Hennen sehr gut miteinander, und der Halter kann sogar Tretakte beobachten — aus einer Zucht wird jedoch nichts!

Zusammenstellung von Zuchtpaaren

Wer nach einer der im vorigen Abschnitt genannten Methoden einen Amazonenhahn und eine -henne ausgesucht hat, ist nun zwar Besitzer eines *Paares*, nicht unbedingt jedoch eines *Zuchtpaares*. Wenn sich die beiden nicht vertragen, gibt es Streitereien um Futter und Sitzplätze, die nicht nur gefährlich aussehen, sondern es auch sind.

In Gefangenschaft ist der Raum immer begrenzt, den die Amazonen zur Verfügung haben. Und anders als im Freileben ist ein Wegfliegen für den unterlegenen Vogel nicht möglich. So kommt es bei den Auseinandersetzungen zu ernsthaften Verletzungen von Kopf, Flügel und Füßen. Die bekannten „Zehen- und Krallenfehler" entstehen auf diese Weise.

Wenn ein Tier das andere bis zur Erschöpfung durch die Voliere treibt, sollte man eingreifen und die Tiere trennen. Es sind aber auch Fälle bekannt, wo sich ein Amazonenpaar erst „zusammenraufen" mußte, ehe es harmonierte; insofern ist die Entscheidung, ob man unverträgliche Paare trennen soll, nicht ganz einfach.

Manchmal werden in Annoncen Zuchtpaare („ZP") angeboten. Hier ist zu prüfen, ob die Sache nicht einen Haken hat, denn wer verkauft schon ein Amazonenpaar, das wirklich züchtet, also jährlich zwei bis vier Junge ausbrütet? Um zu Geld zu kommen, könnte der Betreffende doch die Jungen verkaufen. Bei einem echten Zuchtpaar wird der Preis jedenfalls erheblich über dem Normalen liegen.

Es bleibt also beim Experimentieren, wobei 10 bis 15 Vögel durch die Hände gehen können, bis man das ideale Paar gefunden hat. Günstig ist es, wenn das Weibchen nicht ganz wild ist. Es läßt sich dann beim Brüten nicht so leicht aus der Ruhe bringen. Scheue Weibchen beschädigen unter Umständen die Eier.

Der Hahn sollte keinesfalls ganz zahm sein. Er muß bei der Balz eine aktive Rolle spielen. Zahme Hähne sind nicht sehr balzfreudig. Oder aber sie haben kein Geschick beim Tretakt. So kann es vorkommen, daß sich die Henne setzt und der Hahn tritt nebenan auf dem Ast.

Das Anpaaren erfolgt aus tierpsychologischen Gründen in einem für alle Vögel gleichermaßen fremden Revier. Sonst hat *ein* Tier den Vorteil des eigenen Territoriums und andere sind von vornherein unterlegen. Wenn also bereits eine Amazone in der Voliere zuhause ist, muß man sie vorübergehend (etwa 4 Wochen) herausnehmen und abgesondert unterbringen.

Die zugekauften Vögel (das Weibchen sucht sich aus mehreren Männchen einen Partner aus) sollten ebenfalls 4 Wochen nach dem Kauf in eine private „Quarantäne"

kommen, d.h. beobachtet werden, ob sie wirklich gesund sind. In dieser Zeit können sie sich an die neue Umgebungsluft gewöhnen und gegen etwaige Krankheitserreger (Viren und Bakterien) Antikörper bilden.

Inzwischen bereitet man die Voliere für die Zucht vor. Sämtliche Klettermöglichkeiten, die der alte Vogel kannte und als seinen Besitz betrachtete, werden entfernt und durch neue in anderer Anordnung ersetzt. Mehrere getrennte Schlafstangen auf gleicher Höhe, für jede Amazone eine, sind wichtig.

Nach Ablauf der Frist setzt man alle Amazonen gleichzeitig in das „neue" Revier. Sie suchen sich dort zunächst einen Lieblingsplatz aus. Da man ähnliche, gleichhohe Stangen anbietet, fühlt sich kein Tier benachteiligt.

Bei gestutzten Vögeln muß man durch ein System von mit-

Weißstirnamazonen (*Amazona albifrons*)
Foto links: männl. Tier – Daumenfittich und Handschwingendecken sind rot, mehr Rot in der Augenumgebung.
Foto rechts: weibl. Tier – Daumenfittich und Handschwingendecken sind grün, weniger Rot in der Augenumgebung.

einander verbundenen Ästen dafür sorgen, daß sie Ausweichmöglichkeiten haben.

Sehr schlecht ist es, wenn einige Vögel fliegen können und andere gestutzt sind. (Ausnahme: Das flugfähige Tier ist verträglich oder von sich aus nachgiebig.) In diesem Fall muß das Raumangebot sehr groß sein, damit die Tiere weit genug auseinander sitzen können.

Hat sich ein Paar gefunden, muß man die anderen Amazonen wieder abtrennen. Auch im Freileben sondert sich das Brutpaar vom Schwarm ab.

Amazonen werden mit etwa 5 Jahren geschlechtsreif. In diesem Alter ist ihr Gefieder voll ausgefärbt. Es wurden allerdings auch schon von 3-jährigen Hennen Eier gelegt und bei einem anderen Paar war der Hahn 20 Jahre alt.

Blauwangenamazonen (*Amazona dufresniana rhodocorytha*)
Foto links: männl. Tier, erwachsen
Foto rechts: weibl. Tier, Jungvogel
Unterschiede in der Färbung sind hier auf das verschiedene Lebensalter zurückzuführen.

Zuchtvoraussetzungen

Grundvoraussetzung für eine Zucht ist, daß die Tiere in einwandfreier Kondition sind. Abgesehen vom äußeren Erscheinungsbild erkennt man die Zuchtreife auch daran, daß die Amazonen vermehrt füttern, balzen und evtl. schreien. Wenn zuchtreife Amazonen – aus welchen Gründen auch immer – von ihrem Partner getrennt und als Einzelvogel gehalten werden, dann schreien sie gehäuft nach dem Partner. Hinzu kommt die Ersatzhandlung, ihr Spiegelbild zu betrachten, das sie in jeder glänzenden oder spiegelnden Fläche suchen.

Dem Amazonenpaar muß eine Zimmer- oder Freivoliere bzw. eine Vogelstube zur Verfügung stehen. Dort sollte es völlig unbehelligt sein. Wie schon erwähnt, dürfen andere Amazonen nicht in der selben Voliere gehalten werden. Hat man mehrere Zuchtpaare, ist es von Vorteil, wenn man sie an verschiedenen Stellen im Haus oder Garten unterbringt, damit sie sich weder sehen noch hören können. Letzteres ist speziell bei Amazonen wichtig, auf Kakadus oder Araras trifft es vielleicht nicht so zu. Wenn dann ein Paar mit der Balz beginnt, kann es sich voll ausleben, ohne

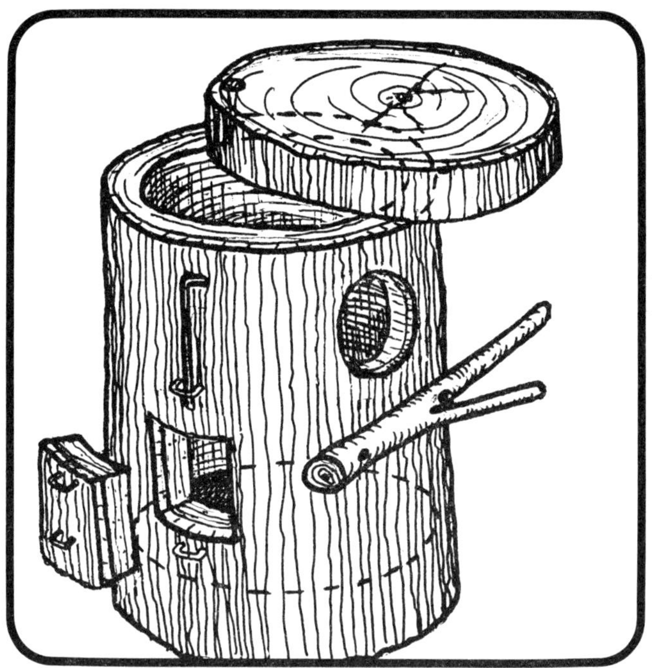

daß ein anderes Paar gestört wird, das erst vierzehn Tage oder vier Wochen später soweit ist.

Als Nistkasten wurden bei Amazonen schon verschiedene Behältnisse mit Erfolg eingesetzt: ein rechteckiger Kasten mit den Maßen 25 cm x 25 cm x 40 cm, ein Holzfaß mit 50 Liter Inhalt, (bei größeren Arten bis zu 100 Liter!), vor allem aber Naturstammnisthöhlen. Ein vermulmender, hohler Baumstamm wäre ideal, aber man kann sich auch maschinell ausgehöhlte Niststämme zusenden lassen. Man sollte möglichst einen in der näheren Umgebung ansässigen Versender wählen, da sonst sehr hohe Frachtkosten für den 50 kg schweren Baumstamm entstehen.

Obwohl ein Zuchtpaar nicht den Zollstock anlegt, sondern in nahezu allen Formaten brütet, seien die gebräuchlichsten Maße für Naturnisthöhlen genannt (für Amazonen mittlerer Größe): Innendurchmesser 30–35 cm, Tiefe (innen) 50–60 cm, Flugloch 9–12 cm $\varnothing$. Eine Kontrollöffnung in Bodenhöhe (10 cm x 10 cm) ist empfehlenswert.

Unter dem Flugloch befestigt man außen eine Anflugstange und im Inneren eine Drahtleiter, damit die Tiere ohne

Schwierigkeiten ein- und aussteigen können. Als Einstreu kann man Torf, Hobelspäne oder Sägemehl verwenden; die Amazonen werfen jedoch unter Umständen alles wieder heraus.

Um dem Stamm eine gewisse Grundfeuchtigkeit zu geben, legt man ihn 24 Stunden in eine mit Wasser gefüllte Wanne. Ein Auffüllen mit Wasser bis zum Schlupfloch ist bei Stämmen *ohne* Kontrollöffnung ebenfalls möglich.

Die Luftfeuchtigkeit im Inneren der Nisthöhle sollte zwischen 60% und 80% liegen. Bei einem Nistkasten im Freien ist dies leichter zu erreichen als in Innenräumen: Während man im Freien nur an heißen Tagen den Stamm besprüht, der nicht in der Sonne hängen darf, muß man innen konstant für eine vermehrte Luftfeuchtigkeit sorgen. Es gibt elektrische Luftbefeuchter für diesen Zweck.

Die Amazonen nehmen teilweise Feuchtigkeit mit den Federn auf, wenn man sie besprüht, und sorgen so selbst für ein feuchtes Klima im Inneren der Bruthöhle. Man sollte es mit der Feuchtigkeit jedoch nicht übertreiben. Im Nassen sitzen ist für die Amazonenhenne ungesund; auch entwickeln sich leicht Pilze.

Hat die Voliere einen Freiflug und einen Schutzraum, so bietet man *zwei* Nistgelegenheiten an, eine innen und eine außen.

Das Futterangebot muß in der Brutzeit sehr vielseitig sein und insbesondere viel Eiweiß enthalten. Man reiche Keimfutter, Obst, Hagebutten, Vogelmiere, gekochten Fisch, Joghurt oder Grießbrei mit Ei, oder man mische eine feuchtkrümelige Masse aus Zwieback, hartgekochtem Ei, Vitamintropfen und Babynahrung. (Weitere Hinweise siehe: „Ernährung" und „Arten").

Zuchtverlauf

Meist mit Beginn des Frühjahres (siehe: „Arten"/Brutzeit) wird das Zuchtpaar aktiv. Einerseits untersuchen die Tiere die Nisthöhle, andererseits füttert der Hahn seine Henne häufiger. Das Fütterungsritual bereitet ihn auf seine spätere Aufgabe vor, das brütende Weibchen und die Jungen mit Nahrung zu versorgen. In der Balzzeit läuft sozusagen die „Hauptprobe" ab.

Gleichzeitig tritt gehäuft der Balztanz auf, bei dem die Tiere mit abgestellten Flügeln und gefächertem Schwanz auf und ab stolzieren. Die Pupillen werden verengt und die Nackenfedern gesträubt. Dabei werden eigenartige Töne ausgestoßen. Es wurde schon beobachtet, daß das Männchen dem Weibchen einen Zweig als „Hochzeitsgabe" überreichte.

Der daran anschließende eigentliche Tretakt dauert mehrere Minuten, wobei der Hahn die Henne von der Seite her besteigt, sich auf ihrem Rücken mit Schnabel und Krallen festhält und seine Kloake auf die des Weibchens preßt.

Nach R. Low ist es manchmal günstig, wenn für den Tretakt außer den normalen Sitzstangen eine flache Unterlage zur Verfügung steht, etwa ein Brett.

Beobachten lassen sich die Amazonen nicht sehr gern. Man bringt deshalb ein kleines Guckloch an einer Volierenwand an, durch das man, von den Vögeln unbemerkt, blicken kann. Sie zeigen dann ein völlig anderes Verhalten, als wenn man sich in der Voliere aufhält.

Wann es zur Eiablage gekommen ist, merkt man daran, daß die Henne sehr lange im Nistkasten verschwindet. Man sollte die Tiere jetzt nicht mehr unnötig stören; der Hahn läßt es auch gar nicht zu. Er ist jetzt so aggressiv, daß ein Betreten seines Reviers fast unmöglich wird. Auch vormals zahme Amazonen sind jetzt unberechenbar.

Da öfters unbefruchtete Eier gelegt werden, soll hier auf mögliche Ursachen eingegangen werden: Es kann daran liegen, daß der Hahn noch zu jung ist. Bei älteren Hähnen kommt es vor, daß sie nicht in Brutstimmung sind, während die Henne ein Ei nach dem anderen legt. Oder der Hahn ist einfach zu dick.

Für befruchtete Eier, aus denen nichts schlüpft, gibt es folgende Erklärungsmöglichkeiten: Die Eier sind während einer längeren Brutunterbrechung ausgekühlt; die Ernährung war mangelhaft; die Temperatur und Luftfeuchtigkeit waren zu niedrig; die Eier wurden angeknackt, eventuell durch den Fußring der Henne.

Die Eier werden meist im Abstand von zwei Tagen gelegt. Nur das weibliche Tier brütet. Der Hahn geht allenfalls zum Füttern in den Nistkasten, frühestens am dritten Tag,

1

2

3

4

5

6

7

8

9

nachdem die Henne fest sitzt. Meistens verläßt die Henne einmal am Tag kurzfristig den Nistkasten: Am Anfang, um zu fressen, später, um gefüttert zu werden, dann natürlich zu Kotentleerungen, (es sind unwahrscheinlich große Ballen, die zur Brutzeit ausgeschieden werden – teilweise ist es der Kot von mehr als einem Tag), schließlich zum Einnehmen einer Dusche, denn das nasse Gefieder erhöht die Feuchtigkeit im Innern des Kastens.

Die Brutzeit dauert etwa 4 Wochen. (Näheres siehe: „Arten"). In dieser Zeit sind die Tiere, wie schon erwähnt, höchst angriffslustig. Sie bedeuten eine Gefahr für den Vogelhalter beim Betreten der Voliere. Ein Reinigen ist oftmals unmöglich und es ist gut, wenn man das Futter von außen reichen kann. Die ehemals zahmen Vögel sind am gefährlichsten, da sie keine Angst vor Menschen haben und ihren Schnabel rücksichtslos einsetzen.

Die Jungen schlüpfen blind und mit nur wenig Flaumfedern. Eine Nestkontrolle zu diesem Zeitpunkt ist höchst riskant, da die Alttiere wegen der Störung die Versorgung der Jungen einstellen könnten.

Wenn nach dem vorausberechneten Schlüpftermin immer noch Eier in der Höhle liegen, sollte man nicht sofort

nachsehen und sie öffnen, sondern diese noch eine Woche bebrüten lassen und erst dann das Gelege entfernen.

Die Mutter bleibt nicht immer so lange im Nistkasten, bis die Jungen herauskommen. Das Paar schläft wieder außerhalb. Insofern kann man *nachts* Nistkontrollen vornehmen.

Wie alle südamerikanischen Papageien (im Gegensatz zu den Australiern) sind die Amazonenküken relativ lange im Nest. Ihre Nestlingszeit dauert ca. 70 Tage. Mit etwa 4 Wochen sind ihre Augen vollständig geöffnet. Ihr Körper ist jetzt dicht mit grauen Dunen bedeckt. Im Alter von 6 Wochen überzieht ein grüner Hauch den Flaum, gelbe, rote, blaue und weiße Abzeichen sind nun leicht angedeutet. Überall sprießen Federn. Mit 10 Wochen ist das Jungtier voll befiedert.

Wenn die Naturstammnisthöhle innen eine Drahtleiter hat, an der sich die Jungen leicht hochziehen können, kommen sie früher heraus als in freier Natur. Man sollte sie nach dem ersten Ausfliegen abends nochmals in die Nisthöhle stecken, um ihnen die Geborgenheit des Kastens nicht zu früh zu entziehen. Wenn sie dann das *zweite* Mal herauskommen, sind sie erwachsen genug, um sich außerhalb zurechtzufinden.

Der Hahn versorgt die Jungen jetzt immer noch regelmäßig mit Futter, wenn diese auch schon selbst Weichfutter aufnehmen. Die Henne ist nun nicht mehr die treusorgende Mutter, die sie während der Nestlingszeit war. Es sind aber auch schon Beobachtungen gemacht worden, wo die Henne weiterhin die Jungen fütterte und der Hahn sie abwehrte.

In jedem Fall werden die Jungen mit 3 bis 4 Monaten so selbständig, daß sie sich allein ernähren können. Von den Alttieren erlernen sie, wie Körner aufgenommen werden. Jetzt kann man sie von den Eltern trennen. Falls Beißereien auftreten, wird man dies natürlich schon früher tun müssen.

Soweit Einzelheiten der Amazonenzucht, die sich verallgemeinern lassen. Weitere Details sind im Kapitel „Arten" nachzulesen. Falls Leser selbst Amazonen gezüchtet haben und hierüber berichten wollen: Die Verfasser sind an weiteren Hinweisen interessiert.

◄

Entwicklung einer Weißstirnamazone (*Amazona albifrons***)**
Abb. 1: Gelege
Abb. 2: Nestling im Alter von 14 Tagen
Abb. 3: Fußverbiegung, vermutlich wegen mangelnder Ernährung durch die Elterntiere
Abb. 4: Unterentwickelter rechter Flügel; beide Mißbildungen konnten durch Vitamingaben gebessert werden
Abb. 5: 21 Tage alt
Abb. 6: 28 Tage alt
Abb. 7: 42 Tage alt
Abb. 8: 56 Tage alt
Abb. 9: links Weibchen, Mitte Männchen, wehrt Jungvogel ab.

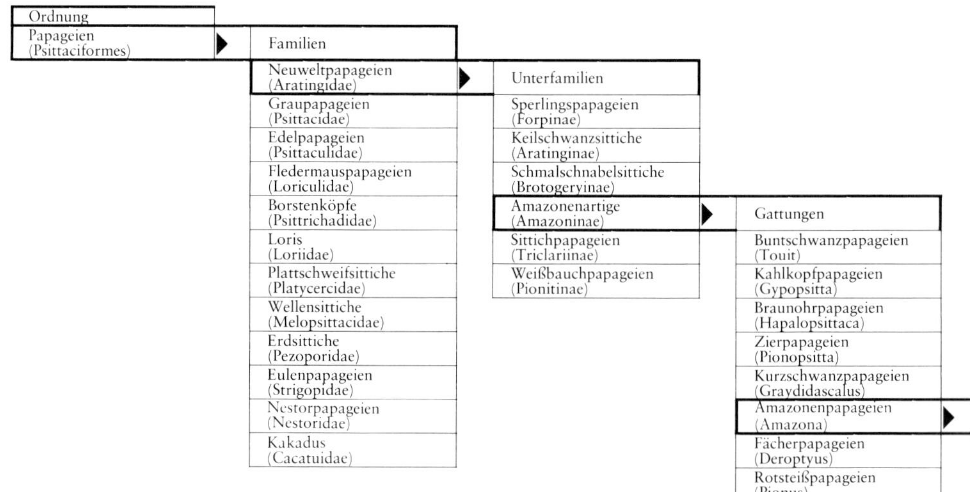

Ordnung
Papageien
(Psittaciformes)
Familien
Neuweltpapageien
(Aratingidae)
Graupapageien
(Psittacidae)
Edelpapageien
(Psittaculidae)
Fledermauspapageien
(Loriculidae)
Borstenköpfe
(Psittrichadidae)
Loris
(Loriidae)
Plattschweifsittiche
(Platycercidae)
Wellensittiche
(Melopsittacidae)
Erdsittiche
(Pezoporidae)
Eulenpapageien
(Strigopidae)
Nestorpapageien
(Nestoridae)
Kakadus
(Cacatuidae)
Unterfamilien
Sperlingspapageien
(Forpinae)
Keilschwanzsittiche
(Aratinginae)
Schmalschnabelsittiche
(Brotogeryinae)
Amazonenartige
(Amazoninae)
Sittichpapageien
(Triclariinae)
Weißbauchpapageien
(Pionitinae)
Gattungen
Buntschwanzpapageien
(Touit)
Kahlkopfpapageien
(Gypopsitta)
Braunohrpapageien
(Hapalopsittaca)
Zierpapageien
(Pionopsitta)
Kurzschwanzpapageien
(Graydidascalus)
Amazonenpapageien
(Amazona)
Fächerpapageien
(Deroptyus)
Rotsteißpapageien
(Pionus)

innerhalb der Ordnung »Papageien« (nach Wolters).

Arten (29 incl. 2 ausgestorbene)	Unterarten (incl. 1 ausgestorbene)
Blaubartamazone (A. festiva)	f. festiva f. bodini
Tucumanamazone (A. tucumana)	●
Prachtamazone (A. pretrei)	●
Rotspiegelamazone (A. agilis)	●
Puerto-Rico-Amazone (A. vittata)	v. vittata v. gracilipes †
Weißstirnamazone (A. albifrons)	a. albifrons a. saltuensis a. nana
Goldzügelamazone (A. xantholora)	●
Blaukronenamazone (A. ventralis)	●
Kuba-Amazone (A. leucocephala)	l. leucocephala l. palmarum l. caymanensis l. hesterna l. bahamensis
Jamaika-Amazone (A. collaria)	●
Gelbbauchamazone (A. xanthops)	●
Blaukappenamazone (A. finschi)	f. finschi f. woodi
Grünwangenamazone (A. viridigenalis)	●
Gelbwangenamazone (A. autumnalis)	a. autumnalis a. salvini a. lilacina a. diadema
Rotschwanzamazone (A. brasiliensis)	●
Goldmaskenamazone (A. dufresniana)	d. dufresniana d. rhodocorytha
Soldatenamazone (A. mercenaria)	m. mercenaria m. canipalliata
Venezuela-Amazone (A. amazonica)	a. amazonica a. tobagensis a. micra ✳
Gelbschulteramazone (A. barbadensis)	b. barbadensis b. rothschildi
Blaustirnamazone (A. aestiva)	a. aestiva a. xanthopteryx
Gelbscheitelamazone (A. ochrocephala)	o. ochrocephala o. xantholaema o. nattereri o. panamensis o. auropalliata o. parvipes o. belizensis o. oratrix o. tresmariae o. magna ✳
Mülleramazone (A. farinosa)	f. farinosa f. inornata f. chapmani f. virenticeps f. guatemalae
Blaukopfamazone (A. arausiaca)	●
Blaumaskenamazone (A. versicolor)	●
Königsamazone (A. guildingii)	●
Martinique-Amazone † (A. martinica)	●
Kaiseramazone (A. imperialis)	●
Veilchenamazone † (A. violacea)	●
Taubenhalsamazone (A. vinacea)	●

† ausgestorben
✳ umstrittene Unterart
● keine Unterarten

{ angenommene Untergattungen

Arten und Unterarten

Allgemeines

Die Entstehung der einzelnen Arten und Unterarten erklärt man sich mit der Evolutionstheorie. Im Laufe von Jahrtausenden haben sich die Tiere durch geographische Gegebenheiten wie Gebirge, Inseln u.ä. räumlich getrennt und in separaten Populationen weiterentwickelt. Je später die Trennung erfolgte, desto näher sind die Tiere miteinander verwandt und desto ähnlicher sind sie sich in ihrem äußeren Erscheinungsbild.

Unter *Arten* versteht man natürliche Fortpflanzungsgemeinschaften, in denen durch Paarung Gene ausgetauscht werden. Die Individuen einer Art sind untereinander hundertprozentig fortpflanzungsfähig. Auch wenn sich das Verbreitungsgebiet einer Art über sehr große Distanzen erstreckt und dabei *Unterarten* (= Subspezies) entstanden sind, können sich diese in den Grenzgebieten vermischen. Unterarten sind also nicht fortpflanzungsmäßig isoliert, wohl aber räumlich oder auch zeitlich, z.B. durch unterschiedliche Aktivitätsphasen. Sie unterscheiden sich durch Abweichungen in der Färbung oder in den Lautäußerungen.

Man hat beispielsweise die Tucumanamazone (*Amazona tucumana*) und die Prachtamazone (*Amazona pretrei*) zeitweilig als zwei Unterarten der gleichen Art angesehen. Dann entdeckte man, daß beide Formen in Misiones (Nord-Ost-Argentinien) nebeneinander vorkamen, *ohne* sich zu vermischen. Offenbar lief die Balz anders oder auch nur teilweise anders ab, mit der Folge, daß sich die Tiere nicht gegenseitig als Geschlechtspartner erkannten. Daraus folgt, daß es sich doch um zwei getrennte Arten handelt. (Wie uns Herr Dr. Wolters mitteilte, liegen nun in neuester Zeit keine Nachweise der Tucumanamazone (*Amazona tucumana*) aus Misiones mehr vor. Falls Mischlinge beider Formen in Freiheit an anderen Stellen regelmäßig vorkämen, müßte man allerdings eine artliche Zusammengehörigkeit annehmen.)

Hiervon zu unterscheiden sind Kreuzungen in Gefangenschaft. Fehlt ein entsprechender arteigener Geschlechtspartner, dann verpaaren sich Papageien notgedrungen auch mit einem artfremden.

Solche Bastarde entstehen in der Natur nicht, denn diese Vermischung würde der Evolution zuwiderlaufen. Wenn in Gefangenschaft aus einer Kreuzung zweier verschiedener Arten Nachkommen geboren werden, sind diese nicht immer fortpflanzungsfähig. Es scheint, die Nachkommen sind um so weniger fruchtbar, je weiter die Elterntiere verwandtschaftlich voneinander entfernt sind.

Systematik

Dieses Buch hält sich an die Systematik von Wolters (1975). Der Autor steht auch heute noch (1981) zu der dort gegebenen Darstellung. Danach gliedert sich die Ordnung Papageien (*Psittaciformes*) in 12 Familien. Zur ersten Familie Neuweltpapageien (*Aratingidae*) gehören alle amerikanischen Papageien. Eine der 6 Unterfamilien der Neuweltpapageien sind die „Amazonenartigen" (*Amazoninae*).

Die Amazonenartigen gliedern sich wiederum in 8 Gattungen, von denen eine die Gattung Amazonenpapageien (*Amazona*) ist. Diese Bezeichnung ist 1830 von Lesson eingeführt worden. Als Amazonenpapageien werden 29 Arten zusammengefaßt, genauer gesagt 27 lebende und 2 ausgestorbene Amazonenarten. Warum andere Autoren nur auf 26 Arten kommen: Sie fassen die Tucumanamazone (*Amazona tucumana*) und die Prachtamazone (*Amazona pretrei*) zu *einer* Art zusammen (*Amazona pretrei pretrei* / *Amazona pretrei tucumana*).

Wolters schließt hier Konspezifität aus, deutet aber andererseits eine mögliche Artgleichheit von Rotschwanzamazone (*Amazona brasiliensis*) und Goldmaskenamazone (*Amazona dufresniana*) an. Auch die Kaiseramazone (*Amazona imperialis*) und die ausgestorbene Veilchenamazone (*Amazona violacea*) könnten laut Wolters ein und derselben Art angehören. Allerdings versieht er die Konspezifität in beiden Fällen mit einem Fragezeichen und läßt getrennte Arten bestehen.

Reihenfolge

Die Reihenfolge der Amazonenarten in diesem Kapitel folgt der Artenliste von Wolters. Dort wurden die Arten so angeordnet, daß die angenommenen Untergattungen, soweit das heute erkennbar ist, holophyletisch sind und die einander ähnlichen Untergattungen jeweils nebeneinander stehen, soweit der lückenhafte Einblick in die stammesgeschichtlichen Zusammenhänge die betreffenden Untergattungen als nächstverwandt ausweist.

Die Anordnung der Rassen innerhalb einer Art erfolgt nach Forshaw, da Wolters hierüber keine Aussage macht. Zur Vervollständigung und Information der Leser wurden zwei umstrittene Amazonenunterarten (nach R. Low) übernommen: Eine kleine Form der Venezuelaamazone (*Amazona amazonica micra*) und eine große Form der Doppelgelbkopfamazone (*Amazona ochrocephala magna*). Für Forshaw ist die kleinere Venezuelaamazone identisch mit der Nominatform (*Amazona amazonica amazonica*) und die größere Doppelkopfamazone mit *Amazona ochrocephala oratrix*.

Im Folgenden wird die Reihenfolge der Amazonenarten in vier Varianten dargestellt, nämlich wie Forshaw, Wolters, de Grahl und Low sie aufführen. Zur besseren Übersicht wird nur der wissenschaftliche Artname genannt.

Forshaw (1973/78)	Wolters (1975)	de Grahl (1974)	Low (1980)
1 *collaria*	*festiva*	*collaria*	*agilis*
2 *leucocephala*	*tucumana*	*leucocephala*	*collaria*
3 *ventralis*	*pretrei*	*ventralis*	*leucocephala*
4 *albifrons*	*agilis*	*xantholora*	*ventralis*
5 *xantholora*	*vittata*	*albifrons*	*albifrons*[3]
6 *agilis*	*albifrons*	*agilis*	*vittata*
7 *vittata*	*xantholora*	*vittata*	*pretrei*[2]
8 *tucumana*	*ventralis*	*pretrei*[2]	*viridigenalis*
9 *pretrei*	*leucocephala*	*viridigenalis*	*finschi*
10 *viridigenalis*	*collaria*	*finschi*	*autumnalis*
11 *finschi*	*xanthops*	*autumnalis*	*dufresniana*
12 *autumnalis*	*finschi*	*dufresniana*	*brasiliensis*
13 *brasiliensis*	*viridigenalis*	*brasiliensis*	*festiva*
14 *dufresniana*	*autumnalis*	*arausiaca*	*xanthops*
15 *festiva*	*brasiliensis*	*festiva*	*barbadensis*
16 *xanthops*	*dufresniana*	*xanthops*	*aestiva*
17 *barbadensis*	*mercenaria*	*barbadensis*	*amazonica*
18 *aestiva*	*amazonica*	*aestiva*	*ochrocephala*
19 *ochrocephala*	*barbadensis*	*ochrocephala*	*mercenaria*
20 *amazonica*	*aestiva*	*amazonica*	*farinosa*
21 *mercenaria*	*ochrocephala*	*mercenaria*	*vinacea*
22 *farinosa*	*farinosa*	*farinosa*	*guildingii*
23 *vinacea*	*arausiaca*	*vinacea*	*versicolor*
24 *versicolor*	*versicolor*	*guildingii*	*imperialis*
25 *arausiaca*	*guildingii*	*versicolor*	*arausiaca*
26 *guildingii*	*martinica* †	*imperialis*	[1]
27 *imperialis*	*imperialis*	[1]	[1]
28 [1]	*violacea* †	[1]	
29 [1]	*vinacea*		

[1] = es fehlen die 2 ausgestorbenen Arten
[2] = einschließlich *tucumana*
[3] = einschließlich *xantholora*
† = ausgestorben

Namen

Um dem Leser den Umgang mit den wissenschaftlichen Namen zu erleichtern, folgen hier zwei alphabetische Verzeichnisse sämtlicher Amazonennamen.

1. Umsetzung der wissenschaftlichen Namen im Deutschen

– *aestiva*	*aestiva*	Blaustirn, Rotbug
aestiva	*xanthopteryx*	Gelbflügelblaustirn, Bahia
– *agilis*		Rotspiegel, Schwarzschnabel
– *albifrons*	*albifrons*	Weißstirn, Brillen
albifrons	*nana*	Weißstirn, Brillen
albifrons	*saltuensis*	Weißstirn, Brillen
– *amazonica*	*amazonica*	Venezuela, Amazonenpapagei
amazonica	*micra*	Venezuela, Amazonenpapagei
amazonica	*tobagensis*	Venezuela, Amazonenpapagei
– *arausiaca*		Blaukopf
– *autumnalis*	*autumnalis*	Gelbwangen, Herbst, Rotstirn
autumnalis	*diadema*	Diadem, Rotstirn
autumnalis	*lilacina*	Ecuador, Rotstirn
autumnalis	*salvini*	Salvins, Rotstirn
– *barbadensis*	*barbadensis*	Gelbschulter, Gelbflügel, Kl. Gelbkopf, Sonnenpapagei
barbadensis	*rothschildi*	Gelbschulter, Gelbflügel, Kl. Gelbkopf, Sonnenpapagei
– *brasiliensis*		Rotschwanz, Rotmasken
– *collaria*		Jamaika
– *dufresniana*	*dufresniana*	Goldmasken, Dufresnes, Rotkronen
dufresniana	*rhodocorytha*	Granada, Rotscheitel, Rotbrauen, Blauwangen
– *farinosa*	*chapmani*	Müller
farinosa	*farinosa*	Müller
farinosa	*guatemalae*	Müller
farinosa	*inornata*	Müller
farinosa	*virenticeps*	Müller
– *festiva*	*bodini*	Bodinus, Rotstirn
festiva	*festiva*	Blaubart, Blaukinn
– *finschi*	*finschi*	Blaukappen, Finschs
finschi	*woodi*	Blaukappen, Finschs

– *guildingii*		Königs, St.-Vincent
– *imperialis*		Kaiser, Braunschwanz
– *leucocephala*	*bahamensis*	Bahama, Kuba, Weißkopf
leucocephala	*caymanensis*	Kuba, Weißkopf
leucocephala	*hesterna*	Kuba, Weißkopf
leucocephala	*leucocephala*	Kuba, Weißkopf
leucocephala	*palmarum*	Kuba, Weißkopf
– *martinica* †		Martinique
– *mercenaria*	*canipalliata*	Orangeflügel
mercenaria	*mercenaria*	Soldaten
– *ochrocephala*	*auropalliata*	Gelbnacken
ochrocephala	*belizensis*	Doppelgelbkopf, Große Gelbkopf
ochrocephala	*magna*	Doppelgelbkopf, Große Gelbkopf
ochrocephala	*nattereri*	Natterers, Grüne
ochrocephala	*ochrocephala*	Gelbscheitel, Surinam
ochrocephala	*oratrix*	Doppelgelbkopf, Große Gelbkopf
ochrocephala	*panamensis*	Panama, Gelbstirn
ochrocephala	*parvipes*	Gelbnacken
ochrocephala	*tresmariae*	Doppelgelbkopf, Große Gelbkopf
ochrocephala	*xantholaema*	Maraja
– *pretrei*		Pracht, Rotbrillen, Rotflecken
– *tucumana*		Tucuman
– *ventralis*		Blaukronen, Haiti, San-Domingo
– *versicolor*		Blaumasken, Blaustirn, St.-Lucia
– *vinacea*		Taubenhals, Weinrote, Blaukehl
– *violacea* †		Veilchen
– *viridigenalis*		Grünwangen, Rotmasken
– *vittata*	*gracilipes* †	Puerto-Rico
vittata	*vittata*	Puerto-Rico
– *xantholora*		Goldzügel, Gelbzügel
– *xanthops*		Gelbbauch, Goldbauch

2. Verzeichnis der deutschen Namen und ihrer wissenschaftlichen Entsprechung

Amazonenpapagei	*amazonica*
Bahama	*leucocephala bahamensis*
Bahia	*aestiva xanthopteryx*
Blaubart	*festiva festiva*
Blaukappen	*finschi*
Blaukehl	*vinacea*
Blaukinn	*festiva festiva*
Blaukopf	*arausiaca*
Blaukronen	*ventralis*
Blaumasken	*versicolor*
Blaustirn	*1. aestiva aestiva*
	2. versicolor
Blauwangen	*dufresniana rhodocorytha*
Bodinus	*festiva bodini*
Braunschwanz	*imperialis*
Brillen	*albifrons*
Diadem	*autumnalis diadema*
Doppelgelbkopf	*ochrocephala belizensis*
	ochrocephala magna
	ochrocephala oratrix
	ochrocephala tresmariae
Dufresnes	*dufresniana dufresniana*
Ecuador	*autumnalis lilacina*
Finschs	*finschi*
Gelbbauch	*xanthops*
Gelbflügel	*barbadensis*
Gelbflügelblaustirn	*aestiva xanthopteryx*
Gelbkopf, Große	*ochrocephala belizensis*
	ochrocephala magna
	ochrocephala oratrix
	ochrocephala tresmariae
Gelbkopf, Kleine	*barbadensis*
Gelbnacken	*ochrocephala auropalliata*
	ochrocephala parvipes
Gelbscheitel	*ochrocephala ochrocephala*
Gelbschulter	*barbadensis*
Gelbstirn	*ochrocephala panamensis*
Gelbwangen	*autumnalis autumnalis*
Gelbzügel	*xantholora*
Goldbauch	*xanthops*
Goldmasken	*dufresniana dufresniana*
Goldzügel	*xantholora*
Granada	*dufresniana rhodocorytha*
Große Gelbkopf	*ochrocephala belizensis*
	ochrocephala magna
	ochrocephala oratrix
	ochrocephala tresmariae
Grüne	*ochrocephala nattereri*
Grünwangen	*viridigenalis*
Haiti	*ventralis*
Herbst	*autumnalis autumnalis*
Jamaika	*collaria*
Kaiser	*imperialis*
Kleine Gelbkopf	*barbadensis*
Königs	*guildingii*
Kuba	*leucocephala*
Maraja	*ochrocephala xantholaema*
Martinique	*martinica* †
Müller	*farinosa*
Natterers	*ochrocephala nattereri*
Orangeflügel	*mercenaria canipalliata*
Panama	*ochrocephala panamensis*
Pracht	*pretrei*
Puerto-Rico	*vittata*
Rotbrauen	*dufresniana rhodocorytha*
Rotbrillen	*pretrei*
Rotbug	*aestiva aestiva*
Rotflecken	*pretrei*
Rotkronen	*dufresniana dufresniana*
Rotmasken	*1. brasiliensis 2. viridigenalis*
Rotscheitel	*dufresniana rhodocorytha*
Rotschwanz	*brasiliensis*
Rotspiegel	*agilis*
Rotstirn	*1. autumnalis (alle Unterarten)*
	2. festiva bodini
Salvins	*autumnalis salvini*
San-Domingo	*ventralis*
Schwarzschnabel	*agilis*
Soldaten	*mercenaria mercenaria*
Sonnenpapagei	*barbadensis*
St.-Lucia	*versicolor*
St.-Vincent	*guildingii*
Surinam	*ochrocephala ochrocephala*
Taubenhals	*vinacea*
Tucuman	*tucumana*
Veilchen	*violacea* †
Venezuela	*amazonica*
Weinrote	*vinacea*
Weißkopf	*leucocephala*
Weißstirn	*albifrons*

Gefiederbezeichnungen

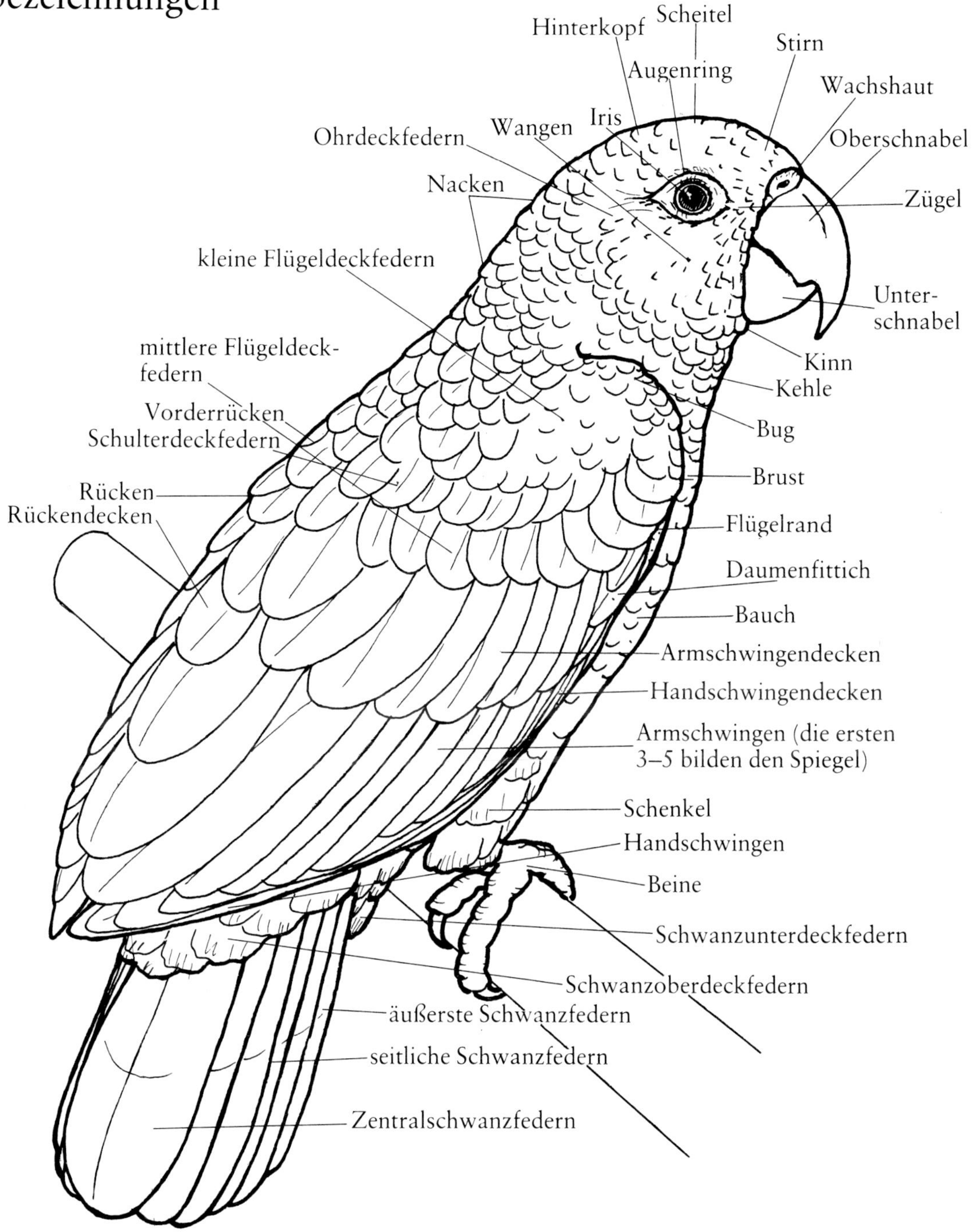

In den nachfolgenden Beschreibungen der Arten und Rassen werden ständig wiederkehrende Begriffe verwendet. Zum besseren Verständnis sind diese Gefiederbezeichnungen an Hand von drei Zeichnungen dargestellt.

Unter *Flügelspiegel* versteht man die ersten drei bis fünf Armschwingen, die sich farblich von den übrigen besonders absetzen.

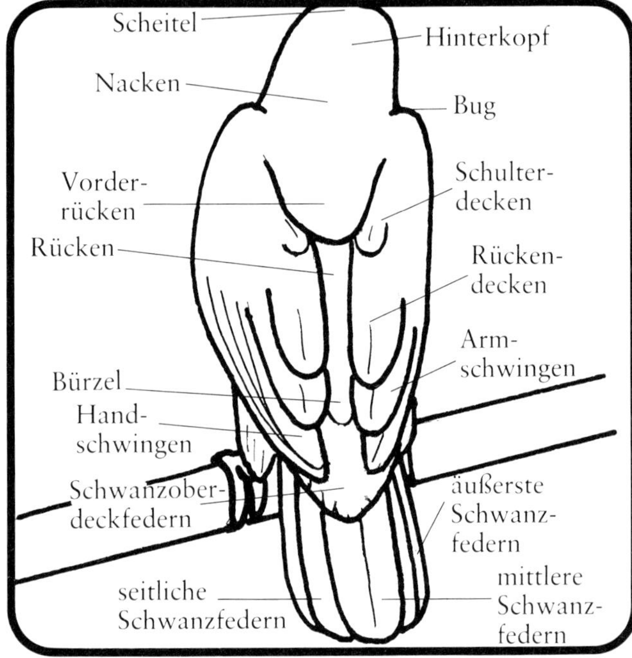

Rückenansicht einer Amazone.

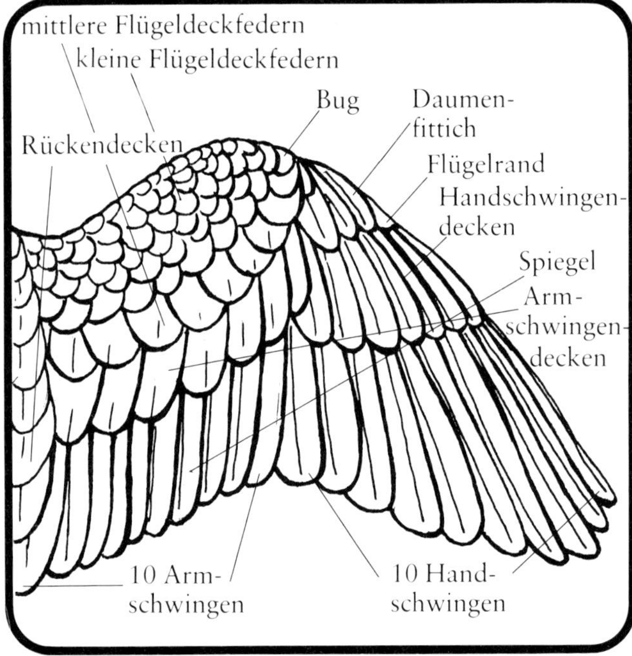

Flügel, von oben gesehen.

Unterschiede in der Sprechbegabung

In der Beschreibung der Arten und Unterarten wird auf die Sprechbegabung eingegangen, soweit hierzu Informationen aus der Literatur vorliegen. Danach scheinen einzelne Arten sprechbegabtere Individuen hervorzubringen als andere. Wir meinen, man sollte solchen Wertungen mit Skepsis begegnen. Oft werden gerade die zahlreich importierten Amazonen sprechbegabt genannt, während seltene sprechunbegabt befunden werden.

Natürlich findet man unter tausend Besitzern von Panama-Amazonen (*Amazona ochrocephala panamensis*) mehr positive Berichte über das Talent der Vögel als unter zehn Haltern von Taubenhalsamazonen (*Amazona vinacea*). Schon könnte die Schlußfolgerung gezogen werden, Panama-Amazonen seien besser im Sprechen als Taubenhalsamazonen. Dies muß aber gar nicht stimmen.

94

Pinter schreibt, die Taubenhalsamazonen gehören zu den besten Sprechern, während de Grahl dem „Durchschnittsvogel" nicht sehr großes Sprechtalent bescheinigt. Er räumt aber ein, daß immer wieder sehr unterschiedliche Berichte über eine bestimmte Art auftauchen.

R. Low zitiert u.a. einen Bericht von S. Porter, der die Taubenhalsamazone als äußerst ruhigen Vogel beschreibt. Sie fügt dann hinzu, der Leser solle nun bloß nicht glauben, das sei eine ruhige Amazonenart – nein, sie sei genauso lautstark wie die anderen.

So sollen auch die in diesem Buch gemachten Bemerkungen über die Sprechbegabung aufgefaßt werden. Wenn ein Leser bei „seiner" Amazone eine negative Äußerung über die Sprechfähigkeit lesen sollte, darf er deswegen nicht zu schnell die Geduld mit dem Tier verlieren: Das Gegenteil kann bei ihm der Fall sein. Jedes Einzeltier bringt eine spezielle Begabung mit.

Beschreibung der Arten und Unterarten

Die Beschreibung erfolgt immer in der gleichen Reihenfolge. Wenn einzelne Gefiederteile ausgelassen sind, handelt es sich um die Farbe grün. Bei den Unterarten wird nur erwähnt, was sie von der Nominatform unterscheidet. Die nicht aufgeführten Teile sind bei der Nominatform zu entnehmen.

Werden in der Literatur über ein Kriterium verschiedene Angaben gemacht, so sind die Autoren in Abkürzung angegeben:
F = Forshaw
G = de Grahl
L = Low
P = Pinter

Die Namen der seltener vorkommenden anderen Autoren sind ausgeschrieben.

Weitere verwendete Abkürzungen:
§ = geschützt nach dem Washingtoner Artenschutzabkommen
† = ausgestorben

Zur besseren Orientierung wurden die Amazonenarten und -unterarten nach dem Dezimalklassifikationssystem numeriert. Die Arten erhalten in der Wolters'schen Reihenfolge die Nummern 1–29.

1. Blaubartamazone (*A. festiva*)
2. Tucumanamazone (*A. tucumana*)
3. Prachtamazone (*A. pretrei*)
4. Rotspiegelamazone (*A. agilis*)
5. Puerto-Rico-Amazone (*A. vittata*)
6. Weißstirnamazone (*A. albifrons*)
7. Goldzügelamazone (*A. xantholora*)
8. Blaukronenamazone (*A. ventralis*)
9. Kuba-Amazone (*A. leucocephala*)
10. Jamaika-Amazone (*A. collaria*)
11. Gelbbauchamazone (*A. xanthops*)
12. Blaukappenamazone (*A. finschi*)
13. Grünwangenamazone (*A. viridigenalis*)
14. Gelbwangenamazone (*A. autumnalis*)
15. Rotschwanzamazone (*A. brasiliensis*)
16. Goldmaskenamazone (*A. dufresniana*)
17. Soldatenamazone (*A. mercenaria*)
18. Venezuela-Amazone (*A. amazonica*)
19. Gelbschulteramazone (*A. barbadensis*)
20. Blaustirnamazone (*A. aestiva*)
21. Gelbscheitelamazone (*A. ochrocephala*)
22. Mülleramazone (*A. farinosa*)
23. Blaukopfamazone (*A. arausiaca*)
24. Blaumaskenamazone (*A. versicolor*)
25. Königsamazone (*A. guildingii*)
26. Martinique-Amazone (*A. martinica*) †
27. Kaiseramazone (*A. imperialis*)
28. Veilchenamazone (*A. violacea*) †
29. Taubenhalsamazone (*A. vinacea*)

Die Unterarten werden durch Zahlen nach dem Punkt angegeben. So ist z.B. 14.1 = Gelbwangenamazone (Nominatform), 14.2 = Salvinsamazone, 14.3 = Ecuadoramazone und 14.4 = Diademamazone.

0.0 § **Deutscher Name,** andere deutsche Bezeichnungen . . . .

Wissenschaftlicher Name — benannt von . . . im Jahre . . . .
Englische Namen . . . .

Vorkommen: . . . .
. . . .

Beschreibung:
Länge: . . . .
Grundfarbe: . . . .
Stirn: . . . .
Scheitel: . . . .
Hinterkopf: . . . .
Nacken: . . . .
Zügel: . . . .
Augenumgebung: . . . .
Ohrdeckfedern: . . . .
Wangen: . . . .
Kinn: . . . .
Kehle: . . . .
Brust: . . . .
Bauch: . . . .
Schenkel: . . . .
Flügelbug: . . . .
Flügelrand: . . . .
Handschwingen: . . . .
Handschwingendecken: . . . .
Armschwingen: . . . .
Flügelspiegel: . . . .
Armschwingendecken: . . . .
Schwungfedernunterseite: . . . .
Deckfedern an der Unterseite der Flügel: . . . .
Rücken: . . . .
Rückendecken: . . . .
Schwanzfedern: . . . .
Schwanzdeckfedern: . . . .

Schnabel: . . . .
Wachshaut: . . . .
Augenring: . . . .
Augeniris: . . . .
Beine: . . . .

Geschlechtsunterscheidung:
♂ (Männchen): . . . .
♀ (Weibchen): . . . .

Jungtiere: . . . .

Freileben: . . . .

Brut: . . . .

Sonstiges: . . . .

Blaubartamazone (*Amazona festiva festiva*). Ihr auffallendstes Kennzeichen ist ihr rotgefärbter Rücken.

1.1 Blaubartamazone, Blaukinnamazone

Amazona festiva festiva — Linné 1758
Red-backed Amazon, Festive Amazon

Vorkommen: von Ost-Ecuador und Nordwest-Peru über Südost-Kolumbien nach Osten durch das Amazonasbecken bis zum Unterlauf des Madeira in Brasilien

Beschreibung:
Länge: 34–35 cm
Grundfarbe: grün, Halsfedern blaß schwarz gesäumt
Stirn: schmales dunkelrotes Band
Hinterkopf: manchmal blau
Zügel: dunkelrot
Augenumgebung: über und hinter den Augen blau
Wangen: leuchtend gelbgrün
Kinn: blau (hell)
Flügelrand: blaß gelbgrün
Handschwingen: violettblau, schmal gelbgrün gesäumt
Handschwingendecken: violettblau, schmal grün gesäumt
Armschwingen: schmal gelbgrün gesäumt
Rücken und Bürzel: scharlachrot
Schwanzfedern: grün mit gelbgrünen Spitzen, seitliche Federn an den Außenfahnen blau gesäumt (L); (G): Wurzel der Innenfahnen rot
untere Schwanzdeckfedern: gelbgrün

Schnabel: grau bis schwarz
Wachshaut: blaugrau
Augenring: blaugrau
Augeniris: orangerot
Beine: blaß grüngrau (F)

Geschlechtsunterscheidung: keine

Jungtiere: blasseres und weniger ausgebreitetes Blau über und hinter den Augen, an Kinn und Hinterkopf; Rücken und Bürzel grün mit einzelnen roten Federn; einige seitliche Schwanzfedern mit Rot an der Basis (F)

Freileben: Die Blaubartamazonen lieben den Wald an den Flußufern. Sie sind entlang des oberen Amazonas und seiner Zuflüsse verbreitet, kommen aber auch in anderen Gebieten vor. Dr. J. Steinbacher berichtet im Novemberheft 1978 der „Gefiederten Welt" über seine Exkursion durch Ecuador. Durch das Blätterdach der Baumriesen dringt nur 10% Licht, die Tierwelt hält sich in den Baumwipfeln auf. *Amazona festiva* wurden in kleinen Trupps in Lichtungen beobachtet.

Brut: Es ist keine Reinzucht in Gefangenschaft bekannt. Low nennt eine Kreuzung mit einem Weibchen der Jamaika-Amazone (*Amazona collaria*), aus der 3 Junge hervorgingen. Wolters erwähnt eine Kreuzung mit der Blaustirnamazone (*Amazona aestiva*). Laut Bedford besaß

C. Dutton eine gelbe Blaubartamazone; diese Lutinoform hatte aber keine roten Augen und keine blassen Beine.

Sonstiges: Die Sprechbegabung ist ordentlich (G), es gibt aber auch hervorragende Sprecher (Bedford). Manche ahmen besser Geräusche nach als die menschliche Stimme (P). Sie werden schnell zahm und sind dann liebenswürdige Gesellen. Im Handel sind sie selten zu sehen.

1.2   Bodinusamazone, Rotstirnamazone

Amazona festiva bodini –   Finsch
Red-backed Amazon, Festive Amazon

Vorkommen: Venezuela (im Gebiet des mittleren Orinoco vom Fluß Meta bis zum Delta Amacuro), im Nordwesten von Guayana am Fluß Barima

Beschreibung:
Grundfarbe: gelblich grün, besonders die Unterseite
Stirn: das Rot ist ausgedehnt bis auf den Scheitel
Scheitel und Hinterkopf: Federn teilweise mit mattem Rot gesäumt
Nacken: stark dunkel gesäumt
Zügel: schwärzlich (F,G), rot (P)
Wangen: blaugrün, Säume blauviolett
Flügelrand: gelb
Handschwingen: Außenfahnen grün
Handschwingendecken: grün
Rücken: karmesinrot (L)

Augenring: schwärzlich

Jungtiere: Rücken noch grün

1.2 *festiva bodini*

Sonstiges: Hopkins (L) beschreibt eine Zwischenspezies zwischen *Amazona festiva festiva* und *Amazona festiva bodini*. Sie hat keine blauen Wangen und schwarz gesäumten Halsfedern. Dieser ungeklärte Fall ist in der Sammlung von Whiteley zu sehen.

Die Sprechbegabung ist mäßig; die Tiere sind in der Nachahmung von Tierlauten (z.B. Hund und Katze) besser (L). Sie werden sehr zahm und anhänglich (G).

Tucumanamazone (*Amazona tucumana*). Die Stirn ist normalerweise kräftiger rot. Beim Foto auf S. 1 sieht man besser, daß die Handschwingendecken rot sind.

Prachtamazone (*Amazona pretrei*). Sie wird manchmal mit der Tucumanamazone (*Amazona tucumana*) zu einer Art gerechnet.

2   Tucumanamazone

Amazona tucumana — Cabanis 1885
Tucuman Amazon

Vorkommen: in Südost-Bolivien in der Gegend von Chuquisaca und Tarija, in Nord-Argentinien von Jujuy nach Osten bis Misiones

Beschreibung:
Länge: 31 cm
Grundfarbe: dunkelgrün, Deckfedern an Kopf, Hals, Brust und Bauch stark schwarz gesäumt
Stirn: rot
Scheitel: vorne rot
Wangen: Kopfseiten bläulich gefärbt (G)
Schenkel: orange
Handschwingen: grün, zu den Spitzen in Blau übergehend
Handschwingendecken: rot
Armschwingen: die äußeren Federn haben blaue Außenfahnen, die inneren sind blau, zur Basis hin grün
Armschwingendecken: rot
Schwungfedernunterseite: olivgrün
Schwanzfedern: grün mit gelbgrünen Spitzen
Schwanzdeckfedern: gelbgrün

Schnabel: gelbgrau (P), hornfarben (F)
Wachshaut: hellgrau
Augenring: weiß
Augeniris: gelborange
Beine: rötlich hellgrau

Geschlechtsunterscheidung: keine

Jungtiere: Schenkel grün

2 *tucumana*

Freileben: Die Tucumanamazone bevorzugt Erlenwälder, vorwiegend kommt sie entlang des östlichen Andenabhangs bis in 2 000 m Höhe und an den Hügeln am Fuße der Anden vor; sie taucht aber auch im Nordosten Argentiniens auf, wo jedoch keine Brutplätze zu finden sind.

Brut: Die Brutzeit in Bolivien liegt im Januar, es werden durchschnittlich 4 Eier gelegt. Zuchten in Gefangenschaft sind nicht bekannt.

Sonstiges: Nach Europa werden diese Amazonen kaum importiert, in Freiheit sollen sie sehr scheu sein.

3 § **Prachtamazone,** Rotbrillenamazone, Rotfleckenamazone

Amazona pretrei — Temminck 1830
Pretre's Amazon, Red-spectacled Amazon

Vorkommen: im südöstlichen Teil von Brasilien (von São Paulo bis Rio Grande), in Nordost-Argentinien (Misiones), teilweise auch im Norden von Uruguay und im äußersten Südosten von Paraguay

Beschreibung:
Länge: 31–32 cm
Grundfarbe: grün, an Kopf, Nacken und Unterseite blasser und heller, Federsäume schwarz
Stirn: rot
Scheitel: rot
Zügel: rot
Augenumgebung: rot
Schenkel: rot
Flügelbug: rot
Flügelrand und Daumenfittich: rot
Handschwingen: grün mit blauem Spitzenbereich (F), rot (G,P)
Handschwingendecken: rot
Armschwingen: grün, zu den Spitzen in Blau übergehend
Schwanzfedern: grün mit breiten gelbgrünen Spitzen, die drei äußersten Schwanzfedern haben an der Basis der Innenfahnen rote Flecken
Schwanzdeckfedern: gelbgrün

Schnabel: gelblich hornfarben, (L): Oberschnabel an der Basis orange
Wachshaut: hell hornfarben
Augenring: weiß
Augeniris: orangegelb
Beine: blaß gelbbraun (F), gräulich (G)

Geschlechtsunterscheidung: keine

Jungtiere: Augenumgebung grün mit einzelnen roten Federn, Flügelrand grün

Freileben: Sie bevorzugt Araukarienwälder und frißt auch gerne die Samen dieser Bäume; sie wurde gemeinsam mit der Taubenhalsamazone (*Amazona vinacea*) beim Fressen beobachtet und bildet manchmal mit der Rotschwanzamazone (*Amazona brasiliensis*) gemischte Flüge. Die Prachtamazonen haben in ihrer Zahl durch Waldrodung abgenommen, doch ist der Bestand der Art offenbar nicht direkt gefährdet.

Brut: Brutzeit ist vermutlich Oktober (Sick 1969) (F), weiter ist nichts bekannt.

Rotspiegelamazone (*Amazona agilis*). Sie hat am Zügel manchmal einen roten Fleck.

Puerto-Rico-Amazone (*Amazona vittata vittata*) eine Frucht essend. Fotografiert im Luquillo National Forest Puerto Rico.

 # Rotspiegelamazone, Schwarzschnabelamazone

Amazona agilis — Linné 1758

Black-billed Amazon, Active Amazon, All Green Amazon

Vorkommen: Jamaika

Beschreibung:
Länge: 25 cm
Grundfarbe: dunkelgrün, Unterseite blasser, gelblich
Stirn: meist mit einigen roten Federn
Scheitel: Oberkopf blaugrün (G)
Nacken: schwärzlich gesäumt
Ohrfleck: manchmal schwärzlich (G)
Handschwingen: dunkel blauviolett
Handschwingendecken: äußere rot
Armschwingen: dunkelblau, zur Basis grün
Flügelspiegel: kleiner hellroter Fleck (G)
Schwungfedernunterseite: blaugrün
Deckfedern a.d. Unterseite d. Flügel: blaugrün
Schwanzfedern: Mittelfedern grün, seitliche Federn mit roten Flecken an der Basis der Innenfahnen (F), Innenfahnen gelb mit rotem Fleck (G), Außenfahnen blau getönt
untere Schwanzdeckfedern: gelbgrün

Schnabel: grau, Spitze des Oberschnabels dunkler
Wachshaut: dunkelgrau
Augenring: dunkelgrau
Augeniris: dunkelbraun
Beine: dunkel grüngrau

Geschlechtsunterscheidung:
♀: kein Rot in den Handdecken (nicht sicher belegt – L), einige Handschwingendecken statt rot grün (F)

Jungtiere: Handschwingendecken grün, (G): Oberkopf grün, Iris schwarz

Freileben: Sie leben bei mittlerer Feuchtigkeit in den Lindenwäldern des Mount Diablo und des Cockpit Country. In den John Crow Mountains waren sie früher häufig; ob dort jetzt noch Exemplare dieser Art zu finden sind, ist nicht bewiesen. Porter vermutet, daß sie im Süd- und Ostteil der Insel nicht mehr vorkommen (F).
Auf Jamaika gibt es außer der Rotspiegelamazone noch die Jamaika-Amazone (*Amazona collaria*). Letztere bevorzugt höhere Gebiete, trotzdem bilden beide Arten mitunter gemischte Flüge (G).
Die Rotspiegelamazone frißt die Gewürzkörner des Pimentbaumes (Myrtengewächs) (F).

Brut: 1979 wurde von Noegel in Florida eine erfolgreiche Zucht gemeldet, wobei ein Junges groß wurde (L).
Die durchschnittliche Eizahl beträgt 4.
1973 kreuzte man in London mit einer Weißstirnamazone (*Amazona albifrons*), aus 2 gelegten Eiern schlüpfte nach 28 Tagen ein Junges, das jedoch nach 2 Tagen starb.

Sonstiges: Rotspiegelamazonen sind heute sehr selten. In Gefangenschaft werden sie zahm und vertragen sich gut mit anderen; die Weibchen haben sich als bissiger als die Männchen erwiesen (G,L). Ruß spricht von der *Amazona agilis* als dem eigentlichen „Krik", also einem schrillen Schreier.

5.1 § Puerto-Rico-Amazone

Amazona vittata vittata — Boddaert 1783
Puerto Rican Amazon, Red-fronted Amazon

Vorkommen: Insel Puerto Rico (früher auch Insel Vieques)

Beschreibung:
Länge: 29–30 cm
Grundfarbe: dunkelgrün, Unterseite heller, gelblich
Stirn: rotes Band
Scheitel, Hinterkopf, Nacken: schwarze Federsäume
Zügel: rot
Augenumgebung, Wangen, Kehle: schwarze Federsäume
Bauch: manchmal leicht mattrot
Handschwingen: dunkelblau
Handschwingendecken: äußere dunkelblau
Armschwingen: äußere Federn mit blauen Außenfahnen und schmalem mattgrünem Saum
Schwungfedernunterseite: blaugrün
Schwanzfedern: grün mit schmalen gelbgrünen Spitzen, seitliche Federn haben an der Basis rote Innenfahnen, äußerste Schwanzfedern blau gesäumt
untere Schwanzdeckfedern: gelbgrün

Schnabel: gelblich hornfarben (F), hellgrau (P)
Wachshaut: bräunlich (G)
Augenring: weiß
Augeniris: braun (F), rot (G), gelb (L)
Beine: gelbbraun

Geschlechtsunterscheidung: keine

Jungtiere: kaum oder kein Rot an der Stirn (G), gleich wie erwachsene Tiere (F,L)

5.1 *vittata vittata*

Freileben: Das Verbreitungsgebiet ist heute wahrscheinlich auf den Luquillo National Forest beschränkt; in der Wildnis gibt es höchstens noch vereinzelt Vertreter dieser vom Aussterben bedrohten Art.

1864 war die Puerto-Rico-Amazone noch häufig, 1912 kam sie bereits nur noch selten vor, seither hat der Bestand weiter abgenommen. Eine 1953–56 vorgenommene Zählung im Luquillo N.F. Reservat im Osten der Insel, bisher Hochburg der Art, erbrachte, daß der größte gesichtete Flug aus 200 Tieren bestand; wie aus Beobachtungen zu folgern war, handelte es sich dabei um die meisten der übriggebliebenen Amazonen.

Bis 1965 sank die Zahl bis auf vermutlich 50 Exemplare ab, was Dr. C. Kepler veranlaßte, ein Projekt zur Arterhaltung zu starten (1968–70). Seine Bemühungen wurden 1972 von Dr. N. Snyder wiederholt. (F)

Schuld an der Dezimierung haben ursprünglich Waldrodung, Jagd der Eingeborenen und Hurrikans, aber auch Feinde unter den Tieren tragen erheblich dazu bei. Verschiedene Habichtarten (*Buteo jamaicensis, Buteo platypterus, Accipiter striatus*), Ratten und ebenso wildernde Katzen gehen auf Eier und Nestlingsraub, ja greifen sogar ausgewachsene Vögel an. Weiterhin steht die Puerto-Rico-Amazone in Konkurrenz mit der Perlaugendrossel (*Margarops fuscatus*). Dieser aggressive Vogel macht ihr

Futter- und Nistplätze streitig, raubt Eier und Nestlinge. Er konnte sich jahrelang auf Kosten der Amazonen ausbreiten.

Seit 1973 wurden verschiedene Versuche unternommen, um der Perlaugendrossel Einhalt zu gebieten. Man fand heraus, daß sie Nisthöhlen mit geringerer Tiefe bevorzugt, während die Puerto-Rico-Amazone auch gern in tiefen Baumlöchern brütet.

Nachdem nun 1976 für beide besondere Brutstätten bereitgestellt wurden und die Drosseln tatsächlich vor den tiefen Höhlen für Amazonen zurückscheuten, kann man die Bedrohung von dieser Seite wohl als der Vergangenheit angehörend betrachten. (F)

Brut: Der Bruterfolg von wildlebenden Puerto-Rico-Amazonen ist von 11–26% auf jetzt 71% angestiegen, so daß Hoffnung besteht, daß die Art doch erhalten werden kann. H. Müller berichtet nach seiner Reise auf die Insel im Sommer 1981 allerdings von nur 19 lebenden Exemplaren.

Zuchtversuche mit eingefangenen Tieren waren bisher ohne Erfolg, alle gelegten Eier waren unbefruchtet.

Das Brutgebiet auf Puerto Rico befindet sich in 700 m Meereshöhe an der Westseite des Gebirges im Luquillo N.F., früher hatten sie auch im Nordwestteil der Insel in Felshöhlungen ihre Nester. Alle in letzter Zeit entdeckten Bruthöhlen befanden sich (bis auf eine Ausnahme) in Coloradobäumen (*Cyrilla racemiflora*), 6 bis 15 Meter über dem Boden (F).

Die Brutzeit liegt zwischen Ende Februar und Anfang Juni, also während der Trockenperiode, wenn die Palmen Früchte tragen. Durchschnittlich werden 3 Eier gelegt, etwa 26 Tage bebrütet und die Nestlingszeit dauert dann noch ungefähr 9 Wochen.

Sonstiges: Wie Rodriguez-Vidal (F) feststellte, fressen die Puerto-Rico-Amazonen die Früchte von über 50 verschiedenen Pflanzen; seine Liste ist inzwischen sogar um einige Spezies erweitert worden. Hauptnahrung bietet im Frühjahr die Palme *Prestoea montana* und im Herbst die Pflanze *Dacryodes excelsa*.

5.2 † Puerto-Rico-Amazone

Amazona vittata gracilipes — Ridgway
Culebra Amazon

Vorkommen: früher auf der Insel Culebra, östlich von Puerto Rico

Beschreibung: laut Forshaw
Länge: kleiner als Nominatform
Beine: kleinere und schlankere Füße

Hinweis: 1899 noch allgemein bekannt, ist diese Unterart der Puerto-Rico-Amazone seit 1912 ausgestorben. Wissenschaftlich bekannt sind nur 3 Exemplare, eines kann man im National Museum in Washington (USA) sehen. (F)

◄

Jungtiere der Puerto-Rico-Amazone (*Amazona vittata vittata*).

6.1 Weißstirnamazone, Brillenamazone

Amazona albifrons albifrons — Sparrmann 1788
White-fronted Amazon, Spectacled Amazon, White-browed Amazon

Vorkommen: Mexico, von Nayarit (mittlerer Westen) bis Chiapas im Süden; Südwest-Guatemala

Beschreibung:
Länge: 26 cm
Grundfarbe: grün, Deckfedern schwarz gesäumt
Stirn: weiß
Scheitel: vorn weiß, manchmal gelblich, hinten matt blau, schwarz gesäumt
Hinterkopf: matt blau, schwarz gesäumt
Zügel: rot
Augenumgebung: rot
Brust: dunkle Federränder
Handschwingen: Außenfahnen grün, zu den Spitzen blau
Armschwingen: blaue Außenfahnen
Schwungfedernunterseite: blaugrün
Schwanzfedern: grün mit gelben Spitzen, seitliche Federn an der Basis rot
Schwanzdeckfedern: gelbgrün

Schnabel: hellgelb
Wachshaut: hell
Augenring: weiß
Augeniris: blaßgelb
Beine: hellgrau (F), braungrau (G)

Geschlechtsunterscheidung: eindeutig
♂: Daumenfittich und Handschwingendecken sind rot, in der hinteren Augenumgebung mehr Rot, Armschwingen und Außenfahnen der Handschwingen sind intensiver blau gefärbt (Müller, in: „Die Voliere", 1978/1).
♀ : Kein Rot in den Flügeln, Iris rotbraun.

Jungtiere: (G): kein Rot in den Flügeln, gelbe Federn am Rand des Vorderkopfes, Iris fast schwarz, dann trüb gelb;

6.1 *albifrons albifrons*

Bedford: am Kopf statt Weiß mehr Blau; (F): am Kopf nur an den Zügeln rot, weiße Federn des Vorderkopfes gelblich getönt.

Freileben: Nach Forshaw bewohnen sie bevorzugt trockenes Wald- und Buschland bis in Höhen von 1850 Metern. Sie bevölkern Riesenkaktushaine, Dorngebüsche und Nadelwälder und kommen auch im Regenwald mittlerer Höhe vor. Nicht zu finden sind Weißstirnamazonen im hohen Regenwald und im feuchten Gebiet des karibischen Flachlandes.

Die Flüge ziehen teilweise auch umher; im Frühling und Sommer besuchen sie den Westteil von El Salvador und die

Flügel einer männl. Weißstirnamazone (*Amazona albifrons albifrons*).

Beim Hahn ist das Rot der Augenumgebung ausgedehnter.

Das Weibchen hat kein Rot im
Flügel.

Jungtier der Weißstirnamazone.

trockene niedrige Tropenzone im Osten Guatemalas, während sie in den trockenen Wintermonaten dort nicht auftauchen.

Zum Futter gehören neben dem Üblichen auch Feigen, Blattknospen und die Früchte von Kakteen.

Forshaw und Low heben die Flugweise der Weißstirnamazonen hervor. Sie fällt auf durch ein unaufhörliches Wechseln der Flugrichtung, ein Schwanken, das aratingaartig anmutet.

In Freiheit sollen diese Vögel nicht scheu sein, Forshaw berichtet, daß sie nicht wegfliegen, wenn sich jemand unter dem Baum befindet.

Brut: Die erste Zucht gelang 1922 in Japan. 1934 glückte eine Kreuzung mit der Grünwangenamazone (*Amazona viridigenalis*). In den USA wurde 1948 die erste Zucht bekannt. Seitdem hat man auch in Europa die Weißstirnamazone verschiedentlich vermehrt. Die Erstzucht in Deutschland konnte H. Müller verzeichnen. Er berichtet von einer 14 Tage dauernden lautstarken Balz und stellte fest, daß das Weibchen während der Brut nur etwa alle 3 Tage den Kot entleerte. Aus 3 Eiern schlüpfte ein Junges.

Die Weißstirnamazone legt zwischen 2 und 4 Eier, die Brut nimmt 28 bis 30 Tage in Anspruch, die Nestlingszeit beträgt 60–65 Tage.

1973 gelang in London eine Kreuzung mit der Rotspiegelamazone (*Amazona agilis*). Auch eine Kreuzung mit der Blaustirnamazone (*Amazona aestiva*) ist bekannt.

Sonstiges: Über das Verhalten dieser Amazone in Gefangenschaft liegen gegensätzliche Erfahrungen vor. Pinter spricht von guter Sprechbegabung und einer Abnahme des Schreiens im Laufe der Eingewöhnung; Bedford empfiehlt, Weißstirnamazonen besser in Volieren zu halten, da sie unfreundlich und beißfreudig seien, de Grahl dagegen berichtet von ruhigen, freundlichen Tieren, die nach anfänglicher Scheu zahm werden, es allerdings nur bis zur Lautnachahmung bringen.

6.2 *albifrons saltuensis*

6.3 *albifrons nana*

6.2   **Weißstirnamazone,** Brillenamazone

Amazona albifrons saltuensis   —   Nelson
Spectacled Amazon, Sonora White-fronted Amazone

Vorkommen: in Mexiko beschränkt auf das Gebiet südlich des Sonora (Fluß) und um Sinaloa (nordwestl. Durango)

Beschreibung:
Länge: 27 cm
Nacken: Blau am Kopf zieht sich nach hinten
Halsseiten und Rücken: Federn stark blau getönt

6.3   **Weißstirnamazone,** Brillenamazone

Amazona albifrons nana   —   W. de W. Miller
Lesser White-fronted Amazon, Spectacled Amazon

Vorkommen: von Süd-Mexiko (im extremen Südosten von Veracruz und im Nordostteil von Chiapas) über Guatemala, Belize, El Salvador, Honduras, Nicaragua bis Nordwest-Costa-Rica.

Beschreibung: kleiner als Nominatform

Freileben: Sie leben bevorzugt in trockenem steppenartigem Gebiet mit einzelnen Bäumen oder Baumgruppen und trockenem tropischem Gestrüpp. Weißstirnamazonen kommen manchmal gemeinsam mit Goldzügelamazonen (*Amazona xantholora*) vor. Slud (L) beschreibt die aratingaartige schwankende Flugweise.

Goldzügelamazone
(*Amazona xantholo-
ra*). Oben ♀, unten ♂.

Blaukroncnamazone
(*Amazona ventralis*).

Goldzügelamazone, Gelbzügelamazone

Amazona xantholora — Gray 1859
Yellow-lored Amazon

Vorkommen: im extremen Südosten Mexikos im Ost- und Mittelteil der Halbinsel Yucatán, auf der Insel Cozumel, in Belize und auf der Insel Roatán.

Beschreibung:
Länge: 26 cm
Grundfarbe: grün, schwärzliche Federsäume
Stirn: weiß
Scheitel: weiß
Hinterkopf: matt blau, schwarz gesäumt
Zügel: gelb
Augenumgebung: rot
Ohrfleck: schwarz
Wangen: oberer Teil rot
Handschwingen: grün, zu den Spitzen in Blauviolett übergehend
Handschwingendecken: rot
Armschwingen: blauviolett
Schwungfedernunterseite: blaugrün
Deckfedern a.d. Unterseite d. Flügel: blaugrün
Schwanzfedern: grün mit gelben Spitzen, seitliche Federn an der Basis rot
Schwanzdeckfedern: gelbgrün

Schnabel: gelblich hornfarben
Wachshaut: hellgrau
Augenring: weiß
Augeniris: rötlich (G,P), gelblich braun (F)
Beine: braungelb (G), blaß grau (F)

Geschlechtsunterscheidung:
♂: roter Flügelspiegel (L)
♀: Rot nur unter den Augen und am oberen Wangenteil, wenig oder kein Rot in den Flügeln, Ohrfleck blasser, Stirn und Scheitel statt weiß matt blau, manchmal mit einzelnen weißen Federn

Jungtiere: wie Weibchen, aber Wangenoberteil grün mit Rot durchsetzt, Zügel gelb mit verstreuten grünen Federn dazwischen, Handschwingendecken noch grün oder nur wenig rot.

Freileben: Die Goldzügelamazone wird manchmal mit der Weißstirnamazone (*Amazona albifrons*) verwechselt, Autoren wie Bedford und Low zählen sie zu einer Art.

Tatsächlich bilden sie verschiedentlich gemeinsame Flüge, doch ist das Lebensgebiet der Goldzügelamazone enger begrenzt, auch bevorzugt sie eher den dichten Wald.

Laut Griscom (F) legen diese Amazonen große Strecken zurück, von der Halbinsel Yucatán fliegen sie tagsüber auf die 15 km entfernte Insel Cozumel.

Brut: Die Welterstzucht gelang A. Maier 1980 in der Schweiz (G).

In der Zeit von März bis Juli werden die Tiere brutlustig, bis zu 5 Eier umfaßt ein Gelege; die Brutzeit dauert 26 Tage, die Jungen verlassen nach etwa 6 Wochen das Nest.

8   **Blaukronenamazone,** Haiti-Amazone, San-Domingo-Amazone

Amazona ventralis — P. L. S. Müller 1776
Hispaniolan Amazon, Salle's Amazon, San Domingo Amazon

Vorkommen: Insel Hispaniola (Haiti u. San Domingo) und nahe kleine Inseln (Gonâve, Saona); Puerto Rico

Beschreibung:
Länge: 28–29 cm
Grundfarbe: grün
Stirn: weiß
Scheitel: matt blau, schwarz gesäumt
Hinterkopf/Nacken: schwarze Federsäume
Zügel: weiß
Ohrfleck: dunkelbraun
Wangen: oberer Teil matt blau, schwarz gesäumt
Kinn: rötlicher Fleck (F)
Brust: schwarze Federsäume
Bauch: Mitt weinrot (G), Unterbauch braunrot, variierend (F,P)
Schenkel: bläulich (L)
Handschwingen: blau, Spitzen dunkler
Handschwingendecken: blau, Spitzen dunkler
Armschwingen: blau, Außenfahnen schmal grün gesäumt
Armschwingendecken: blau, Außenfahnen schmal grün gesäumt
Schwungfedernuntersite: blaugrün
Schwanzfedern: grün mit gelben Spitzen, seitliche Federn an der Basis rot, äußerste Federn blau getönt (F); äußere Federn mit blauen Außenfahnen, gelben Innenfahnen und roter Basis (L)
Schwanzdeckfedern: gelbgrün

Schnabel: gelblich hornfarben
Wachshaut: weiß
Augenring: weiß
Augeniris: dunkelbraun (F,P), gelblich bis rötlich (G)
Beine: rötlich grau

Geschlechtsunterscheidung: keine

Jungtiere: (G): mehr Weiß am Vorderkopf, mit gelblichem Schimmer und ohne Blau; Unterbauch leicht orangerot.

Freileben: Sie bewohnen die hohen Bergwälder ebenso wie das besiedelte Tiefland; sie tauchen immer da auf, wo augenblicklich Futter zu finden ist. Im trockenen Flachland fressen sie die Früchte von Kakteen und Guayacanbäumen. In feuchten Gebieten ernähren sie sich unter anderem von Guaven, Platanenfrüchten, Bananen und fallen in Felder mit Mais und Erbsen ein. Auch Palmsamen, Nüsse und Blüten gehören zum Speisezettel.

Brut: Früher hielt man Blaukronenamazonen für die Weibchen der Kuba-Amazonen (*Amazona leucocephala*).

Zu Beginn der Brutzeit Ende März, Anfang April wiederholen die Männchen eine Art gleichmäßiges melodisches Plappern. Selbst in einem Kaktus wurde schon ein Nest festgestellt (F).

Das Weibchen legt 2 bis 4 Eier und brütet etwa 25 Tage; die Nestlingszeit dauert 60–65 Tage.

Die erste Zucht gelang 1971 im Zoo von Jersey. De Grahl gibt in seinem Buch die Angaben von Gates über diese Zucht wieder. Während des Brütens fütterte das Männchen regelmäßig sein Weibchen. Nachdem das Junge geschlüpft war, blieb die Mutter noch 10 Tage fest auf dem Nest sitzen; nach 61 Tagen verließ das Junge den Kasten. Das Männchen half beim Füttern des Nestlings mit. Nach 13 Wochen konnte die junge Blaukronenamazone selbständig fressen.

Sonstiges: Verschiedene Amazonenhalter berichten, daß Hagebutten gern genommen werden und auch Mehlkäferlarven (Murray in Low) kommen in Frage.

Blaukronenamazone (*Amazona ventralis*). Das Tier hat besonders schöne bläuliche Wangen.

Von einer absonderlichen Arth Papageyen.

Psittacus Leococephalus.

Dieser Vogel ist einer Spannen und Fingers lang/und hat einen Schnabel so 2. Finger breit/und gantz weiß ist/desgleichen siehet er auch oben auff dem Kopff weiß. Sein mittler Augapffel ist gantz schwartz/der Nebenschein aber ist Eisenfarb: oben auff dem Kopff alwo er weiß ist/werden etliche schwartze Strichlein durchmischet. Am Hintertheil des Kopffs/an dem Halß/Rücken/Flügeln/und auff dem Bürtzel siehet er gantz dunckelgrün/unten an dem Halß aber und zu eusserst seiner Flügel/pralet eine hoch Cinnoberrothe Farb hervor/welche dem Vogel nicht wenig Zieraht giebet/auff der Brust und Hüfften/siehet er gleichfals grün/zwischen den Obertheil der Bein und der Brust/siehet er braunroth/an den Flügeln hat er etlich blawe mit weiß vermischte Federn/welche seine Schwingfedern bedecken/hinten an dem Bauch siehet er gelb/der Schwantz ist in der Mitten roth/auff den Seitē aber roth mit gelb und blau gleichsam vermischet. Alle Federn sind an den Spitzen schwartz/am übrigen Theil grün. Die Füß und Bein sehen aschenfarb/daß deßwegen wohl dieser Vogel wegen unterschiedlich cn und mancherley Farben τςικιλὸς versicolor könte genennet werden/dieweil er über sieben Farben hat/worunter doch die grüne die vornehmste ist.

Kuba-Amazone (*Amazona leucocephala*).

Aus: Conrad Gesner, Vogelbuch: Originalgetreuer Nachdruck der deutschsprachigen Ausgabe von 1669, Schlütersche Verlagsanstalt Hannover.

9.1   Kuba-Amazone, Weißkopfamazone

Amazona leucocephala leucocephala   –   Linné 1758
Cuban Amazon

Vorkommen: Ost- und Zentralkuba

Beschreibung:
Länge: 32 cm
Grundfarbe: grün, alle Deckfedern an Kopf, Rücken und Bauch schwarz gesäumt, ausgenommen die roten Kehlfedern
Stirn: weiß
Scheitel: weiß
Hinterkopf: blau (L)
Nacken: blau (L)
Zügel: rosarot
Augenumgebung: ringsum ein schmaler weißer Streifen
Ohrfleck: matt schwarz
Wangen: vorne rosarot
Kehle und einzelne Brustfedern: rosarot
Bauch: variierend weinrot, Säume dunkelgrün
Flügelrand: blau
Handschwingen: blaue Außenfahnen, schwarze Innenfahnen
Handschwingendecken: blau
Armschwingen: matt blau, Außenfahnen schmale grüne Säume
Schwungfedernuntersite: blaugrün
Schwanzfedern: Oberseite grün mit gelbgrünen Spitzen, Unterseite gelbgrün; seitliche Federn an der Basis rot (F), auch gelb und orange (L); äußerste Federn blau gesäumt
Schwanzdeckfedern: gelbgrün, obere Federn leicht schwarz gesäumt

Schnabel: weiß bis hornfarben
Wachshaut: weiß (P), hellgrau (G)
Augenring: weiß
Augeniris: rotbraun (G), dunkelbraun (P), blaß olivgrün (F)
Beine: rotbraun bis rosa (P,F), gelbbraun (G)

Geschlechtsunterscheidung: keine

9.1 *leucocephala leucocephala*

Jungtiere: Wangenfleck nur angedeutet, kaum schwarze Federsäume, weniger Rosarot, besonders am Bauch.

Freileben: Vor 50 Jahren gab es laut de Grahl noch große Schwärme nahe der Stadt Cotorro. Ausgedehnte Rodung, Kultivierung und Jagd haben bewirkt, daß sich die Kuba-Amazonen ins Innere der Insel, die mit Mangroven bedeckten Tiefebenen und Berge, zurückgezogen haben. Sie leben in Abgeschiedenheit und erlauben, besonders während des Fressens, die Annäherung von Menschen (F). Palmsamen, weiche Schößlinge von Kiefern, Blattknospen, Grapefruits und auch der Innenteil von Blumen gehören zu ihrer Nahrung.

Kuba-Amazone (*Amazona leucocephala leucocephala*).

Brut: Zwischen März und Ende Juni werden 3 bis 4 Eier gelegt und 30 Tage bebrütet; die Jungen verlassen nach 65–70 Tagen das Nest.

Die erste Zucht gelang in Japan. 1956 war die Keston-Bird-Farm in England erfolgreich; die Tiere hatten absolute Ruhe, während der Brut wurde gekochter Fisch gefüttert.

1960 gab es Nachwuchs in den USA und 1974 in der DDR.

Laut „Gefiederte Welt" kam es 1885 in Holland zu einer Kreuzung mit einer Blaustirnamazone (*Amazona aestiva*). Bedford berichtet, daß sich bei ihm ein Weibchen der Kuba-Amazone mit einem männlichen Adelaidesittich (*Platycercus adelaideae*) gepaart hat, doch ist die Amazone vor der wohl etwas zu optimistisch erhofften Zucht gestorben.

Sonstiges: Boosey und V. Mc Daniels (L) kamen getrennt zu der Überzeugung, daß diese Amazonen lieber fliegen als klettern. Im Zoo von Prag ist aufgefallen, daß die Kuba-Amazonen ungewöhnlich gerne badeten (G). Pinter beschreibt sie als sehr zahm und anhänglich, de Grahl spricht von anfangs scheuen Wildfängen, aus denen sich sowohl gute als auch schlechte Sprecher entwickeln können, und bescheinigt ihnen Lebhaftigkeit und großen Spieltrieb. Low teilt mit Bedford die Meinung, es handele sich um mittelmäßige Sprecher, die wegen ihrer Lautstärke besser in Volieren oder Vogelstuben gehalten werden sollen.

9.2 § Kuba-Amazone

Amazona leucocephala palmarum — Todd 1916
Cuban Amazon

Vorkommen: West-Kuba und Insel Pines

Beschreibung:
Grundfarbe: dunkler grün
Kehle: kräftiger rot
Bauch: stärker rot (purpurn), größerer Fleck

Brut: Seit 1975 hatte Noegel in Florida (L) mehrfach Zuchterfolge mit dieser Unterart.

9.3 § Kuba-Amazone

Amazona leucocephala caymanensis — Cory
Cayman (Island) Amazon, Grand Cayman Amazon, Cuban Amazon

Vorkommen: Insel Grand Cayman

Beschreibung:
Länge: minimal größer als Nominatform, 32–33 cm
Grundfarbe: eher gelbgrün, Federsäume blasser
Stirn: weniger ausgebreitetes Weiß, (L): mit Rot vermischt oder gelblich überzogen
Augenumgebung: kein Weiß hinter den Augen
Wangen: ein grüner Streifen trennt das Rot der Wangen vom Hals
Bauch: ziemlich kleiner roter Fleck

Augenring: grau (L)

Freileben: In ihrer Heimat leben sie ausschließlich in Mangrovenwäldern (L).

Brut: Die Welterstzucht gelang 1974 bei Noegel (Florida) (L).

Sonstiges: Sie werden als sehr temperaturempfindlich beschrieben.

9.4 § Kuba-Amazone

Amazona leucocephala hesterna — Bangs 1916
Cayman Brac Amazon, Little Cayman Amazon, Cuban Amazon

Vorkommen: Inseln Little Cayman und Cayman Brac

Beschreibung: schmalerer Kopf
Länge: kleiner als Nominatform
Grundfarbe: eher gelbgrün, Federsäume kräftiger schwarz
Scheitel: kein Weiß
Zügel: kaum Rot
Wangen u. Kehle: stärker rosarot (F)
Bauch: roter Fleck stärker gefärbt (purpurn) und weiter nach oben zur Brust ausgebreitet
Augenring: bläulich

Geschlechtsunterscheidung:
♀: Das Weiß an der Stirn ist weniger ausgedehnt als beim männlichen Tier, an den Zügeln fehlt das Rot völlig (L).

Freileben: Johnston berichtet 1971 (F), daß auf beiden Inseln Kuba-Amazonen häufig vorkommen. Noegel konnte während seines Aufenthaltes 1974/75 auf Little Cayman keine Amazonen feststellen. Forshaw vermutet, daß vormals dort gesichtete Tiere von der 11 km entfernten Cayman Brac Insel hinübergeflogen waren. Dort existiert nach Noegel ein aus dreißig bis vierzig Vögel bestehender Flug, der sich vorwiegend im dichtbewachsenen Gebiet oberhalb der östlichen Steilküste aufhält, auf der Suche nach Futter aber die ganze Insel auf einer genau festgelegten Route durchstreift.
Papayafrüchte werden gerne verzehrt.

"

Kuba-Amazone (*Amazona leucocephala caymanensis*).

9.5 § Bahama-Amazone, Kuba-Amazone

Amazona leucocephala bahamensis — Bryant
Bahamas Amazon, Cuban Amazon

Vorkommen: Bahamas: Great Inagua, Abaco evtl. Acklin Islands; früher auf Long Island, Crooked Islands und Fortune Islands

Beschreibung:
Länge: etwas größer als Nominatform; 34 cm (L)
Scheitel: weiter ausgebreitetes und nach hinten gehendes Weiß
Zügel/Augenumgebung: Weiß auch unterhalb der Augen zum Zügel und an den oberen Wangen
Bauch: roter Fleck ist kleiner oder nicht vorhanden
Schwanzfedern: seitliche Federn kaum Rot an der Basis, die beiden äußersten mit rotem Bereich und blauen Säumen

Freileben: King (1976) zufolge haben sich die Bahama-Amazonen in ihrer Zahl wieder stabilisieren können; auf Abaco gibt es etwa 300 Exemplare, die auf Great Inagua lebenden werden auf 500 geschätzt (F).

9.5 *leucocephala bahamensis*

Brut: Alle auf Abaco entdeckten Nester befanden sich in Kalksteinhöhlungen mit einer Tiefe zwischen 1,7 und 2,5 Metern.

Erfolgreiche Zuchten in Gefangenschaft sind nicht bekannt; 1909 schlüpfte in England aus 3 Eiern ein Junges, das jedoch starb.

Amazona collaria   —   Linné 1758
Red-throated Amazon, Yellow-billed Amazon

Vorkommen: Jamaika

Beschreibung:
Länge: 28–29 cm
Grundfarbe: grün, Unterseite gelblich blaßgrün
Stirn: schmal weiß
Scheitel: bläulich, Federsäume schwarz
Hinterkopf/Nacken: schwarz gesäumt
Zügel: matt bläulich
Augenumgebung: blau, hinten schmal weiß
Ohrdeckfedern: matt graublau mit grünem Schimmer
Wangen: weinrot (unterer Teil)
Kinn: weinrot
Kehle u. Halsseiten: weinrot, die meisten Federn leicht grün oder matt blau gesäumt
Schenkel: unten blaß hellblau
Handschwingen: blaue Außenfahnen, schwarze Innenfahnen
Handschwingendecken: (äußere) blau
Armschwingen: Außenfahnen matt blau mit Grün gerandet
Schwungfedernunterseite: blaugrün
Rücken und Bürzel: blaß grün
Schwanzfedern: grün mit gelben Spitzen, seitliche Federn an der Basis rot (F), rosa und gelb (L); Außenfahnen rot (P); äußerste Federn schmal blau gesäumt
obere Schwanzdeckfedern: leuchtend gelbgrün

Schnabel: hell horngelb
Wachshaut: hornfarben
Augenring: weiß (bis grau)
Augeniris: schwarzbraun
Beine: braungrau (G), blaß rosa (F)

Geschlechtsunterscheidung:
♂: nach Porter (L) einige leuchtend orangerote Federn am Bug (nicht sicher)

Jungtiere: keine Unterschiede bekannt

Freileben: Sie leben in den John Crow Mountains, am Mount Diablo und im Cockpit Country, bewohnen bewaldetes Bergland, bevorzugt werden Lindenwälder in Gebieten mittlerer Feuchtigkeit. Von den John Crow Mountains aus unternehmen sie tagsüber Stippvisiten zur östlichen Seite der Blauen Berge um zu fressen; Pisangfrüchte werden gerne verzehrt. Jamaika-Amazonen richten zeitweilig in Feldern und Plantagen Schaden an, in kultiviertem Waldgebiet sind sie anzutreffen, brüten dort jedoch nicht.

Mit den seltener vorkommenden Rotspiegelamazonen (*Amazona agilis*) bilden sie hin und wieder gemischte Flüge (Bond 1971). (F)

Brut: Es werden bis zu 4 Eier gelegt.

Die einzige bekannte Reinzucht fand 1970 in den USA statt, doch ist bei Low nichts weiter beschrieben.

Auf der Keston – Farm in England kam eine Kreuzung mit einer männlichen Blaubartamazone (*Amazona festiva*) zustande. Die drei Jungtiere glichen dem Vater (G).

Sonstiges: Durch Verfolgung vorsichtig geworden, dulden die Jamaika-Amazonen in Freiheit keine Annäherung. In Gefangenschaft werden sie aber sehr anhänglich und sind liebenswürdig, wie de Grahl zu berichten weiß; er weist indes darauf hin, daß sie nur wenig Sprechbegabung besitzen; Bedford erwähnt dazu noch die Lautstärke dieser Vögel.

Jamaika-Amazone
(*Amazona collaria*).

Gelbbauchamazone
(*Amazona xanthops*).
Die Färbung ist von
Tier zu Tier verschie-
den. Auffallend ist hier
die rosarote Wachs-
haut.

Gelbbauchamazone, Goldbauchamazone

Amazona xanthops — Spix 1824
Yellow-bellied Amazon, Yellow-faced Amazon, Yellow-crowned Amazon

Vorkommen: Ost- und Zentral-Brasilien: vom Süden Piauís über Goiás zum Mato Grosso und nach Süden bis in die Umgebung von São Paulo

Beschreibung:
Länge: 27–28 cm
Grundfarbe: gelblich grün
Stirn: gelb
Scheitel: gelb
Hinterkopf: gelb
Nacken: mit dunkelgrünen Säumen und schwärzlichen Spitzen
Zügel/Ohrdeckfedern: orangegelb
Brust/Bauch: Oberteil grün mit breiten dunkelgrünen Federsäumen, bei älteren Tieren mit gelben Federn durchsetzt; unterer Brustteil und Bauch gelb, zur Seite orange, Unterbauch grün mit dunklen Säumen
Schenkel: hellgrün mit dunklen Säumen
Flügelrand: blaß gelbgrün
Handschwingen: dunkelgrün mit knappen grünlich gelben Säumen
Handschwingendecken: grün mit mattblauen Säumen
Armschwingen: grün, schmal gelbgrün gesäumt
Schwungfedernunterseite: blaugrün
Rücken: dunkelgrün
Schwanzfedern: Zentralfedern grün, seitliche gelbgrün mit orangerotem Band an der Basis
Schwanzdeckfedern: gelbgrün

Schnabel: hornfarben; (F,P,L): Oberschnabel an der Spitze grau; (G): oberer Teil des Oberschnabels dunkler, Spitze weiß
Wachshaut: hell, (G): rosarot
Augenring: weiß
Augeniris: gelb
Beine: blaßgrau (F), dunkelgrau (P)

Geschlechtsunterscheidung: keine

Jungtiere: weniger Gelb am Kopf, nur an Scheitel, Augenumgebung, Ohrdeckfedern und Wangen; grüne Kopffedern mit dunklen, blaugrünen Säumen und schwärzlichen Spitzen; Körperunterseite völlig grün, Federn dunkelgrün gesäumt; Iris braun (F).

Freileben: Die Gelbbauchamazone ist ein typischer Bewohner niedrigen Buschlandes des Plateaus im Innern von Ost-Brasilien (Sick). Halbreife Guaven sind außer der üblichen Nahrung erwähnenswert. (F)

Brut: nichts bekannt

Sonstiges: Dieser Amazone wird wenig Nachahmungsbegabung und tückisches Verhalten nachgesagt (G), Low beschreibt sie als auffallend leise, aber keineswegs furchtsam.

Karte siehe Seite 127.

12.1   **Blaukappenamazone,** Finschsamazone

Amazona finschi finschi   —   Sclater 1864
Finsch's Amazon, Lilac-crowned Amazon

Vorkommen: im zentralen und südlichen Westen von Mexiko: südlich Sinaloa und Durango, entlang am Stillen Ozean nach Süden bis Oaxaca

Beschreibung: kleiner als die Grünwangenamazone (*Amazona virigenalis*) (L)
Länge: 33 cm
Grundfarbe: grün, Unterseite blasser, gelblich grün, Deckfedern an Rücken, Brust und Bauch schwarz gesäumt
Stirn: rot bis rotbraun
Scheitel: rotbraun
Hinterkopf: violett
Nacken: zu den Seiten violett
Zügel: rotbraun
Wangen: gelbgrün, ohne Saum
Ohrdeckfedern: gelbgrün, ohne Saum
Handschwingen: blauviolett, zur Basis hin grün
Armschwingen: grün, zu den Spitzen blau werdend
Flügelspiegel: an den 5 vorderen Armschwingen, (G): rote Außenfahnen, (F): Innenfahnen an der Basis rot
Schwanzfedern: grün mit gelbgrünen Spitzen, äußerste Federn zur Basis mit blaugesäumten Außenfahnen (F)

Schnabel: hellgrau (P), hornfarben (F), gelblich mit dunklerer Spitze (G)
Wachshaut: hellgrau (P), dunkelgrau (G)
Augenring: hellgrau (P), dunkelgrau (G)
Augeniris: orangerot
Beine: grüngrau (F,P), blaugrau (G)

Geschlechtsunterscheidung:
♀: kleiner

Jungtiere: dunkelbraune Iris, später ockerbraun, dann orange (G)

12.1 *finschi finschi*

Freileben: Der Lebensraum der Blaukappenamazone erstreckt sich von Meereshöhe bis hinauf in 2200 m Höhe. Man findet sie an bewaldeten Berghängen (Sierra Madre) und gleichfalls im hügeligen Flachland. Sie hält sich in Kiefern- und Eichenwäldern auf, kommt aber auch in Landstrichen mit trockenen tropischen Gewächsen vor.

Neben dem Üblichen werden Feigen, Knospen und Blüten der Baumkronen verzehrt. (F)

C. W. Beebe (L) bezeichnet sie als gewandten Flieger, der seinen wellenförmigen Flug oft geschickt mit einem weiten, zur Erde schwenkenden Bogen beendet.

Blaukappenamazone
(*Amazona finschi finschi*). Am rechten Flügel sind die Schwingen stark gestutzt.

Brut: Balz und Eiablage fallen in die Zeit zwischen Februar und Mai. Bis zu 4 Eier werden bebrütet; nach 26–28 Tagen schlüpfen die Jungen, die noch 8 bis 9 Wochen im Nest bleiben.

Die Erstzucht gelang in den USA bei Mercer 1949. Weitere Zuchterfolge wurden in den USA bekannt.

De Grahl beschreibt die Entwicklung von Nestlingen, deren Eltern erst 3 bis 4 Jahre alt waren, als sie 1951 im Zoo von San Diego erfolgreich züchteten. Die Jungen mußten von Hand aufgezogen werden, da die Eltern vermutlich mangels nötiger Ruhe nach 5 Tagen die Fütterung einstellten. Elf Tage nach dem Schlupf öffneten die Jungen erstmals die Augen, zwei Tage später konnte man die ersten Anzeichen von wachsenden Federn erkennen, nach weiteren 4 Tagen sah man die ungeöffneten Federhülsen. Die Tiere verließen im Alter von etwa 8 Wochen die Nisthöhle, brauchten aber noch weitere 2 Monate, um völlig selbständig zu werden.

Low erwähnt eine Kreuzung mit einem Männchen der Granada-Amazone (*Amazona dufresniana rhodocorytha*) 1972 in Tampa (Florida).

Sonstiges: In Menschenhand werden sie zutraulich und lernen Verschiedenes nachzuahmen, haben wegen ihrer hohen Tonlage jedoch nur geringe Variationsmöglichkeiten. De Grahl hat ihnen die Attribute gutmütig und spielerisch veranlagt zuerkannt.

12.2 Blaukappenamazone

Amazona finschi woodi — Moore
Lilac-crowned Amazon

Vorkommen: Nordwest-Mexiko: im extremen Südosten von Sonora und südwestlich von Chihuahua, nach Süden bis Sinaloa und Durango

Beschreibung:
Länge: größer als Nominatform (G)
Grundfarbe: das Grün ist weniger gelblich
Stirn und Scheitel: rotbrauner Streifen ist schmaler, Farbe matter

12.2 *finschi woodi*

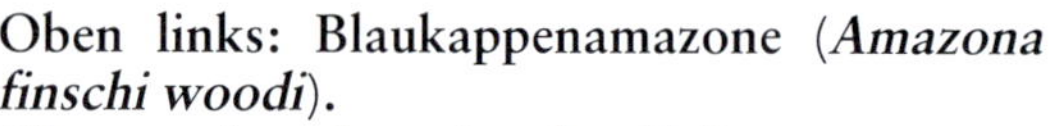
Oben links: Blaukappenamazone (*Amazona finschi woodi*).
Oben rechts: Jungtier der Grünwangenamazone (*Amazona viridigenalis*).
Unten rechts: Erwachsene Grünwangenamazone. Der Schwanz ist vom Käfiggitter zerstoßen.

Grünwangenamazonen (*Amazona viridigenalis*).

Grünwangenamazone, Rotmaskenamazone

Amazona viridigenalis — Cassin 1853
Green-cheeked Amazon, Mexican Red-headed Amazon

Vorkommen: Nordost-Mexiko: von Nuevo Leon und Tamaulipas über San Luis Potosí bis in den Norden von Veracruz

Beschreibung:
Länge: 33 cm
Grundfarbe: grün, Unterseite blasser und gelblich, schwärzliche Federsäume
Stirn: rot, Federn an der Basis gelb
Scheitel: rot (Basis gelb)
Nacken: stark schwarz gesäumt
Zügel: rot (Basis gelb)
Augenumgebung: violettes Band von oberhalb der Augen bis zu den Halsseiten
Wangen und Ohrbereich: leuchtendes Grün, Federn nicht gesäumt
Brust: Federn des oberen Teils mit schwarzen Spitzen (L)
Handschwingen: Außenfahnen blauviolett, zur Basis grün
Armschwingen: grün, zu den Spitzen blau
Flügelspiegel: erste 5 Armschwingen an der Basis der Außenfahnen rot
Schwanzfedern: grün mit breiten gelbgrünen Spitzen

Schnabel: gelblich hornfarben
Wachshaut: hell
Augenring: weiß (P), grau (G)
Augeniris: gelb
Beine: blaß graugrün (P,F), graubraun (G)

Geschlechtsunterscheidung:
♀: weniger Rot am Kopf (G)

Jungtiere: Rot nur an der Stirn, Scheitel grün, (G): blauer Streifen an den Halsseiten fehlt

Freileben: Sie leben sowohl im Waldgebiet entlang von Flußläufen, am Rand dichter Wälder, im feuchten Tiefland, wo sich Felder mit einzelnen Waldstücken abwechseln, auf lichten trockenen Bergkämmen, die mit Kiefern und Eichen bestanden sind, als auch im tropischen Wald der Canyons.

In Mexiko sind Gelbwangenamazonen (*Amazona autumnalis*) und Gelbscheitelamazonen (*Amazona ochrocephala*) stärker vertreten als die Grünwangenamazonen.

Brut: Ende März bis April werden 2 bis 3 Eier gelegt.

Die erste erfolgreiche Zucht hatte 1970 der Zoo von Los

Angeles. Springman in Texas erhielt von einem Paar in der Zeit von 1972 bis 77 achtzehn Junge, wovon 1976 bereits ein Paar in zweiter Generation brütete (L).

Kreuzungen gab es nach Wolters mit der Blaustirnamazone (*Amazona aestiva*) und laut de Grahl 1934 in England mit der Weißstirnamazone (*Amazona albifrons*). Low berichtet von einem Lutinopaar, das von einem Vogelliebhaber in den USA gehalten wurde.

Sonstiges: Die Grünwangenamazone zeigt in Gefangenschaft nur mäßiges Nachahmungstalent (G) und soll recht laut sein.

14.1 Gelbwangenamazone, Herbstamazone, Rotstirnamazone

Amazona autumnalis autumnalis — Linné 1758
Yellow-cheeked Amazon, Red-lored Amazon, Primrose-cheeked Amazon, Scarlet-lored Amazon

Vorkommen: in Mexiko am östlichen (karibischen) Abhang, von Tamaulipas nach Süden; Ost-Guatemala, Belize, Honduras bis zur Nordgrenze von Nicaragua und auf den Bay Islands (Roatán, Barbareta)

Beschreibung:
Länge: 34–35 cm
Grundfarbe: grün
Stirn: rot
Scheitel, Hinterkopf und Nacken: blaulila (P), grün mit blaulila Spitzen (F), Federn schwärzlich gesäumt
Zügel: rot
Wangen: Oberteil gelb, Federn an der Basis rot
Kehle: gelbgrün
Flügelrand: gelblich hellgrün
Handschwingen: grün, zu den Spitzen dunkelblau
Armschwingen: grün mit blau zulaufenden Spitzen
Flügelspiegel: erste 5 Armschwingen an der Basis rot
Schwanzfedern: grüne Mittelfedern, seitliche Schwanzfedern mit breitem gelbgrünen Spitzenbereich, Außenfahnen der äußersten Federn blau gesäumt (F)

Schnabel: Spitze des Unterschnabels grau hornfarben, Oberschnabel hellhorn, (P): weißgrau
Wachshaut: hell
Augenring: weiß
Augeniris: dunkelbraun (P), orange (F,G) – siehe Geschlechtsunterscheidung
Beine: hellgrau (P), grünlich grau (F), dunkelgrau (G)

Jungtiere: weniger Rot an Stirn und Zügel, oberer Wangenteil und Ohrdeckfedern mit Grün durchsetzt, Iris dunkelbraun, (G): Schnabel dunkler; (L): Nackenfedern ohne lila Spitzen; (Vane): Junges gleich wie erwachsene Tiere (in Low)

Geschlechtsunterscheidung:
♂: Iris golden (L)
♀: Iris dunkelbraun (L)

Freileben: Gelbwangen gehören zu den wenigen Amazonenarten, die nicht im trockenen Gebiet leben, sondern das feuchte tropische Waldland lieben und im Regenwald brüten. Man findet sie auch in Kiefernwäldern entlang der Flußläufe, im Gebiet der Mangrovensümpfe und in kultivierten Wäldern. Von Meereshöhe bis 1100 Meter im Binnenland erstreckt sich ihr Lebensraum.

Früchte verschiedener Palmenarten (Olivares), halbreife Mango- und Zitrusfrüchte (Russell) bereichern ihren Speisezettel (F). Die Gelbwangenamazonen wurden schon mit Arara gemeinsam beobachtet. Sie werden als scheu und wachsam charakterisiert.

Brut: Brutzeit ist von Februar bis Juni, das Gelege enthält 3 bis 4 Eier, aus denen nach 25 bis 26 Tagen die Jungen schlüpfen, um noch 70 Tage im Nest zu verbleiben.

Eine Zucht ist aus England bekannt, 1957. Der Bericht von E. N. T. Vane ist bei Low, Wolters und de Grahl wiedergegeben: Von 3 Eiern war nur eines befruchtet, ein Graupapagei wurde als Pflegemutter eingesetzt. Diese wurde während des Brütens mit Körnermischung, in Milch geweichtem Schwarzbrot, Keimsaat und verschiedenen Gemüsesorten gefüttert. Sie half dem Jungen beim Schlüpfen, indem sie die Eispitze aufbiß, und blieb, nachdem es das Ei verlassen hatte, noch zwei Wochen fest auf dem Nest sitzen. Der Nestling bekam seine erste Mahlzeit am zweiten Tag, worauf die Pflegemutter ihn alle 2–3 Stunden mit Kropfmilch fütterte. Nach 6 Wochen wurden die Fütterungsabstände kürzer, die Rationen kleiner, die Nahrung war von dickerer Konsistenz.

Seit dem zehnten Tag hatte das Gelbwangenjunge die Augen offen, nach acht Wochen verließ es das Nest und kletterte auf dem Kletterbaum umher.

Ansonsten wird in der Literatur nur noch die Kreuzung mit einer Blaustirnamazone (*Amazona aestiva*) genannt.

Sonstiges: Vane (G) und Pinter bemerken, daß Gelbwangenamazonen lange brauchen, um bei Menschen zahm zu werden. Pinter hält sie für schlechte Sprecher, die sehr laut schreien, wenn sie erschreckt werden, Vane dagegen bescheinigt gute Sprechbegabung.

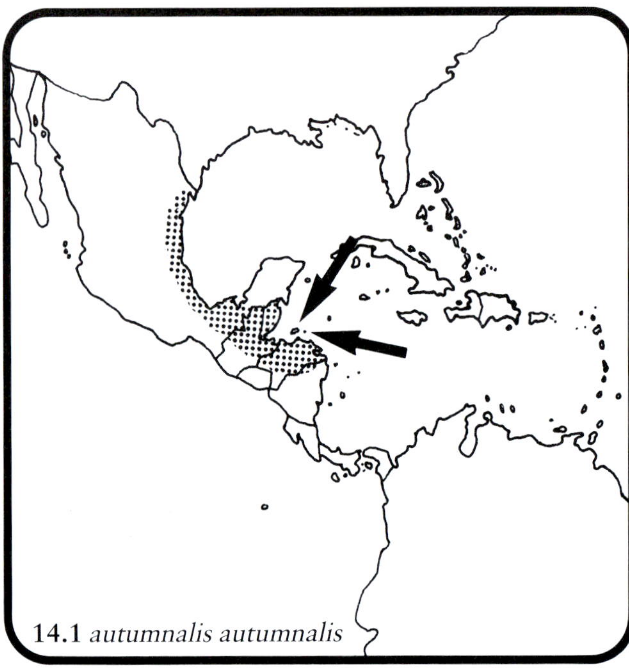

14.1 *autumnalis autumnalis*

Oben: Gelbwangenamazone (*Amazona autumnalis autumnalis*).
S. 139 links: Salvinsamazone (*Amazona autumnalis salvini*).
S. 139 rechts: Ecuadoramazone (*Amazona autumnalis lilacina*).

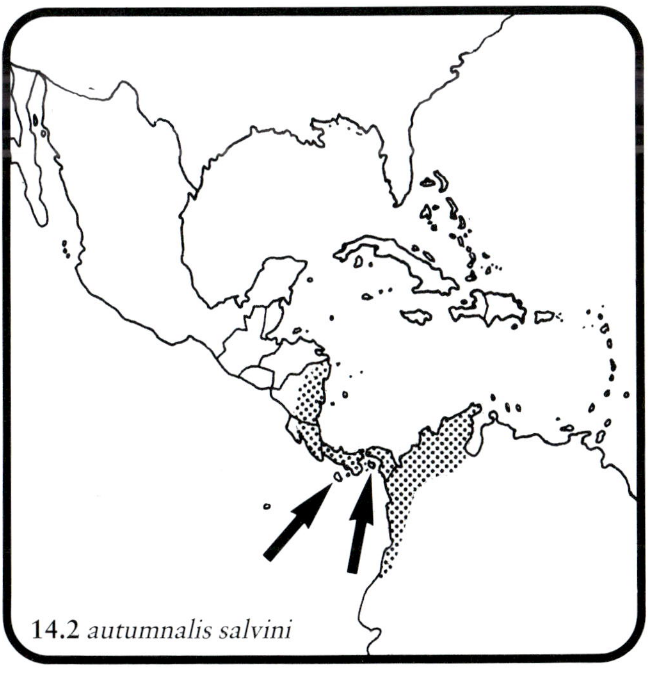

14.2 *autumnalis salvini*

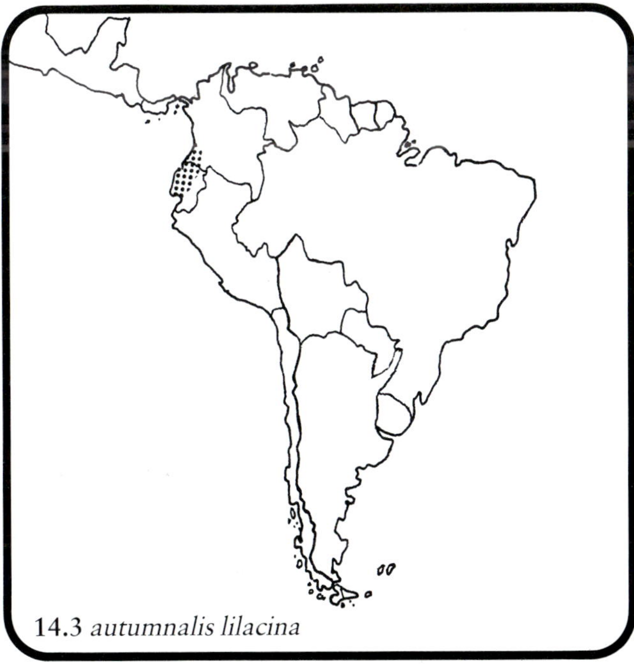

14.3 *autumnalis lilacina*

14.2 Salvinsamazone

Amazona autumnalis salvini — Salvadori 1891
Salvin's Amazon

Vorkommen: im Osten von Nicaragua, in Ost- und Südwest-Costa-Rica, über Panama mit der Insel Coiba und anderen kleinen Inseln in der Kanalzone bis West-Kolumbien und im äußersten Nordwesten von Venezuela

Beschreibung:
Wangen: leuchtend grün
Ohrdeckfedern: leuchtend grün
Kinn: manchmal weinrot
Schwanzfedern: seitliche Federn haben an der Basis rote Innenfahnen

Freileben: In Nordost-Nicaragua überschneidet sich ihr Lebensraum mit dem der Gelbwangenamazone (*Amazona autumnalis autumnalis*) und im extremen Südwesten von Kolumbien mit dem der Ecuadoramazone (*Amazona autumnalis lilacina*).

Die Salvinsamazone wurde verschiedentlich gemeinsam mit der Mülleramazone (*Amazona farinosa*)in Costa Rica beobachtet (F).

Brut: 1973 wurde ein Weibchen mit einer männlichen Gelbflügelblaustirnamazone (*Amazona aestiva xanthopteryx*) gekreuzt (L).

Sonstiges: Low beschreibt sie als lautstarken Vogel.

14.3 Ecuadoramazone

Amazona autumnalis lilacina — Lesson
Lilacine Amazon, Lesson's Amazon

Vorkommen: in West-Ecuador nördlich vom Golf von Guayaquil

Beschreibung: ähnlich wie *Amazona autumnalis salvini*
Länge: Angaben schwanken zwischen 32 und 35 cm
Stirn: Rot ist ausgebreitet bis übers Auge hinaus als Strich
Scheitel: grün mit lila Spitzen, rötlich violette Säume
Zügel: dunkles Rot
Wangen: gelblich grün
Schwanzfedern: Innenfahnen an der Basis rot

Schnabel: schwarz (G)

Freileben: Diese Amazone lebt in der tropischen Zone im heißen Äquatorgebiet.

Brut: 1946 ist Puntam in den USA eine Zucht geglückt.

Sonstiges: Low schreibt, daß die Ecuadoramazone zahm wird.

14.4 Diademamazone

Amazona autumnalis diadema — Spix 1824
Diademed Amazon

Vorkommen: Nordwest Brasilien: zwischen Rio Negro und dem oberen Amazonas

Beschreibung:
Länge: 36 cm (größer als die Nominatform)
Scheitel: lila, vorn bläulich, im Zentrum grün
Hinterkopf bis Nacken: grün mit grünlich gelben Säumen
Nacken: unterer Teil grün mit lila
Zügel: purpurrot (dunkel)
Wangen: gelblich grün
Kinn: oft weinrot (G)

Wachshaut: hell mit kleinen roten Federhaaren

Geschlechtsunterscheidung:
♂: Schwanzfedern sind 2 cm kürzer als beim Weibchen (G)

Jungtiere: wenig Rot und Blau

14.4 *autumnalis diadema*

Freileben: Die Diademamazone lebt in Äquatornähe bei hoher Temperatur und Luftfeuchtigkeit.

Sonstiges: Laut de Grahl lernt sie in Gefangenschaft gut Geräusche nachzuahmen.

Diademamazone
(*Amazona autumnalis diadema*).
Die Wachshaut sollte
eigentlich ganz mit
Federhaaren bedeckt
sein.

Rotschwanzamazone (*Amazona brasiliensis*).

15 Rotschwanzamazone, Rotmaskenamazone

Amazona brasiliensis — Linné 1758
Blue-faced Amazon, Red-tailed Amazon, Brazilian Green Amazon

Vorkommen: in Südost Brasilien von südöstlich São Paulo bis Rio Grande do Sul

Beschreibung:
Länge: 36–37 cm
Grundfarbe: grün, Unterseite blasser, Flügeldeckfedern gelb gesäumt
Stirn: matt rot
Scheitel: pinkrot, malvefarben gesäumt, an der Basis gelb; (G): fahlorange
Nacken: pinkrot, Basis gelb, Säume blaß; (G): fahlorange
Zügel: matt rot
Ohrfleck: mattrötliches Blau
Wangen, Hals und Kinn: mattrötliches Blau, malvefarben gesäumt (F)
Kopfseiten und Kinn: (G): türkis
Flügelrand: rot
Handschwingen: grün mit blauen Spitzen
Armschwingen: grün mit blauen Spitzen, innere Federn gelbgrün gesäumt
Schwungfedernunterseite: an der Basis der Innenfahnen blaugrün
Deckfedern a. d. Unterseite d. Flügel: gelbgrün
Schwanzfedern: Mittelfedern grün, seitliche Federn mit gelbgrünen Spitzen und rotem Band daneben, die 3 äußersten Federn mit blauem Band (F,G)
untere Schwanzdeckfedern: gelbgrün

Schnabel: hellgrau (P), hornfarben, Spitze des Oberschnabels dunkler
Wachshaut: gelblich hellgrau
Augenring: weiß (P), blaugrau (G)
Augeniris: braun
Beine: grau

15 *brasiliensis*

Geschlechtsunterscheidung:
♀: weniger Rot am Vorderkopf, Wangen matter, mehr grüne Federn, Spitzen purpurn (G,L)

Jungtiere: keine abweichende Färbung bekannt

Freileben: Sie lebt an der Küste vor allem in Araukarienwäldern. Wolters hält sie für evtl. artgleich (konspezifisch) mit der Goldmaskenamazone (*Amazona dufresniana*).

Die Rotschwanzamazone bildet manchmal gemeinsame Flüge mit der Prachtamazone (*Amazona pretrei*).

Obwohl nicht geschützt, bezeichnet sie Dr. Sick 1969 als
sehr selten und durch Waldrodung vom Aussterben bedroht (F).

Brut: Low weiß von einer Zucht, die allerdings unter fast
natürlichen Bedingungen bei Prof. Riva in Brasilien gelungen ist. Über Brutgewohnheiten ist nichts bekannt.

Sonstiges: Maxwell (L) bezeichnet diese Amazonenart
als gute Sprecher und Schauspieler, de Grahl meint, daß
die Nachahmungsfähigkeit bei einzelnen Tieren sehr verschieden ausfällt.

Goldmaskenamazone (*Amazona dufresniana
dufresniana*).

16.1 Goldmaskenamazone, Dufresnesamazone, Rotkronenamazone

Amazona dufresniana dufresniana — Shaw 1812
Dufresne's Amazon, Blue-cheeked Amazon

Vorkommen: in Südost-Venezuela im Gebiet von Gran Sabana, in Guyana, Surinam und Guayana (Cayenne)

Beschreibung:
Länge: 34–36 cm
Grundfarbe: dunkelgrün, Unterseite etwas blasser, Federsäume leicht schwärzlich
Stirn: orangegelb
Scheitel/Hinterkopf: gelb, mit mattem Grün breit gesäumt
Nacken: stark schwärzlich gesäumt
Zügel: orangegelb, (P): bläulich
Ohrdeckfedern: violettblau
Halsseiten: violettblau
Kehle: Federn mit blauen Spitzen
Flügelrand: blaß gelbgrün
Handschwingen: schwarz, zu den Spitzen der Außenfahnen violettblau
Flügelspiegel: genau begrenzter gelborangener Bezirk quer über die Basis der ersten 4 Armschwingen
Rücken: schwärzlich gesäumt
Schwanzfedern: grün mit gelbgrünen Spitzen, die 4 äußersten Federn an den Innenfahnen schwach orange gefärbt
untere Schwanzdeckfedern: gelbgrün

Schnabel: grau mit Pinkrot am Ansatz des Oberschnabels
Wachshaut: dunkelgrau
Augenring: grünlich grau (P)
Augeniris: orangerot
Beine: grau

Geschlechtsunterscheidung:
♀: Flügelspiegel matter gefärbt (G)

Jungtiere: (G): kein oder wenig Rot an Kopf und Schwanz; Stirn und Zügel am Rand oft gelb

16.1 *dufresniana dufresniana*

Freileben: Während der Sommermonate Juli und August kommen kleine Flüge in die Wälder entlang des sandigen Küstenabhangs. Sonst halten sie sich mehr in höheren Regionen in Wäldern mit gemäßigteren Temperaturen im Landesinnern auf (F).

Wolters hält die Goldmaskenamazone für evtl. konspezifisch mit der Rotschwanzamazone (*Amazona brasiliensis*).

Brut: Über die Brutgewohnheiten ist als einziges bekannt, daß bis zu 3 Eier gelegt werden.

Sonstiges: Nach Mc Loughlin (L) zeigen sie in Gefangenschaft ein ruhiges, angenehmes Wesen.

16.2 § Granada-Amazone, Rotscheitelamazone, Blauwangenamazone, Rotbrauenamazone

Hinweis: Der Name Blauwangenamazone stammt von Pinter, trifft aber auf die Nominatform besser zu. Vergleiche Fotos S. 145/148, engl. Name S. 146.

Amazona dufresniana rhodocorytha — Salvadori 1891
Red-topped Amazon, Red-browed Amazon, Red-crowned Amazon, Red-capped Amazon

Vorkommen: Südost-Brasilien: von Alagoas bei Salvador (Bahia) nach Süden bis Rio de Janeiro

Beschreibung: Farben variieren mitunter
Grundfarbe: blasser grün
Stirn: rot, (P): orangerot
Scheitel: rot, (P): orangerot
Hinterkopf: matt rötlich mit schwärzlichen Spitzen, teils bläulich getönt
Nacken: (P): in Graugrün übergehend
Zügel: gelblich mit Rot
Ohrdeckfedern und hinterer Wangenteil: bläulich mit Grün vermischt
Wangen: vorn gelblich
Kinn: pinkrot
Kehle: pinkrot
Flügelspiegel: an der Basis der ersten 3 Armschwingen rot, Ränder blau
Schwanzfedern: Zentralfedern grün, (L): äußere haben einen roten Fleck auf den Innenfahnen

Schnabel: dunkelgrau, Oberschnabel rötlich
Augenring: blau (P)

Jungtiere: Scheitel grün mit Rot, weniger Rot am Spiegel – nur auf den ersten 2 Armschwingen, kaum Rot am Schwanz

Freileben: Die Unterart lebt geographisch getrennt von der Nominatform. Der Bestand in Ost-Brasilien hat wegen der Waldrodung abgenommen, um Rio de Janeiro ist sie wahrscheinlich nicht mehr vorhanden.

Sie halten sich gerne im Wald in Küstennähe oder an Flußmündungen auf, im Winter bevölkern sie die Mangroven-

16.2 *dufresniana rhodocorytha*

wälder. Man hat sie schon gemeinsam mit Venezuela-Amazonen (*Amazona amazonica*) angetroffen.

Brut: Low erwähnt eine Kreuzung mit einem Weibchen der Blaukappenamazone (*Amazona finschi*), wobei 1972 in Tampa (Florida) zwei Junge schlüpften.

Sonstiges: De Grahl bemerkt, daß die Stimme der Granada-Amazone völlig von der anderer Arten abweicht, von weitem gehört soll ihr „kaua-kaua" an das Bellen eines kleines Hundes erinnern. Ihr Wesen wird als sehr ruhig, fast phlegmatisch beschrieben.

Granada-Amazone
(*Amazona dufresniana
rhodocorytha*).
♀ links, ♂ rechts –
unterschiedliche Fär-
bung ist nicht unbe-
dingt geschlechtsspe-
zifisch.

Soldatenamazone
(*Amazona mercenaria mercenaria*).

17.1 Soldatenamazone

Amazona mercenaria mercenaria — Tschudi 1844
Scaly-naped Amazon, Mercenary Amazon, Tschudi's Amazon

Vorkommen: entlang des Ostabhangs der Anden in Peru bis ins Bergland von Nord-Bolivien

Beschreibung:
Länge: 34 cm
Grundfarbe: grün, heller und leuchtender an der Unterseite
Stirn: hell, leuchtend grün
Scheitel/Hinterkopf/Nacken: dunkelgrün, matt graublau gesäumt, Spitzen schwärzlich
Halsseiten: matt grün mit schwärzlichen Säumen
Wangen: hell, leuchtend grün
Flügelrand: gelb, unterschiedlich mit Orangerot durchsetzt, (bei Pinter fälschlich als Bug bezeichnet)
Handschwingen: grün, zu den Spitzen violettblau
Armschwingen: grün, zu den Spitzen violettblau
Flügelspiegel: rot quer über die Basis der ersten 3 Armschwingen
Rücken: mehlig (Bedford)
Schwanzfedern: grün mit gelbgrünen Spitzen, seitliche Federn mit rotem Band in der Mitte
Schwanzdeckfedern: gelbgrün

Schnabel: grau mit hornfarbenem Fleck an der Basis des Oberschnabels, (L): breite unbefiederte Hautregion seitlich neben dem Unterschnabel
Wachshaut: dunkelgrau
Augenring: weiß
Augeniris: rot
Beine: grünlich grau

Geschlechtsunterscheidung: keine

Jungtiere: vermutlich ohne roten Spiegel (L)

17.1 *mercenaria mercenaria*

Freileben: Sie bewohnen bergiges Waldgebiet in Höhen von 800 bis 2 500 m.

Sonstiges: In ihrer Heimat bezeichnet man sie als gute Sprecher (Bedford).

17.2 Orangeflügelamazone

Amazona mercenaria canipalliata — Cabanis 1885
Grey-naped Amazon, Scaly-naped Amazon, Colombian Amazon

Vorkommen: im Bergland von Nordwest-Venezuela, in Kolumbien in den Santa Marta Mountains und den westlichen, zentralen und östlichen Anden (besonders in der Nähe von La Guayacana), in Ecuador entlang des östlichen Andenabhangs.

Beschreibung:
Flügelspiegel: nur verborgene rostrote Flecken an der Basis der ersten 3 Armschwingen
Schwanzfedern: einige rote Flecken (P)

Freileben: Sie bewohnen den Wald von der tropischen bis in die obere gemäßigte Zone. Zum Fressen suchen sie tiefere Regionen auf und ziehen sich zum Schlafen in die höhergelegenen Wälder zurück. Sie wurden selbst in 3500 m Höhe beobachtet, man kann sie also zu den Gebirgsbewohnern rechnen. (F)

17.2 *mercenaria canipalliata*

Venezuela-Amazonen (*Amazona amazonica amazonica*).

18.1 Venezuela-Amazone, Amazonenpapagei

Amazona amazonica amazonica — Linné 1766
Orange-winged Amazon

Vorkommen: Guayana, Surinam, Guyana, Venezuela (ausgenommen das Bergland im Nordwesten), in Kolumbien vorwiegend östlich der Anden, Ost-Ecuador, über Ost-Peru nach Nord-Bolivien, quer durch Brasilien ins Mato Grosso-Gebiet und bis Paraná (laut Pinter bis Rio de Janeiro).

Beschreibung:
Länge: 30–33 cm
Grundfarbe: grün
Stirn: gelb (P), blau (G) – variierende Farbverteilung am Kopf
Scheitel: gelb
Nacken: leicht dunkel gesäumt
Zügel: violettblau
Augenumgebung: Augenbrauenstreif violettblau
Ohrdeckfedern: leuchtend grün
Wangen: vorne gelb, hinten leuchtend grün
Kehle: gelbgrün mit blauen Spitzen

Flügelrand: gelbgrün (bei Pinter fälschlich als Bug bezeichnet)
Handschwingen: grün, zu den Spitzen blauviolett und dann schwarz
Armschwingen: grün mit blauvioletten Spitzen
Flügelspiegel: orange quer über die Basis der ersten 3 Armschwingen
Rücken: dunkle Säume
Schwanzfedern: grün mit gelbgrünen Spitzen, seitliche Federn stark mit Orangerot gefleckt, im Mittelteil der Federn dunkelgrünes Band; äußerste Federn blau gesäumt (F), Innenfahnen rot (G)
untere Schwanzdeckfedern: gelbgrün

Schnabel: hornfarben, an der Spitze grau
Wachshaut: grau

18.1 *amazonica amazonica*

Augenring: grau
Augeniris: orange
Beine: blaßgrau (F), graubraun (P), hornbraun (G)

Geschlechtsunterscheidung:
♂: (G): vermutlich kräftigeres Blau und am Kopf mehr Gelb
♀: (G): vermutlich ausgeprägteres Gelb an den Wangen

Jungtiere: Iris dunkelbraun, blassere Färbung

Hinweis: Exemplare der Venezuela-Amazone aus Nord-Bolivien sind meist größer, solche aus den Guayaländern meistens kleiner als der Durchschnitt. Forshaw hält es für falsch, die kleineren als Unterart (*Amazona amazonica micra*) zu behandeln.

Freileben: Ein Blick auf die Karte zeigt das riesige Verbreitungsgebiet der Venezuela-Amazone.

Sie bewohnt bewaldete Sandhügel im Flachland, kommt entlang der Flüsse in Küstennähe vor, ist häufig in Mangrovenwäldern zu finden und taucht auch im Wald der Savanne auf. Bambusgehölze werden gerne als Schlafplätze benutzt. In der Nähe von Georgetown (Guyana) wurden Bruthöhlen in Mangobäumen festgestellt.

In Nord-Venezuela lebt sie ausschließlich an der Küste, in höheren Gebieten besucht sie allenfalls Kakaoplantagen.

In Nordost-Venezuela überschneidet sich ihr Lebensraum mit dem der Gelbscheitelamazone (*Amazona ochrocephala*), welche aber im Gegensatz zur Venezuela-Amazone eher trockene Wälder bevorzugt. In Kolumbien ist sie in der Tropenzone östlich der Anden beheimatet, nur im Norden kommt sie auch westlich der Anden vor. In Brasilien zieht sie sich im Winter in die trichterförmigen Mangroven entlang der Küste zurück.

Dort wurden Venezuela-Amazonen häufig gemeinsam mit Blauwangenamazonen (*Amazona dufresniana rodocorytha*) beobachtet. Im Mato Grosso bilden sie laut Rehm (F) kleine gemeinsame Flüge mit Blaustirnamazonen (*Amazona aestiva*), verschiedentlich waren auch Mülleramazonen (*Amazona farinosa*) darunter. Die Mahlzeiten werden ebenfalls manchmal von gemischten Gruppen eingenommen. Als besondere, von Venezuela-Amazonen verzehrte Frucht muß die Schweinspflaume (*Spondia lutea*) erwähnt werden. (F)

Brut: Brutzeit ist in Nord-Venezuela im Mai/Juni, in Surinam im Februar/März und in Brasilien im Winter (G). Es wurden Nester mit 2 bis 5 Eiern gefunden, nach etwa 21 Tagen schlüpfen die Jungen, es folgt eine Nestlingszeit von 2 Monaten. Bei Beobachtungen eines Nestes in Guyana wurde festgestellt, daß die Eltern nur zweimal am Tag (gegen 11 Uhr und 17 Uhr) fütterten (G).

Die erste Zucht in Gefangenschaft soll 1801 in Rom stattgefunden haben, doch ist eine Verwechslung mit der Blaustirnamazone (*Amazona aestiva*) nicht ausgeschlossen.

Zwischen 1967 und 1974 wurden in Tampa (Florida) in „Busch Gardens" 11 Junge ausgebrütet. Von weiteren Reinzuchten in den USA (1975 Noegel, 1976 Kenny) berichtet Low.

Die Erstzucht in Deutschland glückte 1978 H. Mitterhuber. Aus 3 Eiern schlüpften 2 Junge. Nach 21 Tagen öffneten sie die Augen (G).

Im Zoo von Paignton (England) ist laut Low 1960 ein gelbes Exemplar der Venezuela-Amazone gehalten worden.

Sonstiges: Die Sprechbegabung dieser Art scheint nicht besonders zu sein, doch können Venezuela-Amazonen recht zahm werden.

18.2   Venezuela-Amazone, Amazonenpapagei

Amazona amazonica tobagensis — Cory
Tobago Orange-winged Amazon

Vorkommen: Insel Trinidad und Tobago

Beschreibung:
Flügelspiegel: das Orange geht bis über die 5 ersten Armschwingen (bei Nominatform nur über 3) – einziges Unterscheidungsmerkmal

Hinweis: Forshaw zweifelt die Gültigkeit dieser Unterart an.

Freileben: Auf Trinidad leben sie von Meereshöhe bis zu 625 m über dem Meeresspiegel, auf Tobago kommen sie auch in höheren Regionen vor, vor allem bei Roxborough nahe der Bloody Bay Straße.

Außer im Waldgebiet halten sie sich gerne in Mangrovensümpfen auf und wählen ihre Ruheplätze oft in Bambusgehölzen. Ihre Nisthöhlen findet man hauptsächlich im Stamm abgestorbener Palmen. (F)

Brut: De Grahl spricht von einer Brutzeit zwischen Februar und Juni, die Gelege enthalten bis zu 5 Eier. Nottebohm und Nottebohm (F) stellten fest, daß auf Trinidad meist im März gebrütet wird. Ein von ihnen auf der Insel beobachtetes Weibchen brütete 21 Tage lang; es verließ während dieser Zeit nur kurz das Nest, um auf dem nächsten Baum vom Männchen gefüttert zu werden. Der Hahn blieb tagsüber in der Nähe, flog jedoch abends zum wohl einige Kilometer entfernten allgemeinen Schlafplatz. Die Nestlingszeit betrug 2 Monate.

18.2 *amazonica tobagensis*

18.3 *amazonica micra*

18.3 Venezuela-Amazone, Amazonenpapagei

Amazona amazonica micra — Griscom u. Greenway 1941

Vorkommen: Surinam
Beschreibung:
Länge: kleiner als Nominatform
Schnabel: schmaler

Hinweis: Forshaw läßt diese Venezuela-Amazone nicht als Unterart gelten, da ihm die geringen Abweichungen von der *Amazona amazonica amazonica* dies nicht gerechtfertigt erscheinen lassen.

Gelbschulteramazone (*Amazona barbaden-sis*).

Blaustirnamazone (*Amazona aestiva aestiva*). Wichtiges Erkennungsmerkmal ist der dunkle Schnabel und die dunkle Wachshaut.

19.1 § Gelbschulteramazone, Kleine Gelbkopfamazone, Gelbflügelamazone, Sonnenpapagei

Amazona barbadensis barbadensis — Gmelin 1788
Yellow-shouldered Amazon

Vorkommen: in Venezuela entlang der Küste und auf der Halbinsel Paraguana, auf der Insel Aruba (evtl. nicht mehr)

Beschreibung: laut Pinter Farbvariationen in Richtung Venezuela-Amazone (*Amazona amazonica*) und Gelbscheitelamazone (*Amazona ochrocephala*)
Länge: 33 cm
Grundfarbe: grün, schwärzliche Säume, Rücken und Unterseite leicht bläulich
Stirn: weiß
Scheitel: vorn weiß, nach hinten gelb
Zügel: weiß
Augenumgebung: gelb
Wangen: oberer Teil gelb; unterer grün, stark mit Blau überhaucht und dunkel gesäumt
Kinn: gelb (G)
Kehle: grün, leicht bläulich mit dunklen Säumen
Schenkel: gelb
Flügelbug: gelb
Flügelrand: blaß gelbgrün
Handschwingen: grün, zu den Spitzen blaue Außenfahnen
Armschwingen: grün, zu den Spitzen blaue Außenfahnen
Flügelspiegel: rot, quer über die Basis der ersten 4 Armschwingen (F,G); nach Low kein Spiegel
Schwungfedernunterseite: blaugrün
Schwanzfedern: grün mit gelbgrünen Spitzen, seitliche Federn an der Basis rot (G), orangerot (F); Außenfahnen der äußersten Federn stark mit Blau gefärbt
untere Schwanzdeckfedern: gelbgrün mit Blau

Schnabel: hornfarben (F), grauweiß (G)
Wachshaut: weiß (L), grau
Augenring: grauweiß (G)

Augeniris: orange (F), gelb (P), gelbbraun (G), orange mit gelbem Innenring (L)
Beine: blaßgrau

Geschlechtsunterscheidung:
♀: Kehle, Brust und Bauch leicht bläulich; mattere Farben

Jungtiere: dunkle Iris, wenig Gelb an der Stirn (G), Unterseite noch nicht bläulich

Freileben: Die Gelbschulteramazone bewohnt felsige, spärlich bewaldete Berghänge in Küstennähe, weiter im Binnenland auch dichtere Wälder, in jedem Fall trockene Gebiete (Wolters).

Sie wurde auf der Insel Aruba seit 1955 nicht mehr festgestellt, möglicherweise ist sie dort ausgestorben, da sich Ölraffinerien stark ausgebreitet haben.

Brut: über Brutgewohnheiten ist wenig bekannt. Die Höhlen befinden sich außer in Bäumen (wie *Spondia lutea* und *Capparis flexuosa*) auch in Spalten und Löchern der Felsböschungen.

Erfolgreiche Zuchten in Gefangenschaft sind nicht bekannt, die Jungen, die 1977 bei Delacour in Frankreich schlüpften, starben nach kurzer Zeit (L).

19.2 § Gelbschulteramazone, Kleine Gelbkopfamazone,

Gelbflügelamazone, Sonnenpapagei

Amazona barbadensis rothschildi — Hartert 1893

Rothschild's Amazon, Yellow-shouldered Amazon

Vorkommen: Inseln vor Venezuela: Bonaire, Margarita, Blanquilla

Beschreibung:
Scheitel, Augenumgebung, Wangen: weniger intensives Gelb
Flügelbug: nur sehr wenig Gelb und mit Rot vermischt

Freileben: Auf der Insel Bonaire findet man sie im nördlichen, hügeligen Teil, besonders in stark bewaldeten Gebieten und in nächster Nähe zu den felsigen Böschungen.

Sie ernähren sich vorwiegend von Kaktusfrüchten (z.B. dem Orgelpfeifenkaktus *Cereus repandus*) und kommen außer in Hainen mit Kaktusgewächsen auch da vor, wo Akazien, Mangobäume, *Caesalpinia*, *Bursera* und *Achras sapota* stehen, deren Früchte sie gerne verspeisen (F).

Hinweis: Voous (F) weist 1957 darauf hin, daß die Unterschiede zwischen der Nominatform und der Unterart *rothschildi* nicht beständig sind und sich die Kennzeichen der auf Aruba und Bonaire lebenden Gelbschulteramazonen teilweise überschneiden. Die an der Küste von Venezuela vorkommenden ähneln seiner Beobachtung nach mal den einen, mal den anderen Exemplaren.

19.2 barbadensis rothschildi

Forshaw kommt aus eigener Anschauung ebenfalls zu dem Schluß, daß man bei der Gelbschulteramazone keine Unterart abtrennen sollte.

Blaustirnamazone (*Amazona aestiva aestiva*). Zahmes
Exemplar in Salta, Argentinien.

Blaustirnamazonen (*Amazona aestiva aestiva*) in allen
Färbungsvarianten, von viel Gelb bis viel Blau.

Amazona aestiva aestiva – Linné 1758
Blue-fronted Amazon, Turquoise Parrot

Vorkommen: in Ost-Brasilien von Piauí und Pernambuco, über das südöstliche Mato-Grosso-Gebiet bis nach Rio Grande im Süden

Beschreibung: variiert in Größe und Farbe (G)
Länge: 37 cm
Grundfarbe: grün, dunkle Federsäume
Stirn: blaß blau
Scheitel: vorn gelb mit Weiß, manchmal auch blau, hinten gelb
Nacken: schwärzliche Federsäume
Zügel: vorn blau
Augenumgebung: gelb
Ohrdeckfedern: gelb
Wangen: gelb und/oder blau
Kinn: gelb
Kehle: gelb
Brust: grün, nach unten heller; (Bedford): blauer Schimmer
Schenkel: grün mit Gelb durchsetzt
Flügelbug: rot; (L): rot mit Gelb
Handschwingen: grün, zu den Spitzen der Außenfahnen blau (Bedford)
Handschwingendecken: dunkelgrün mit violettblauen Spitzen
Armschwingen: grün, zu den Spitzen violettblau
Flügelspiegel: rot quer über die Basis der 5 ersten Armschwingen
Armschwingendecken: grün mit schmalen gelbgrünen Säumen
Schwungfedernunterseite: blaugrün
Rücken: Federn schwärzlich gesäumt
Schwanzfedern: grün mit gelbgrünen Spitzen, seitliche Federn haben einen roten Streifen über die Basis, äußerste Federn mit blauen Säumen
Schwanzdeckfedern: gelbgrün

20.1 *aestiva aestiva*

Schnabel: dunkelgrau
Wachshaut: schwarzgrau
Augenring: weiß (P), graublau (G)
Augeniris: orange
Beine: grau

Geschlechtsunterscheidung:

♀: nicht sicher belegt – nach Boosey (L): Bug ohne Gelb, weniger intensiv blau am Kopf

Jungtiere: Am Kopf weniger Blau und Gelb, manchmal ganz grün; Iris dunkelbraun

Freileben: In ihrer Heimat leben sie im Wald entlang von Flußläufen, selbst in kultivierten Gebieten in der Nähe von Maisfeldern. Blaustirnamazonen fressen unter anderem auch Palmsamen; während der Nahrungsaufnahme reagieren sie nicht scheu auf die Annäherung von Menschen.

Es wurden schon gemischte Flüge mit Venezuela-Amazonen (*Amazona amazonica*) beobachtet.

Brut: In Freiheit liegt die Brutzeit je nach Gebiet zwischen Oktober und März, in Gefangenschaft wurden auch im Juli schon Eier gelegt. 2 bis 5 Eier werden etwa 30 Tage bebrütet, die Nestlingszeit dauert 60 bis 70 Tage.

Die Blaustirnamazone ist in Gefangenschaft häufig vermehrt worden, die früheste Zuchtmeldung stammt 1880 von Renouard in Frankreich, 1894 hatte Dr. Wyss in der Schweiz Erfolg, die Keston-Farm in England bekam 1939 und 1940 Nachwuchs, wovon 1950 wieder Tiere in zweiter Generation gebrütet haben.

Von E. J. Boosey (Keston-Farm) stammt die Information, daß in einem Fall das Männchen mitgebrütet hat. Zudem berichtet er von einem Hahn, der sich mit der beigegebenen Henne nicht vertrug, sie skalpierte und tötete (L). Im allgemeinen nehmen die Blaustirnamazonen schnell einen Partner an.

Es würde zu weit führen, alle geglückten Zuchten aufzulisten. Interessant sind vielleicht noch die Beobachtungen von Meißner aus Stuttgart (G):

Das Balzspiel des Hahnes verlief in dieser Reihenfolge: nickt mit dem Kopf, verbeugt sich, klopft mit dem Schnabel auf einen Ast, gibt dem Weibchen ein Weidenblatt, füttert es, nickt mit gespreizten Flügeln, Tretakt. Ein alter Baumstamm diente als Nisthöhle, das Männchen füllte ihn bis auf 30 cm mit Weidenzweigen, Blättern und trockenen Aststückchen, das Weibchen warf alles wieder heraus, als es die Bruthöhle annahm.

Die Henne brütete (alleine) 2 Eier aus und wurde währenddessen vom Hahn gefüttert.

Die Jungen waren beim Verlassen des Nestes kleiner als die Altvögel und zeigten verwaschene Farben. Sie wurden ungewöhnlich lange von den Eltern gefüttert.

Kreuzungen mit anderen Amazonenarten haben öfter stattgefunden. Es sind Mischlingszuchten mit der Weißstirnamazone (*Amazona albifrons*), der Grünwangenamazone (*Amazona viridigenalis*), der Gelbkopfamazone (*Amazona ochrocephala oratrix*), der Gelbnackenamazone (*Amazona ochrocephala auropalliata*), der Blaubartamazone (*Amazona festiva festiva*), der Gelbwangenamazone (*Amazona autumnalis*) und der Kuba-Amazone (*Amazona leucocephala*) bekannt geworden.

Auch eine Lutinoform hat es gegeben. Bedford besaß ein Weibchen, bei dem die üblicherweise blauen Federn weiß, die sonst grünen gelb waren, die rote Farbe war unverändert. Beine und Schnabel waren fleischfarben, die Iris rot.

Sonstiges: Im Mutterland wird die Blaustirnamazone häufig als Heimtier gehalten; von allen Amazonenarten eine der am meisten exportierten, ist sie in vielen Ländern der Welt bekannt und wird bei uns wahrscheinlich so oft gehalten wie der Graupapagei (*Psittacus eritacus*).

Die Aussagen über Sprechbegabung und Verhalten im Kontakt mit Menschen sind unterschiedlich. De Grahl berichtet von zutraulichen Tieren mit gutem Nachahmungstalent, die sogar Lieder lernen.

Low bezeichnet die Blaustirnamazonen als gute Sprecher und Schauspieler; Bedford ist gleicher Meinung, fügt aber hinzu, daß sie bei Aufregung sehr laut schreien und dazu neigen, auch den besten Freund zu beißen, sei es aus Mutwillen oder Eifersucht.

Pinter räumt diesen Amazonen kein so großes Sprechvermögen ein, was unserer Erfahrung entspricht, beschreibt sie aber als nett und verspielt.

Gelbflügelblaustirnamazone, Bahia-Amazone

Amazona aestiva xanthopteryx — Berlepsch
Yellow-winged Amazon

Vorkommen: Nord- und Ost-Bolivien, in Brasilien im südwestlichen Mato Grosso, durch Paraguay bis in den Norden Argentiniens (bei Santa Fé und teilweise bis nördlich von Buenos Aires)

Beschreibung:
Kopffärbung: blau-gelb (G), Blau ist eher türkis (L)
Augenumgebung: Gelb am Kopf manchmal nur um die Augen (L)
Flügelbug: gelb; Schulterdecken Rot mit Gelb vermischt, manchmal ist das Rot ganz durch Gelb ersetzt.

Gelbflügelblaustirnamazone (*Amazona aestiva xanthopteryx*).

Jungtiere: keinerlei Gelb am Kopf (L)

Freileben: Im Chaco-Gebiet von Südost-Bolivien bewohnt sie sowohl den feuchten als auch den trockenen Wald. Laut Unger wandern die normalerweise in West-Paraguay lebenden Gelbflügelblaustirnamazonen im Frühsommer in die östlichen Landesteile. (F)

Brut: Eine Kreuzung der *Amazona aestiva xanthopteryx* (♂) mit einer Salvinsamazone (*Amazona autumnalis salvini*) (♀) kam 1973 bei Yeats in England zustande (L).

21.1 Gelbscheitelamazone, Surinam-Amazone

Amazona ochrocephala ochrocephala — Gmelin 1788
Yellow-fronted Amazon, Yellow-crowned Amazon, Yellow-headed Amazon,
Single Yellow-headed Amazon

Vorkommen: Venezuela, Guyana, Surinam, Guayana, Insel Trinidad, von Nordbrasilien (in Pará am Tapajós und im mittleren Amazonasgebiet) bis an die Ostseite der Anden in Kolumbien

Beschreibung:
Länge: 35–37 cm
Grundfarbe: grün, Unterseite blasser, gelblich grün
Stirn: gelb
Scheitel: gelb (schmaler Streifen)
Nacken: schwarz gesäumt

21.1 *ochrocephala ochrocephala*

Gelbscheitelamazone (*Amazona ochrocephala ochrocephala*).

Zügel: manchmal mit Gelb
Augenumgebung: über den Augen grüne Abgrenzung gegen das Gelb des Scheitels, teilweise mit einzelnen gelben Federn durchsetzt
Ohrdeckfedern: leuchtendes Smaragdgrün (F)
Wangen: gelbgrün (P), leuchtend smaragdgrün (F)
Schenkel: unterer Rand gelb (variabel)
Flügelbug: scharlachrot
Flügelrand: gelbgrün
Handschwingen: grün, zu den Spitzen blauviolett, Innenfahnen schwarz
Armschwingen: grün, zu den Spitzen blauviolett, Innenfahnen schwarz
Flügelspiegel: auffallendes Rot quer über die Außenfah-

nen der ersten 4 Armschwingen, (F): 5 erste Armschwingen mit Rot über die Basis
Rücken: schwärzlich gesäumte Federn
Schwanzfedern: Mittelfedern grün, seitliche Federn mit breitem gelbgrünen Spitzenbereich, an den Innenfahnen zur Basis rotes Feld mit Gelb; äußerste Federn mit bläulichen Außenfahnen
untere Schwanzdeckfedern: gelbgrün

Schnabel: schwarzgrau mit weißlich orangefarbenem Fleck an der Basis des Oberschnabels, Rachenraum und Zunge ganz schwarz
Wachshaut: grau mit schwarzen Federhaaren
Augenring: hellgrau
Augeniris: orange mit gelbem Innenring
Beine: blaß blaugrau

Geschlechtsunterscheidung: keine

Jungtiere (vergl. Fotos S. 34 und 35, beide Male handelt es sich um dasselbe Tier, auf S. 34 etwa 1½jährig, S. 35 ungefähr 3 Jahre alt): wenig Gelb an Stirn und Scheitel, weniger Rot am Bug, allgemein mattere Färbung; am Nacken stärker schwarze Federsäume; Schwanz hat blassere und weniger ausgebreitete Farben (siehe Fotos Seite 26 u. 27), Iris dunkelbraun, dann blaßgelb; Schnabel völlig grau (F)

Freileben: In Venezuela bewohnen sie den Wald in der tropischen Zone, normalerweise halten sie sich im Flachland auf, doch ziehen sie umher und dringen mitunter bis ins bergige Waldgebiet vor. Gelbscheitelamazonen sind ausdauernde Flieger und legen weite Strecken in ziemlicher Höhe zurück.

In Surinam, wo sie im Landesinnern ebenso wie in der sandigen Küstenregion zu finden sind, und im Nordwesten von Venezuela überschneidet sich ihr Lebensraum mit dem der Venezuela-Amazonen (*Amazona amazonica*), die dort viel häufiger in Erscheinung treten. Gelbscheitelamazonen lieben eher den trockenen Wald, während Venezuela-Amazonen mehr im feuchten Waldgebiet vorkommen.

Zu ihrer Nahrung gehören in Nordwest-Venezuela die reifen Früchte folgender Gewächse, von denen uns nur die lateinischen Namen bekannt sind: *Pereskia guamacho, Curatella americana.*

In Guyana leben sie im Wald im Landesinnern, tauchen nur wenig in Küstennähe auf; im Nordwesten bei Mabaruma ist die Gelbscheitelamazone die einzige, aber auch nicht häufig vorkommende Amazonenart. Sie wurden dort beim gemeinsamen Fressen mit St. Thomas-Sittichen (*Aratinga pertinax*) beobachtet, die Früchte des *Ochlospermum orinocense* werden neben anderem verzehrt.

Auf der Insel Trinidad ist die Art nur schwach vertreten.

In Brasilien ist sie entlang des Branco (Nebenfluß des Amazonas) häufig; am Oberlauf des Magdalena in Zentralkolumbien kommen sie an beiden Ufern vor, sie bevorzugen auffallend große Palmen und eine bestimmte Baumart, die bis über 30 Meter Höhe erreicht und große orangefarbene Blüten trägt.

Wenn die Amazonen abends ihren Schlafplatz aufsuchen, verteilen sie sich auf mehrere Bäume, beim Überwechseln zu einem anderen Baum fliegen Paare stets gemeinsam hinüber. (F)

Brut: In Freiheit liegt die Brutzeit zwischen Januar und Mai. Low berichtet, daß schon Nester in Termitenhügeln gefunden wurden. 2 bis 4 Eier werden 25 (L)–29 (G) Tage bebrütet. Die Nestlingszeit dauert 65 (P)–74 (G) Tage.

Smith (F) beschreibt die Gewohnheiten eines handaufgezogenen zahmen Paares, das in Nordost-Venezuela in halber Freiheit gehalten wurde: Kopulationen beobachtete man von Februar bis April, meist frühmorgens, auch mehrmals täglich. Die Nestarbeiten wurden etwa 3 Tage nach dem ersten Tretakt begonnen, sporadisch einen Monat lang vorwiegend morgens weitergeführt, meist vom Weibchen allein, während das Männchen außerhalb der Nisthöhle blieb. In drei Fällen wurden 3 Eier gelegt, nur das Weibchen brütete. Der Hahn blieb in der näheren Umgebung, war häufig am Eingang und betrat die Höhle vermutlich nicht mehr, nachdem die Brut begonnen hatte. Die Henne verließ zweimal am Tag das Nest, frühmorgens und am Nachmittag flog sie zusammen mit dem Hahn laut krächzend um den Brutbaum. Schon bevor die Eier gelegt wurden, hatte das Männchen damit begonnen, sein Weibchen mit Hochgewürgtem zu füttern, und behielt dies während der ganzen Brutzeit bei. Die Eier waren unbefruchtet.

Da Surinamamazonen in Gefangenschaft meist als sprechende Einzelvögel gehalten werden, ist die geringe Anzahl bekannter Nachzuchten erklärlich.

Eine erfolgreiche Reinzucht gelang 1970 Smith (F). Innerhalb einer Woche wurden 4 Eier gelegt, das Weibchen begann zu brüten, als das erste Ei im Nest lag.

Folgende Kreuzungen mit anderen Unterarten kamen zustande: mit der Panama-Amazone (*Amazona ochro-cephala panamensis*) in den USA bei Latrick (Wolters) und mit der Doppelgelbkopfamazone (*Amazona ochro-cephala oratrix*) (G).

Sonstiges: Alle Autoren sind sich einig, daß Gelbscheitelamazonen gute Sprechbegabung besitzen und meist sehr zahm werden.

Low bemerkte ähnlich wie auch wir, daß sie als erwachsene Vögel nur dem Besitzer erlauben, sie handzuhaben, und daß auch zahme Tiere beißen, wenn sie aufgeregt sind.

21.2 Maraja-Amazone

Amazona ochrocephala xantholaema — Berlepsch
Marajo Yellow-headed Amazon

Vorkommen: Insel Marajó in der Mündung des Amazonas in Nordbrasilien

Beschreibung:
Länge: größer als Nominatform
Stirn: genau begrenztes grünes Band
Scheitel: gelb, setzt sich fort bis zum Nacken
Ohrdeckfedern: gelb
Wangen: gelb
Schenkel: gelb
Augenring: gelblich (G)

Hinweis: Es sind nur 2 Exemplare der Maraja-Amazone bekannt; zum Beweis der Gültigkeit der Unterart sind weitere Tiere notwendig.

21.2 ochrocephala xantholaema

Panama-Amazonen
(*Amazona ochroce-*
phala panamensis).

21.3 Natterersamazone, Grüne Amazone

Amazona ochrocephala nattereri — Finsch
Natterer's Amazon

Vorkommen: Süd-Kolumbien, Ost-Ecuador, Ost-Peru, Nord-Bolivien, West-Brasilien (Acre und Nordwest-Mato-Grosso)

Beschreibung:
Länge: 38 cm (G)
Stirn/Scheitel: gelbes Band ist breiter als bei der Gelbscheitelamazone, aber weniger als bei der Panama-Amazone (*Amazona ochrocephala panamensis*)
Augenumgebung: gelber Augenbrauenstreif (G)
Ohrdeckfedern: grün mit Blau
Kehle: grün mit Blau
Bauch: manchmal bläulich gefärbt

Freileben: Sie lebt entlang der Anden an deren Ausläufern, meist im Wald entlang von Flußläufen. Sie entfernt sich nie weit aus der Bergregion, nur an der nördlichen Grenze ihrer Verbreitung ist das Lebensgebiet der Natterersamazone weiter ausgedehnt. Im Süden geht ihr Lebensraum etwa bis dahin, wo die rechtsseitigen Zuflüsse des Amazonas ihren Beginn nehmen.

In Zentral-Peru wurden sie am linken Ufer des Apurimac im Urwald und in einer angrenzenden Kaffeeplantage festgestellt (F).

21.3 *ochrocephala nattereri*

Hinweis: Der Name wird in verschiedenen Büchern mitunter falsch angegeben. Sie heißt nicht Nattersamazone, sondern ist nach Natterer benannt worden.

21.4 Panama-Amazone, Gelbstirnamazone

Amazona ochrocephala panamensis — Cabanis 1885
Panama Yellow-fronted Amazon

Vorkommen: Nord-Kolumbien, westlich des Magdalena bis West-Panama, auf den Inseln Archipíclago de la Perlas in der Kanalzone und auf Coiba

21.4 *ochrocephala panamensis*

Beschreibung:

Länge: 32–33 cm
Grundfarbe: Federsäume nicht schwarz, sondern blaugrün
Stirn: breit gelb
Scheitel: vorn gelb, dahinter blaugrüner Bezirk
Zügel: vorn gelb
Augenumgebung: über den Augen blaugrüner Rand als Abgrenzung zum Gelb des Scheitels
Schenkel: grün mit etwas Gelb durchsetzt (F), gelb (G)
Flügelbug: wenig Rot (F), viel Rot (G)
obere Schwanzdeckfedern: olivgrün

Schnabel: hornfarben mit dunklerer Spitze; Rachenraum und Zunge hell oder mit Schwarz gescheckt
Augeniris: braunrot
Beine: hornfarben, fast weiß, teilweise auch weiße Krallen

Geschlechtsunterscheidung:

♂: Augenring ist ausgeprägter (G)
♀ : weniger Gelb an der Stirn (G)

Jungtiere: weniger Gelb an der Stirn, dunkle Iris; (G): Schnabel dunkler, hellt sich auf

Freileben: In Panama bewohnt sie den Galeriewald und die Savannen im Flachland. Am Küstenabhang zum Pazifik ist sie häufiger zu finden, auf der karibischen Seite nur selten, meist entlang von Flüssen. In der Kanalzone legen die Panama-Amazonen den Weg zwischen den Inseln und dem Festland zweimal täglich zurück, sie fliegen morgens zu ihren Futterplätzen und nachmittags zurück zu den Schlafbäumen.

In Nordkolumbien leben sie in der tropischen Zone; die Panama-Amazone ist dort die am häufigsten vorkommende Amazonenart.

Brut: Erstzucht in den USA 1945, Davis; 1963 erster Zuchterfolg in Europa (Dänemark); 1967, 68, 69 brütete in England bei Smith dasselbe Paar dreimal erfolgreich. Inzwischen sind weitere Nachzuchten bekannt geworden.

In den USA hat bei Latrick eine Kreuzung mit der Nominatform stattgefunden. Eine blaue Mutation besitzt der Zoo Wassenaar in Holland, bei diesem Vogel ist die Stirn weiß (L).

Mutation der Panama-Amazone.

Gelbnackenamazone (*Amazona ochrocephala auropalliata*).

21.5 Gelbnackenamazone

Amazona ochrocephala auropalliata — Lesson
Yellow-naped Amazon, Golden-naped Amazon

Vorkommen: von Süd-Mexiko (Oaxaca) entlang des Abhangs zum Pazifik durch Guatemala, El Salvador, Honduras und Nicaragua bis nach Nordwest-Costa-Rica.

Beschreibung:
Länge: 35 (L) – 39 cm (P)
Stirn/Scheitel: grün; (P): blaugrün, (Bedford): mit einzelnen gelben Federn
Nacken: gelbes Band (variabel)
Schenkel: grün (kein Gelb)
Flügelbug: grün (kein Rot)
Handschwingendecken: blaß gelber Federrand
Flügelspiegel: rot (G), mit etwas Blau (L)

Schnabel: dunkelgrau, Basis des Oberschnabels heller
Wachshaut: schwarz mit schwarzen Federhaaren
Augenring: grau
Augeniris: orange
Beine: hellgrau

Geschlechtsunterscheidung:
♀: kleiner, kürzere Flügel (G)

Jungtiere: kaum oder kein Gelb am Nacken, Iris dunkel

Freileben: Im Süden Mexikos bei Oaxaca leben sie im tropischen Laubwald und im feuchten Galeriewald bis in 330 m Höhe, kommen jedoch nicht sehr häufig vor.

In Guatemala und Honduras bewohnen sie im Flachland an der Pazifikküste bis in 600 m Höhe Wälder und deren

21.5 *ochrocephala auropalliata*

Randgebiete, auch offenes Land, d.h. Savanne in nächster Nähe zum Wald.

In El Salvador gibt es nur noch wenig unberührte Natur, deshalb gibt es dort fast keinen geeigneten Lebensraum für Amazonen mehr.

Die Gelbnackenamazonen bewohnen in Costa Rica das trockene Gebiet am Pazifik im Nordwesten und bevölkern den Wald, der bis in die Ausläufer des Bergmassivs reicht;

daneben sind sie häufig im tiefer gelegenen Tempisque-Becken zu finden, wo sich Grasland mit Gebüsch und Sumpfland abwechseln. Am Golf von Nicoya (Pazifik-küste) leben sie in dem Teil, wo aufgrund größerer Feuchtigkeit Landwirtschaft betrieben wird (F).

Hinweis: Die Gelbnackenamazone wurde oft als eigene Art behandelt. In Nord-Honduras, in Sula Valley, leben zwei Farbtypen der *Amazona ochrocephala*; die einen kann man den Gelbnacken zuordnen, die anderen, zahlreicher auftretenden haben eine gelben Scheitel. Möglicherweise handelt es sich dabei um eine noch nicht beschriebene Unterart (Monroe 1968) (F).

Brut: Üblich sind 2 bis 4 Eier, die Brutzeit dauert 29 Tage, die Nestlingszeit 65 Tage.

1948 züchtete Hallstrom in Australien diese Amazonen, 1974 glückte in Schweden eine Brut bei Martin. In den USA kam eine Kreuzung mit einer Blaustirnamazone (*Amazona aestiva*) zustande; Low weiß von einer blauen Mutation und einer Lutinoform zu berichten (USA).

Sonstiges: Man bezeichnet sie als die besten Sprecher unter den Amazonen (P) mit ruhigem, liebenswürdigem Wesen (Bedford). Ihre tiefe, aber nicht rauhe Stimme trifft die menschliche Tonlage (Low nach Slud).

21.6 Gelbnackenamazone

Amazona ochrocephala parvipes — Monroe u. Howell 1966
Yellow-naped Amazon

Vorkommen: Auf den Inseln Roatán, Barbareta und Guanaja; am Abhang zum Karibischen Meer in Honduras und an der Moskito-Küste von Nordost-Nicaragua

Beschreibung: wie *Amazona ochrocephala auropalliata*
Länge: kleiner (L)
Flügelbug: rot (bei *auropalliata* grün)
Schnabel: blasser grau

Freileben: Sie bewohnen das Tiefland an der karibischen Seite, kommen nicht über 750 m Höhe vor, bevölkern die mit Kiefern bestandene Savanne, begeben sich zum Fressen auch in den angrenzenden Regenwald.

21.6 *ochrocephala parvipes*

Doppelgelbkopfamazonen (*Amazona ochrocephala belizensis*). Erwachsenes Tier links, die drei Jungvögel rechts ähneln der Panama-Amazone.

Doppelgelbkopfamazone (*Amazona ochrocephala oratrix*).

21.7 Doppelgelbkopfamazone, Große Gelbkopfamazone

Amazona ochrocephala belizensis — Monroe u. Howell 1966
Double Yellow-headed Amazon

Vorkommen: Belize (ehem. Britisch Honduras)

Beschreibung: weitgehendst gleich mit *Amazona ochrocephala oratrix* (21.8); hier nur Farbabweichungen von dieser!
Hinterkopf: grün mit einzelnen gelben Federn
Wangen: nur oberer Teil gelb
Kehle: grün, manchmal einige verstreute gelbe Federn

Freileben: Sie wohnen im flachen Gebiet an der Küste und in Flußniederungen, als Schlafbäume bevorzugen sie hohe Kiefern, auf Nahrungssuche sieht man sie tagsüber auch im hohen feuchten Wald.

Brut: 1977 und 1978 wurde eine Doppelgelbkopfamazone – dabei ist nicht ganz klar, um welche Unterart es sich gehandelt hat – mit einer Gelbscheitelamazone (*Amazona ochrocephala ochrocephala*), also der Nominatform gekreuzt, diese Zucht gelang bei Kenny in Tampa (Florida) (L).

Sonstiges: In den USA werden sie häufig als Heimtiere gehalten, es gibt darunter gute Sprecher. Ihre laute Stimme ähnelt der von Mülleramazonen (*Amazona farinosa*).

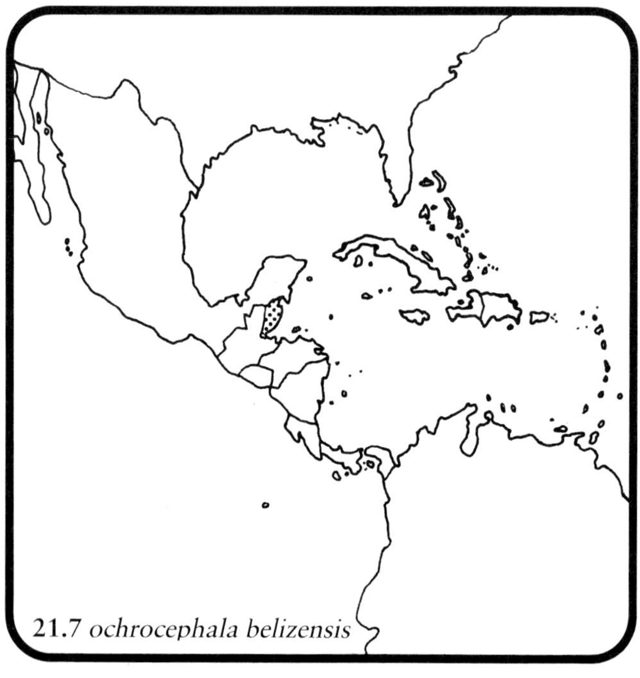

21.7 *ochrocephala belizensis*

21.8 *ochrocephala oratrix*

Amazona ochrocephala oratrix —   Ridgway

Double Yellow-headed Amazon, Levaillant's Amazon, Mexican Yellow-headed Amazon

Vorkommen: Zentral-Mexiko am Abhang zum Pazifik und an der karibischen Küste im Gebiet von Tamauplias, östlich von Oaxaca und um Tabasco, evtl. auf der Halbinsel Yucatán und in Belize.

Beschreibung: Gelbfärbung des Kopfes ist variabel in der Ausdehnung
Länge: 41 cm
Stirn: gelb
Scheitel: blaßgelb
Hinterkopf: gelb
Zügel: gelb
Augenumgebung: gelb
Wangen: blaßgelb
Kinn: gelb
Kehle und vordere Halsseiten: gelb
Brust/Bauch: grün mit blaugrauem Schimmer
Schenkel: unten gelb
Flügelbug: blaßrot mit etwas Gelb durchsetzt
Flügelrand: gelb
Rücken: (Bedford): mit gelben Flecken

Schnabel: gelblich weiß (G,L), hornfarben, an der Basis des Oberschnabels grau (F)
Wachshaut: hell
Augenring: weiß
Augeniris: rot, (L): orange mit gelbem Innenring
Beine: hellbraun (P)

Jungtiere: sind leicht mit der Panama-Amazone (*Amazona ochrocephala panamensis*) zu verwechseln; der Kopf ist grün bis auf gelben Stirnfleck, Flügelbug noch grün, Flügelrand gelbgrün, Schnabel ist dunkler, hellt auf, Iris dunkelbraun

Hinweis: Diese Doppelgelbkopfamazone wurde schon als eigene Art behandelt. Sie ist der nördlichste Vertreter aller Amazonen (G). Die am karibischen Ufer lebenden Tiere sind meist größer als die am Pazifik vorkommenden. Forshaw meint aber, man dürfe sie nicht in zwei Unterarten trennen. Die größeren Exemplare werden von anderen Autoren als *Amazona ochrocephala magna* benannt (21.10). Über Zwischenstufen zur Gelbnackenamazone (*Amazona ochrocephala auropalliata*) gibt es nur Vermutungen; im Gebiet, wo der Lebensraum beider Unterarten aneinanderstößt, leben nur sehr wenige Amazonen.

Freileben: Sie bewohnen in kleinerer Zahl den dichten Dornwald und den hohen tropischen Laubwald am Fuße der Bergmassive an der Westküste Mexikos bei Colima. Im Osten bei Veracruz kommen sie im trockenen tropischen Gebiet bis 500 m über dem Meeresspiegel vor; im Dschungel suchen sie Futterquellen auf, fliegen aber stets wieder zurück zu ihren Schlafbäumen in Küstennähe.

Im übrigen sind sie im Wald entlang der Flußläufe und im offeneren Land, wo Waldstücke mit Feldern abwechseln, zu Hause. (F)

Brut: Die Brutzeit in Belize liegt im März, bei Zuchten in Gefangenschaft wurden bis zum Mai Eier gelegt. Meist enthält ein Gelege nur 2 Stück, die Jungen schlüpfen nach 22 bis 24 Tagen und bleiben noch ca. 70 Tage im Nest.

Die erste Zucht gelang 1944 in den USA, aus neuerer Zeit stammen mehrere Erfolgsberichte. Zwischen 1966 und 70 wurden im Zoo von Houston (USA) etwa zwanzig Junge groß; bei Smith in England brütete das gleiche Paar dreimal erfolgreich (1970, 71,72); ein Junges davon züchtete bei Dalton 1977 in zweiter Generation, seit 1975 hatte es Eier gelegt.

1972 Zoo Zürich, 1975 Williamson in Schweden, 1977 Springman in Texas.

Es gab auch eine Kreuzung mit der Blaustirnamazone (*Amazona aestiva*).

Sonstiges: Unter den Doppelgelbkopfamazonen gibt es viele gute Sprecher, jedoch auch Ausnahmen. Ihr Temperament wird verschieden beschrieben — liebenswürdig, wild, tückisch.

Da große Nachfrage nach diesen Amazonen besteht, hat sich ihre Zahl in Freiheit stark vermindet.

21.9 Doppelgelbkopfamazone, Große Gelbkopfamazone

Amazona ochrocephala tresmariae — Nelson
Tres Marias Amazon, Yellow-headed Amazon

Vorkommen: auf der Inselgruppe Tres Marias vor der Küste von West-Mexiko

Beschreibung: weitgehendst wie *Amazona ochrocephala oratrix*, hier nur Abweichungen von dieser!
Länge: längerer Schwanz
Nacken: auch gelb
Brust: Oberteil gelb
Bauch: unten grün mit blauem Schimmer, weiter oben blasser grün
Schenkel: gelb
Flügelbug: rot mit viel Gelb

Freileben: Sie kommen auf allen Inseln der Gruppe vor. Es wurde beobachtet, wie diese Doppelgelbkopfamazonen abends in den Blütenkronen von Agaven landeten, später bis auf 2 Meter über dem Boden herunterkletterten, dort die Nacht zubrachten und am Morgen wieder in den Wald entlang der Küstenabhänge zurückflogen. (F)

Brut: Die einzige uns bekannte Zuchtmeldung stammt von Zimbal, Wolfsburg, wo 1981 zwei etwa 8 Jahre alte Tiere Nachwuchs bekamen; die Henne hatte schon mit 6 Jahren 3 Eier gelegt. Im Februar wurden erste Tretversuche beobachtet, die Eiablage fand Ende März, Anfang April statt, die drei Eier wurden im Abstand von 2 Tagen gelegt. Die Henne brütete in einer Naturstammhöhle, die

Luftfeuchtigkeit betrug 60%. Nach etwa 30 Tagen schlüpfte ein Junges, die anderen Eier waren unbefruchtet.

Doppelgelbkopfamazonen (*Amazona ochrocephala tresmariae*).

Laut Bericht hatte der Nestling mit 31 Tagen die Augen halb geöffnet und grauen Flaum am ganzen Körper, mit 43 Tagen sah man die schwarze Iris. Im Alter von 61 Tagen war das Federkleid vollständig grün, an der Stirn ein gelber Fleck und der Flügelbug leicht rot gezeichnet; das Rot und Gelb der Schwanzfedern wirkte verwaschen, das Geschlecht ließ sich nicht bestimmen.

83 Tage nach dem Schlüpfen verließ das Junge den Nistkasten und schlief nun außerhalb, etwas abseits der zusammensitzenden Elterntiere.

Das Weibchen verlor während der Brutzeit etwas von seiner sonstigen Zahmheit, der Hahn dagegen war stets sehr scheu. Er kümmerte sich mehr um das Junge als die Henne, nachdem es den Nistkasten verlassen hatte.

21.9 *ochrocephala tresmariae*

21.10 *ochrocephala magna*

21.10 Doppelgelbkopfamazone, Große Gelbkopfamazone

Amazona ochrocephala magna — Monroe u. Howell 1966

Vorkommen: Am Küstenabhang zum Atlantik in Mexiko: von Tamauplias über San Luis Potosí, Veracruz nach Süden bis östlich von Tabasco (L)

Beschreibung:
Länge: größer als *Amazona ochrocephala oratrix*
Färbung: kein Blau im Gefieder, sonst wie *Amazona ochrocephala oratrix*

Hinweis: Ob diese Unterart Gültigkeit besitzt, ist ungeklärt. Low erwähnt sie in ihrem Buch „The Parrots of South America" von 1972, läßt sie aber in „Parrots, Their Care and Breeding" von 1980 wieder weg. Forshaw behandelt sie nicht gesondert (siehe *Amazona ochrocephala oratrix* 21.8).

22.1 Mülleramazone

Amazona farinosa farinosa — Boddaert 1783
Mealy Amazon

Vorkommen: Guyana, Surinam, Guayana, Süd-Venezuela (um Bolívar), vom äußersten Südosten Kolumbiens durch Brasilien (Amazonasgebiet, Mato Grosso bis São Paulo) und in Nord-Bolivien

Beschreibung:
Länge: 38–39 cm
Grundfarbe: grün, Oberseite (Rücken) mit graugrünem Überzug, bestäubt, Unterseite blasser grün
Scheitel: unterschiedlich ausgeprägter gelber Fleck, manchmal rot
Hinterkopf/Nacken: matt grün, breit mit Graublau gesäumt, Spitzen schwärzlich
Flügelrand: rot, häufig mit Gelbgrün (bei Pinter fälschlich als Bug bezeichnet)
Handschwingen: grün mit blauvioletten Spitzen
Armschwingen: grün mit blauvioletten Spitzen
Flügelspiegel: rot über die Basis der ersten Armschwingen
Rücken: gepudert
Schwanzfedern: grün mit breiten gelbgrünen Spitzen, seitliche Federn manchmal leicht rot gezeichnet, äußerste Schwanzfedern blau gesäumt
Schwanzdeckfedern: gelbgrün

Schnabel: Oberschnabel an der Basis gelbhornfarben, zur Spitze dunkelgrau
Wachshaut: schwarzgrau
Augenring: grau (P), weiß (G)
Augeniris: rot, (G): orangebraun
Beine: blaßgrau, (G): schwärzlich grau

Geschlechtsunterscheidung: keine

Jungtiere: dunkelbraune Iris, Rücken noch nicht gepudert, Scheitelfärbung fehlt meist

Freileben: In Kolumbien und Süd-Venezuela bewohnen sie den tropischen Wald, kommen aber nicht so häufig vor

wie Salvinsamazonen (*Amazona autumnalis salvini*), mit denen sie oft gemeinsam zu sehen sind.

In Guyana sind sie im Wald des Flachlandes in der Umgebung von Küstenflüssen zuhause.

Mülleramazonen mischen sich in Gegenden, wo ihre Art spärlich verbreitet ist, unter andere Amazonenarten. In Guayana beispielsweise, wo Gelbscheitelamazonen (*Amazona ochrocephala*) und vor allem Venezuela-Amazonen (*Amazona amazonica*) viel zahlreicher vorkommen, wurde beobachtet, daß sie mit den letztgenannten sogar die Schlafplätze teilen. Auch mit Arara-Arten hat man sie gemeinsam gesehen (Bangs u. Barbow 1922) (F).

Mülleramazone (*Amazona farinosa farinosa*).

In Nord-Bolivien überschneidet sich ihr Verbreitungsgebiet mit dem der Unterart *Amazona farinosa chapmani*, in Brasilien mit dem der Blauwangenamazone (*Amazona dufresniana rhodocorytha*).

Feigen und Früchte des *Brosimum alicastrum* gehören mit zur Nahrung der Mülleramazonen.

Brut: Zuchten in Gefangenschaft sind nicht bekannt.

Üblicherweise enthält ein Gelege 3 Eier. Bei einem Nest in Guyana, das sich in nur 3 m Höhe in einem Baum befand, fiel auf, daß von den drei Nestlingen einer bedeutend kleiner war. Gleiches wurde bei der Unterart in Guatemala beobachtet.

Sonstiges: Als Heimtier wird die Mülleramazone als ruhiger, angenehmer, robuster und lebhafter Vogel beschrieben, der sich gut mit anderen verträgt. Seine Sprechbegabung ist recht ordentlich, die kräftige Stimme klingt weniger heiser als man das von anderen Amazonen gewohnt ist; die Tonlage wird als auffallend weich bezeichnet. Morgens und abends bringt diese Amazonenart allerdings ihre Naturlaute ziemlich lautstark zu Gehör (G).

22.2 Mülleramazone

Amazona farinosa inornata — Salvadori 1891
Mealy Amazon, Plain-coloured Amazon

Vorkommen: Panama und nahe kleine Inseln; Venezuela: im Nordwesten und im Amazonasgebiet im Süden; Kolumbien: westlich der Anden bis Nordwest-Ecuador und östlich der Anden bis zum Fluß Meta.

Beschreibung:
Grundfarbe: der graugrüne Überzug auf der Oberseite ist schwächer
Scheitel: grün, manchmal mit einzelnen gelben Federn

Hinweis: Die Trennung von der Nominatform ist nicht hundertprozentig gültig (L,F).

Freileben: Sie leben in Waldgebieten vom tropischen Flachland bis in subtropische Bergregionen. Von den drei Amazonenarten, die in Panama beheimatet sind, tritt die Mülleramazone am zahlreichsten auf.

Brut: In Kolumbien liegt die Brutzeit im Dezember/Januar.

22.2 *farinosa inornata*

Sonstiges: Bedford schreibt über ein Tier dieser Unterart aus seiner Sammlung, daß es zu anderen Papageien liebenswürdig war, aber eine laute, unmelodische Stimme hatte und wenig Sprechbegabung zeigte.

22.3 Mülleramazone

Amazona farinosa chapmani   —   Traylor 1958
Mealy Amazon

Vorkommen: Südost-Kolumbien (zwischen den Flüssen Vaupés und Putumayo), am östlichen Abhang der Anden in Ecuador, in Nord-Peru (entlang des Huallaga) und in Nordost-Bolivien

Beschreibung:
Länge: größer
Grundfarbe: schwächerer graugrüner Überzug an der Oberseite
Scheitel: grün mit einigen gelben Federn

Hinweis: Forshaw würde sie am liebsten zu der Unterart *Amazona farinosa inornata* rechnen; sie wird nur aufgrund ihrer Größe verschieden eingeordnet, die Färbung ist gleich.

22.4 Mülleramazone

Amazona farinosa virenticeps   —   Salvadori 1891
Green-headed Amazon, Costa Rica Amazon

Vorkommen: Nicaragua, Costa Rica bis West-Panama (Küste)

Beschreibung:
Grundfarbe: eher gelbgrün, besonders an der Unterseite
Stirn: blau getönt
Scheitel: grün
Zügel: bläulich schimmernd
Flügelrand: gelbgrün, manchmal leicht rot
Schnabel: bläulich schwarz (Bedford)

Freileben: In Costa Rica überschneidet sich ihr Lebensraum mit dem der Salvinsamazone (*Amazona autumnalis salvini*), Mülleramazonen sind aber zahlreicher. Sie bewohnen den feuchten bewaldeten Abhang zum Meer, auf der karibischen Seite sind sie häufiger; sie zeigen eine Vorliebe für Waldrandgebiete mit den angrenzenden Lichtungen und kommen bis in mit großen Bäumen bestandene Plantagen, auch in Mangrovenwäldern (G) sind sie zu finden.

Mülleramazone
(*Amazona farinosa chapmani*).

Mülleramazone
(*Amazona farinosa virenticeps*).

22.3 *farinosa chapmani*

22.4 *farinosa virenticeps*

184

22.5   Mülleramazone

Amazona farinosa guatemalae   —   Sclater 1864
Blue-crowned Amazon, Guatemalan Amazon

Vorkommen: Süd-Mexiko, Belize, Guatemala und Honduras, entlang des Abhangs zum karibischen Meer

Mülleramazone (*Amazona farinosa guatemalae*).

Beschreibung: ähnelt der *Amazona farinosa virenticeps*
Stirn: blau
Scheitel: blau
Nacken: dunkel graublau (L)
Zügel: blau
Augenumgebung: blaues Augenbrauenband bis hinunter zur Kopfseite
Flügelrand: gelbgrün

Schnabel: schwarz mit hellem Fleck an der Basis des Oberschnabels
Augeniris: rotbraun (L)

Freileben: In Mexiko ist sie von allen vorkommenden die am wenigsten verbreitete Amazone. Sie lebt in Höhen zwischen 30 und 600 m über dem Meeresspiegel; um Oaxaca bevorzugt sie den immergrünen tropischen Wald, auf der Yucatán-Halbinsel bewohnt sie den Regenwald.

In Honduras findet man sie im bergigen Regenwald bis hinauf in 1200 m Höhe, im tropischen Flachland dagegen selten.

In Guatemala hält sie sich im unberührten feuchten Wald und an dessen Randgebieten im karibischen Flachland bis 350 m Höhe auf.

Brut: In Guatemala liegt die Brutzeit im April/Mai.

Sonstiges: In ihrer Heimat hält man diese Mülleramazonen für nicht sprechbegabt, die Eingeborenen holen sie deshalb nicht aus den Nestern. In den USA, wo einige Exemplare als Heimtiere gehalten werden, gelten sie dagegen als gute, wenn auch laute Sprechvögel (L).

23 § Blaukopfamazone

Amazona arausiaca — P. L. S. Müller 1776
Bouquet's Amazon, Red-necked Amazon, Blue-faced Amazon, Lesser Dominican Amazon

Vorkommen: Insel Dominica (Kl. Antillen)

Beschreibung:
Länge: 40 cm
Grundfarbe: grasgrün
Stirn: hellblau bis violett
Scheitel: hell violettblau
Nacken: schwärzlich gesäumt
Zügel: violettblau
Augenumgebung: hell violettblau
Wangen: vorn hell violettblau
Kehle/Vorderhals: mit rotem Fleck, bei manchen Vögeln bis zur oberen Brust ausgedehnt
Brust: laut Porter (L): oben gelb mit Rot
Flügelrand: gelbgrün
Handschwingen: dunkelgrün, matt violettblau zu den Spitzen
Handschwingendecken: dunkelgrün
Armschwingen: grün mit violettblauen Spitzen
Flügelspiegel: rot mit Gelb an den ersten 3 Armschwingen, 4. Feder gelb mit grünem Hauch
Schwungfedernunterseite: blau

Rücken: schwärzlich gesäumt
Schwanzfedern: grün mit gelbgrünen Spitzen, seitliche Federn mit rotem Fleck an den Innenfahnen in Basisnähe (F,G), Außenfahnen der äußersten Federn blaugerandet (G)
untere Schwanzdeckfedern: gelbgrün

Schnabel: hornfarben, Spitze grau, (L): Basis gelblich
Wachshaut: dunkelgrau (P), weißgrau (G)
Augenring: grau (P), blaß fleischfarben (G)
Augeniris: orange
Beine: grau

Geschlechtsunterscheidung:
♂: (G) nach Porter: bedeutend größer, vermutlich weniger Rot an der Kehle

Jungtiere: braune Iris

Freileben: Sie teilt das Lebensgebiet mit der Kaiseramazone (*Amazona imperialis*), beide Arten wurden häufig gemeinsam beim Fressen beobachtet, doch bevorzugt die Blaukopfamazone den Wald an Berghängen in tieferen Lagen und kommt selbst im Flachland vor. Laut Nichols (F) existierten 1975 nur noch etwa 350 Exemplare; durch Waldrodung ist ihr Lebensraum zusammengeschrumpft. 1979 verwüstete der Hurrikan „David" die Insel, dabei wurden die Nistplätze zerstört und herumirrende Tiere konnten leichter einheimischen Jägern zum Opfer fallen als gewöhnlich.

Weiterhin stehen sie im Konkurrenzkampf um Nisthöhlen mit den Perlaugendrosseln (*Margarops fuscatus*) – siehe auch 5.1 Puerto-Rico-Amazone.

Es ist fraglich, ob diese Art noch eine Chance hat, dem Aussterben zu entgehen, die wenigen überlebenden Tiere haben sich in den Norden der Insel um den Morne Diablotin zurückgezogen. Ein in Freiheit beobachteter Lutino wurde geschossen und verspeist (L).

Brut: Im Vogelpark Walsrode befinden sich 2 Paare der Blaukopfamazone, doch ist weder von dort noch von anderer Seite ein Erfolg bei Zuchtversuchen bekannt geworden.

Über Brutgewohnheiten kann nichts berichtet werden.

Sonstiges: Diese Amazonen werden bei Einzelhaltung zahm, besitzen aber offenbar kein Nachahmungstalent (G); Porter bezeichnet sie als intelligente und verspielte Tiere (L).

Die in ihrer Heimat herrschenden Temperaturen von 32°C sind relativ hoch, ebenso die Niederschläge von 7,5 m pro Jahr (G). In unserem Klima erscheinen die sonst lebhaften Tiere schlapp und leblos.

Eine Vorliebe für Hagedorn- und Holunderbeeren ist festgestellt worden.

Blaukopfamazone
(*Amazona arausiaca*).

Blaumaskenamazone
(*Amazona versicolor*).

Amazona versicolor — P. L. S. Müller 1776
Versicoloured Amazon, St. Lucia Amazon, Blue-masked Amazon

Vorkommen: Insel St. Lucia (Kl. Antillen)

Beschreibung:
Länge: 42–43 cm
Grundfarbe: grün, Oberseite stark schwarz gesäumt
Stirn: blauviolett
Scheitel: vorn blauviolett, hinten blaßblau
Nacken: olivgrün, schwarz gesäumt
Zügel: blauviolett
Ohrdeckfedern: blaß blau
Wangen: oben blaß blau
Kehle: Kropfband rot, Kehle blau (G); Kropf blau, Kehlband rot bis auf die Brust (Strunden)
Brust: braunrot, leicht schwärzliche Säume, Federn sind an der Basis grün; Unterbauch – blaß grün; Unterseitenfärbung variiert, aber kein Geschlechtsmerkmal (Jeggo)
Schenkel: blaß grün
Flügelrand: gelbgrün
Handschwingen: violettblau (F); oliv, zu den Spitzen violettblau (Strunden)
Handschwingendecken: grün mit Violettblau
Armschwingen: grün, zu den Spitzen violettblau
Flügelspiegel: rot (F), kein Spiegel (Strunden)
Schwungfedernunterseite: grünblau (F), rotschimmernd (Strunden)
Deckfedern a. d. Unterseite d. Flügel: gelbgrün mit schwärzlichen Säumen
Rücken: schwarz gesäumt
Schwanzfedern: dunkelgrün, Unterseite heller (P); grün mit breiten gelbgrünen Spitzen (F), Spitzen gelb (G), Spitzen weiß (Strunden); äußerste Federn an der Basis mit blauem Streifen und rotem Fleck
Schwanzdeckfedern: hell gelbgrün

Schnabel: grau (F,P); graubräunlich, an der Basis gelblich (G, Strunden)

Wachshaut: schwarzgrau
Augenring: hellgrau
Augeniris: orange
Beine: grau (hell), (G): schwarzbraun

Geschlechtsunterscheidung: keine

Jungtiere: weniger ausgebreitetes und blasseres Blau am Kopf, Iris blaß braun bis blaß grau (F)

Hinweis: Zwei Berichte über die Blaumaskenamazone aus neuerer Zeit sind besonders interessant: H. Strunden gibt in „Gefiederte Welt" Nr. 100, Seite 4–6, Eindrücke seiner Reise 1975 auf die Insel St. Lucia und die Angaben des dortigen höchsten Forstbeamten und dessen Mitarbeiter über die Blaumaskenamazonen wieder.

Strunden beschreibt ein auf der Insel in Gefangenschaft gehaltenes Tier, dessen Färbung von sonstigen Beschreibungen abweicht.

G. Mühlhaus schreibt in „Die Voliere" 1981/2, Seite 56–58, ausführlich, was er auf der Insel Jersey (Ärmelkanal) im Wildlife Preservation Trust vom stellvertretenden „Curator of Birds", D. Jeggo, über dessen Beobachtungen auf St. Lucia und der im Zoo gehaltenen Tiere dieser Art erfahren konnte.

Freileben: Im tropischen Regenwald im Innern der Insel leben die Blaumaskenamazonen in einem knapp 50 km² großen Gebiet. Es erstreckt sich von den bewaldeten Hängen des Mont Gimie nach Nordwesten und schließt den südlichen Teil des Bergrückens Barre de l'Isle Ridge und den Oberlauf des Flusses Cul de Sac ein.

Zur Nahrungssuche erscheinen die Amazonen auch am Waldrand, zum Schlafen ziehen sie sich wieder zurück. Zu ihrem Speisezettel gehören laut Strunden: eine Passionsblumenart (*Pomdillion* = Lokalname); *Paletuviér* (eine Art Guttiferen) – diese Pflanze trägt fleischige Kapseln mit roten, beerenartigen Samen; *Gri Gri*, ein Rosengewächs mit Steinfrüchten; *Bois Paie Marron*, ein Magnoliengewächs, dessen zapfenartige Früchte Samen mit fleischiger Außenschicht besitzen; außerdem die kugelige Frucht des Seidelbastgewächses *Mahot-piment* (Bestimmung durch Prof. Dr. S. Vogel von der Freien Universität Berlin).

(F) nach Jeggo: Das Wetter beeinflußt stark die Aktivitäten der Blaumaskenamazonen, z.B. werden sie während starker Regenfälle still und verharren fast reglos, und wenn dann wieder Sonnenschein einsetzt, kehrt ihre Beweglichkeit zurück. Sie sind ausdauernde Flieger, die aus großer Höhe manchmal herabstoßen wie ein Raubvogel.

Jeggo vermutet, daß nur noch etwa 100 bis 150 Blaumaskenamazonen auf St. Lucia leben. Außer durch die Jagd der Einheimischen und durch Waldrodung zugunsten von Landwirtschaft und Siedlungsbau werden sie durch viele natürliche Feinde bedroht. Falken, Schlangen, Opossums, Perlaugendrosseln usw. plündern die Nester (Eier und Nestlinge), und letztere machen ihnen dazuhin die Nistplätze streitig (siehe auch 5.1 Puerto-Rico-Amazone).

1980 richtete der Hurrikan „Allen" schwere Verwüstungen auf der Insel an. Nur etwa 50 Blaumaskenamazonen sind übriggeblieben, so daß ein Aussterben der Art befürchtet werden muß.

Brut: Die Brutzeit liegt zwischen Januar und April, 2 Eier sind meistens im Nest. In Gefangenschaft konnte die Blaumaskenamazone noch nicht vermehrt werden, doch besteht Hoffnung, daß die 4 Paare, die auf der Insel Jersey gehalten werden, einmal Nachwuchs großziehen werden; bis jetzt wurden leider nur unbefruchtete Eier gelegt (L).

Sonstiges: Bedford (L) hält diese Amazonen nicht für die Heimtierhaltung geeignet; ihm fiel auf, daß sie sehr laute und disharmonische Töne hervorbringen.

25 § **Königsamazone,** St.-Vincent-Amazone

Amazona guildingii — Vigors 1837
St. Vincent Amazon, Guilding's Amazon

Königsamazone (*Amazona guildingii*).

Vorkommen: Insel St. Vincent (Kl. Antillen)

Beschreibung: Laut Nichols u. Nichols 1973 (F) gibt es bei den Königsamazonen erhebliche Farbvariationen: Im einen Extrem ist das Gefieder vorwiegend gelb-braun, im anderen Fall weitgehendst grün; es gibt alle möglichen Zwischenstufen.

Hier wird eine Beschreibung des Typs „Gelb-braun" gegeben, in Klammern [ ] sind die Abweichungen der grünen Variation vermerkt.

Königsamazone
(*Amazona guildingii*).

Länge: 40-41 cm
Grundfarbe: gold-, oliv-, rotbraun [dunkelgrün]
Stirn: cremeweiß
Scheitel: vorn cremeweiß, hinten blaßorange
Hinterkopf/Nacken: olivgrün mit mattem Blau getönt; schwarze Spitzen
Zügel: cremeweiß
Augenumgebung: cremeweiß
Ohrdeckfedern: violettblau
Wangen: vorn cremeweiß bis orange; hinterer Teil violettblau
Kehle u. Halsseiten: orange mit leicht bläulichen Spitzen
Bauch: rotbraun mit Grün durchsetzt, schmale schwärzliche Spitzen
Schenkel: rotbraun [grün]
Flügelrand: orange
Handschwingen: schwarz, in der Mitte mit Violettblau, Basis gelb-orange [Federbasis grün]
Handschwingendecken: äußere Federn dunkelgrün, matt violettblau gesäumt; innere grün, (P): mit rötlichen Spitzen
Armschwingen: äußere violettblau mit orangefarbener Basis und grünem Band in der Mitte; innere Federn dunkelgrün, zu den Spitzen violettblau
Armschwingendecken: orangebraun, an der Basis grün
Rückendecken: dunkelgrün, obere mit Braun, untere mit Violettblau gefärbt und gelblichen Spitzen
Schwungfedernunterseite: gelb [grün]
Deckfedern a. d. Unterseite d. Flügel: kleinere Federn rotbraun, manchmal blaß blau getönt, Säume grün; größere Federn gelb [alle grün]
Rücken: rötlich braun [dunkelgrün]
Schwanzfedern: an der Basis orange, violettblauer Mittelteil, breite orangegelbe Spitzen
obere Schwanzdeckfedern: rotbraun mit grünen Spitzen
untere Schwanzdeckfedern: gelbgrün

Schnabel: leicht olivgrün hornfarben, an der Basis grauer Fleck (F), weißlicher Schnabel (L)
Wachshaut: grau
Augenring: grau
Augeniris: orange
Beine: hellgrau (F), graubraun (G)

Geschlechtsunterscheidung:

♀: etwas kleiner (G)

Jungtiere: Verschiedene Autoren (auch Forshaw in der Ausgabe 1973) beschreiben die Gefiedergrundfarbe als noch grün oder grünlich braun. Forshaw weist in der zweiten Ausgabe von „Parrots of the World" 1978 darauf hin, daß aus jungen grünen Königsamazonen keine gelb-braunen Alttiere werden. Ein grünes Jungtier gehört also der Farbtype „Grün" an und wird auch als erwachsener Vogel eine vorwiegend grüne Färbung behalten; folglich müssen vom anderen Typus die Jungen schon gelb-braun geboren werden.

Freileben: Königsamazonen sind hauptsächlich im Regenwald an den Berghängen des Zentralmassivs zuhause, mitunter bewohnen sie hügeliges Land in tieferen Lagen, wo sich in großen Bäumen Nistgelegenheiten bieten. Sie tauchen auch in kultivierten Gebieten auf, brüten hier jedoch nicht, weil sie gegen Störungen von Menschenseite empfindlich sind.

Das Brutgebiet beschränkt sich auf zusammengerechnet vielleicht 30 km^2 und liegt vorwiegend in Höhen zwischen 300 und 700 Metern (F). Wingate (F) berichtet, daß sie in der Nähe von Siedlungen recht häufig zu finden sind und keine Scheu gegenüber Beobachtern zeigen. Sie sollen relativ laut sein; ihr geradliniger Flug fiel auf.

Laut Kirby (F) fressen die Königsamazonen auf St. Vincent gern die Früchte des *Pouteria multiflora* und von den Kugelfrüchten des *Manikara bidentata*.

Die *Amazona guildingii* ist von allen Inselarten am wenigsten in ihrem Bestand bedroht, aber auch ihre Zahl hat durch Jagd, Rodung und vor allem durch den noch immer praktizierten Handel mit Jungtieren (Andrle 1973, Gochfeld 1974) abgenommen (F). Die Schätzung von Laidler u. Laidler ist wahrscheinlich etwa zu optimistisch; laut ihren Beobachtungen 1975/76 soll es im Südteil der Insel noch einige Tausend Exemplare geben (L). Nichols (F) dagegen spricht von vermutlich 450 Tieren.

Jedenfalls ist anzunehmen, daß der letzte Vulkanausbruch 1979 die Zahl reduziert hat.

Brut: Gegen Ende der Trockenperiode im März/April werden 2 Eier gelegt und etwa 25 Tage bebrütet. Laut einem Zuchtbericht aus dem Zoologischen Garten von Houston (USA) dauert es 67 Tage, bis die Jungen flügge sind. 1972 gelang dort die Welterstzucht; das Weibchen begann erst zu brüten, als das zweite Ei gelegt war, nur eines war befruchtet. 14 Tage nach dem Schlüpfen öffnete der Nestling die Augen.

1976 gab es auch bei Miller (Barbados) Nachwuchs. Ein orangefarbenes Weibchen hatte mit einem vorwiegend grünen Hahn ein grünes Junges, im Jahr darauf sogar zwei, die allerdings nach 40 Tagen an einer Infektion starben (L).

Sonstiges: Bedford hielt in den siebziger Jahren ein Exemplar, dessen furchtloses Verhalten, verspieltes Wesen und Nachahmungsfreude beschrieben werden, wobei allerdings von nur wenigen *deutlich* wiedergegebenen Worten die Rede ist.

---

26   †   **Martinique-Amazone**

Amazona martinica   —   Clark 1905

Vorkommen: Insel Martinique (Kl. Antillen)
(Labat)

ausgestorben!

Amazona imperialis — Richmond 1899
August Amazon, Imperial Amazon, Dominican Amazon

Vorkommen: Insel Dominica (Kl. Antillen)

Beschreibung:
Länge: 45–46 cm (größte Amazonenart)
Grundfarbe: Oberseite grün (glänzend), Unterseite weinrot mit schwarzen Federrändern
Stirn: dunkel rotbraun mit grünblauem Schimmer, schwarze Spitzen
Scheitel: grünblau mit rotbrauner Basis (variabel)
Hinterkopf: dunkelblau
Nacken: bläulich
Zügel: rotbraun bis violett
Augenumgebung: grünblau bis violett schimmernd
Ohrdeckfedern: rötlich braun (F), blaugrün schimmernd
Wangen: rötlich blaugrau (P), braun mit schwärzlichen Säumen (F)
Kinn/Kehle/Brust/Bauch: weinrot bis rotbraun (variabel) mit bläulich schwarzen Rändern
Schenkel u. Flanken: grün mit grünlich blauen Spitzen
Flügelbug: grüne Federn mit blauer Basis (P)
Flügelrand: scharlachrot
Handschwingen: dunkelgrün (P); Basis grün, Mitte matt violettblau, zu den Spitzen braun (F)
Armschwingen: grün, zu den Spitzen graublau
Flügelspiegel: scharlachrot (G); dunkel rotbraun an der Basis der ersten Armschwingen (F)
Deckfedern a. d. Unterseite d. Flügel: grün mit blauen Spitzen
Rücken/Bürzel: dunkelgrün mit schwärzlichen Säumen
Schwanzfedern: matt dunkelrotbraun mit grünlich blauen Spitzen (F), weinrote Endsäume (G); Mittelfedern und Basis der seitlichen Federn mit Grün überzogen
obere Schwanzdeckfedern: grün mit dunklen Säumen
untere Schwanzdeckfedern: olivgrün mit matt grünblauen Spitzen

Schnabel: dunkel horngrau, seitlich an der Basis weißlich
Wachshaut: grau
Augenring: grau
Augeniris: rotorange
Beine: grau (P,F), dunkel hornbraun (G)

Geschlechtsunterscheidung:
♀: nach Porter (G): wesentlich größer, etwas trübere Farben

Jungtiere: Hinterkopf und Nacken grün, hinterer Wangenteil grün gefleckt, Iris dunkelbraun

Freileben: Bei Dominica handelt es sich um eine vulkanische Insel von 45 km Länge und 23 km Breite mit zerklüfteten Gebirgen und schroffen Schluchten, alles von Vegetation dicht überwachsen. Jährlich fallen 7,5 m Niederschläge, die Temperatur liegt bei 32°C.

Die Kaiseramazonen haben sich in den Wald im bergigen inneren Teil der Insel in Höhen über 625 m zurückgezogen (Wingate); vor allem im Süden und Südosten des Morne Diablotin sind sie zu finden (Bond); auch an den Ausläufern im Nordosten wurden schon Flüge beobachtet und im Gebiet des Morne Anglais entdeckte man einzelne bewohnte Nisthöhlen (F). Natürlichen Schutz bieten der bedrohten Art Baumfarne, Schlinggewächse und Palmen.

Mit der Blaukopfamazone (*Amazona arausiaca*) leben sie harmonisch im gleichen Gebiet.

Kaiseramazonen tauchen meist zu Paaren oder in kleinen Gruppen auf, fressen sehr bittere granatapfelähnliche Früchte, Samen und Früchte von Palmen und des Baumes *Dacryodes excelsa*, ebenso Blattknospen.

Kaiseramazone
(*Amazona imperialis*).

Die „*Ciceroos*", wie die Einheimischen sie nennen, sind sehr scheu, da sie trotz Verbots immer noch geschossen werden. Ungewöhnlich ist ihr Verhalten, wenn ein Schuß fällt: Nachdem lautes Warngeschrei ausgestoßen wurde, herrscht plötzlich völlige Stille.

Überhaupt sind sie sehr zurückhaltend mit jeglichen Lautäußerungen, wohl um keine Aufmerksamkeit zu erregen; das findet man bei sonst keiner Amazonenart.

Die Jäger kommen vor allem dann zu leichter Beute, wenn nach einer Naturkatastrophe wie dem Hurrikan „David", der 1979 die Insel verwüstete und viele Nahrungsbäume und Nistplätze zerstörte, die verwirrten Tiere schutzlos umherirren (Jeggo im Bericht von Mühlhaus – „Die Voliere" 1981/2). Nichols (F) schätzte 1976 die Zahl der lebenden Kaiseramazonen auf 150 Exemplare.

Brut: Eine Nachzucht in Gefangenschaft ist noch nicht gelungen. Die Gelege bestehen aus nur 1 bis 2 Eiern. Eingeborene behaupten, daß die Henne Zweige in die Nesthöhle zieht; bei dem im Vogelpark Walsrode gehaltenen Paar bemerkte man in einer Ecke der Voliere zusammengetragene Zweige (L).

28 † Veilchenamazone

Amazona violacea – Gmelin 1788

Vorkommen: Insel Guadeloupe (Kl. Antillen)
(Du Têtre, Labat u. Brisson)

ausgestorben!

29 § Taubenhalsamazone, Weinrote Amazone, Blaukehlamazone

Amazona vinacea — Kuhl 1820
Vinaceous Amazon, Vinaceous-breasted Amazon

Vorkommen: Brasilien: von Bahia (Salvador) im Osten bis Rio Grande im Süden; Ost-Paraguay; Nordost-Argentinien (bei Misiones)

Beschreibung:
Länge: 30–32 cm
Grundfarbe: grün, alle Federn schwarz gesäumt
Stirn: rotes Band
Nacken/Halsseiten: leicht bläulich mit schwarzen Spitzen
Zügel: rot
Kinn: pinkrot
Kehle: bläulich schimmerndes Weinrot, schwärzliche Spitzen
Brust: weinrot, verschieden mit Grün durchsetzt
Bauch: oben: Federn blaßgrün, an der Basis weinrot, Spitzen dunkel; unten: gelbgrün mit schwärzlichen Spitzen
Flügelrand: grün, unterschiedlich mit Rot und Gelb durchsetzt (bei Pinter fälschlich als Bug bezeichnet)
Handschwingen: grün mit blauen Spitzen (F); erste Feder mit blauer Außenfahne (G)
Flügelspiegel: purpurn an der Basis der ersten 3 Armschwingen
Schwanzfedern: seitliche Federn grün mit schmalen gelbgrünen Spitzen; äußerste an der Basis rot mit goldgelben Innensäumen (G)
obere Schwanzdeckfedern: blaßgrün

Schnabel: Spitze fleischfarben, sonst rötlich; Unterschnabel rötlich grau
Wachshaut: grau
Augenring: hellgrau; (G): braungrau
Augeniris: rotbraun; (G): orangerot
Beine: blaßgrau (F), grünlich grau (G)

Geschlechtsunterscheidung: (Smith in Low beschreibt beide als gleich)

♂: Schulter rot (L), stärker rot am Bauch (P)
♀: größer, Schulter gelb (L), Schnabel weniger rot (G)

Jungtiere: Stirn und Zügel nur schwach rot (G), Bauch matter, ohne oder wenig Weinrot (P), Iris dunkel, dann trübgelb (G), Schnabel erst hell, dann braunrot, dann hochrot (P)

(Wierinckx in Low: Iris blaß, Schnabel gleich wie bei Alttieren)

Freileben: Taubenhalsamazonen halten sich gerne in Araukarienwäldern auf und fressen mit Vorliebe die Samen dieser Bäume. Dabei wurden sie verschiedentlich gemeinsam mit Prachtamazonen (*Amazona pretrei*) und Maximilianspapageien (*Pionus maximiliani*) beobachtet. In Argentinien leben sie im subtropischen Wald, aber auch in der offenen Ebene.

Brut: Üblicherweise werden 2 Eier gelegt und 28 Tage bebrütet.

In Gefangenschaft sind einige Zuchten gelungen. (L): 1971 bei Smith (England), 1975 bei Wierinckx (Belgien), 1978 bei Gregory (Texas-USA)

Sonstiges: Verhalten und Sprechbegabung der Taubenhalsamazonen werden unterschiedlich beschrieben. Pinter berichtet, daß sie nach länger dauernder Eingewöhnungszeit sehr zahm werden, Geräusche gut nachahmen lernen und zu den besten Sprechern zählen. De Grahl meint, daß nur einzelne gute Sprechfähigkeit entwickeln, der Durchschnitt aber keine besonderen Nachahmungsleistungen zeigt. Ihrem Wesen nach hält er sie für still und ruhig.

Taubenhalsamazone
(*Amazona vinacea*).